국민건강보험공단

노인장기 요양보험법

실전대비 문제집

국민건강보험공단
노인장기요양보험법

실전대비 문제집

초판 인쇄   2025년 3월 7일
초판 발행   2025년 3월 10일

편저자   공무원연구소
발행처   소정미디어(주)
등록번호   제 313-2004-000114호
주소   경기도 고양시 일산서구 덕산로 88-45
대표번호   031-922-8965
팩스   031-922-8966

PREFACE

최근 많은 공사·공단에서는 기존의 직무 관련성에 대한 고려 없이 인·적성, 지식 중심으로 치러지던 필기전형을 탈피하고, 산업현장에서 직무를 수행하기 위해 요구되는 능력을 산업부문별·수준별로 체계화 및 표준화한 NCS를 기반으로 하여 채용공고 단계에서 제시되는 '직무 설명자료'상의 직업기초능력과 직무수행능력을 측정하기 위한 직업기초능력평가, 직무수행능력평가 등을 도입하고 있다.

국민건강보험공단에서도 업무에 필요한 역량 및 책임감과 적응력 등을 구비한 인재를 선발하기 위하여 고유의 필기전형을 치르고 있다. 본서는 국민건강보험공단 채용대비를 위한 필독서로 국민건강보험공단 필기전형의 출제경향을 철저히 분석하여 응시자들이 보다 쉽게 시험유형을 파악하고 효율적으로 대비할 수 있도록 구성하였습니다.

1. 가독성을 높이기 위해 법률 내용을 정리하여 수록하였다.
2. 실전 적응력 향상을 위해 매 챕터마다 문제를 수록하였다.
3. 체계적인 학습과 효율을 높이기 위해 법조문을 수록하였다.

신념을 가지고 도전하는 사람은 반드시 그 꿈을 이룰 수 있습니다. 처음에 품은 신념과 열정이 취업 성공의 그 날까지 빛바래지 않도록 소정미디어가 수험생 여러분을 응원합니다.

STRUCTURE

법조문 핵심 요약정리   1

◆ 최근 개정된 국민건강보험법의 내용을 반영하여 이해와 암기가 편리하도록 일목요연하게 정리하여 수록하였습니다.
◆ 수험생들의 필기시험 후기를 분석하여 출제되었던 단원에 대하여 기출년도를 표기하였습니다.

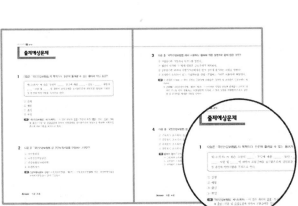

출제 가능한 기초문제   2

◆ 국민건강보험법에서 출제가 예상되는 각 조문별 내용을 집중 분석한 후 문제를 구성하였습니다.
◆ 영역별 기초적인 내용의 문제를 구성·수록하여 학습효율을 높일 수 있도록 하였습니다.
◆ 적중률 높은 예상문제로만 구성하였습니다.

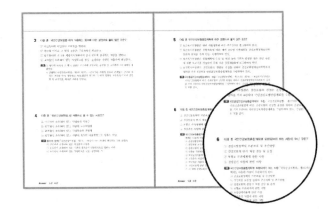

상세하고 세심한 해설   3

◆ 매 문제마다 상세한 해설을 수록함으로써 별도의 법조문 없이도 학습이 가능하도록 구성하였습니다.
◆ 최신 법조문과 상세한 해설로 최종 마무리 학습에 만전을 기할 수 있도록 구성하였습니다.

STRUCTURE

4   실전 모의고사 5회

◆ 단원별 예상문제를 풀어 본 후 수험생 스스로 자신의 학습능력을 평가할 수 있도록 모의고사를 수록하였습니다.

◆ 매 문제 정답과 해설을 바로 확인이 가능하도록 같은 면에 수록하였습니다.

5   기출 암기 요약집

◆ 기출문제와 관련된 법조문과 이론은 요약집으로 정리하여 다시 한 번 중요 이론을 점검할 수 있습니다.

◆ 헷갈리기 쉬운 법령을 표로 정리하여 보다 쉽게 이해할 수 있도록 구성하였습니다.

6   기출복원문제

◆ 국민건강보험공단에서 시행된 수험생들의 필기시험 후기를 수집하여 기출문제를 구성하였습니다.

◆ 상세하고 꼼꼼한 해설을 문제 아래에 수록하여 혼자서도 학습이 가능하도록 구성하였습니다.

CONTENTS

CONTENTS

I

기업소개

Chapter 01 공단 소개

① 국민건강보험공단 소개

국민건강보험공단은 '전 국민 건강보장'으로 국민의 건강수준을 높이는데 기여하는 건강보험과 어르신의 노후를 안심하고 맡길 수 있는 대표적인 제도인 노인장기요양보험을 운영하는 사회보장 중추기관으로 국민의 건강을 지키고 삶의 질을 높이기 위해 노력하고 있다.

② 미션 및 비전

MISSION ▶ 국민보건과 사회보장 증진으로 국민의 삶의 질 향상

VISION ▶ 행복한 국민, 건강한 대한민국, 든든한 국민건강보험

③ 핵심가치

건강과 행복	국민보건과 사회보장 증진을 통해 모든 국민의 건강향상과 행복한 삶을 추구
공정과 신뢰	공정한 제도 구축·운영과 안전·책임경영으로 국민 신뢰 확보
혁신과 전문성	디지털·서비스 중심 경영혁신과 직무 전문성 강화로 지속가능 경영 실현
청렴과 윤리	엄격한 윤리의식을 토대로 자율적 내부통제와 청렴한 업무수행을 통해 투명한 사회 선도
소통과 배려	대내·외 이해관계자와 소통과 배려를 통해 국민체감 성과 창출

④ 경영방침

더 건강한 세상을 위한 The건강보험		
제도·서비스	이해관계자	기관운영
더 건강한 국민 (국민건강, 근거기반, 연계·통합)	더 건강한 파트너십 (협력주도, 소통, 배려)	더 건강한 공단 (혁신, 효율, 청렴)

5 전략목표 및 전략과제

전략 목표	국민의 평생건강을 책임지는 건강보장체계	건강수명 향상을 위한 맞춤형 건강관리	국민의 평생건강을 책임지는 건강보장체계	초고령사회 대비 국민이 안심하는 장기요양보험	소통 · 혁신 · 청렴 기반의 신뢰경영
	⋮	⋮	⋮	⋮	⋮
전략 과제	필수의료 중심의 보장영역 구축	예방적 건강관리 강화	맞춤형 장기요양 서비스 이용체계 구축	공정하고 공평한 부과체계 설계	국민참여 소통경영 강화
	건강약자 의료안전망 강화	생애주기 건강검진체계 개편	지역사회 거주 돌봄지원 강화	스마트 징수관리체계 구축	성과 · 역량 중심 조직혁신
	보건의료 공급기반 안정화	지역중심 건강서비스 강화	장기요양서비스 품질 향상	보험급여 지출관리 혁신	디지털 기반 서비스행정 전환
	건강보장 연구 및 국제협력 강화	데이터 기반 민간혁신 · 성장지 원 확대	장기요양보험 제도 지속가능성 제고	전략적 재정관리 강화	윤리 · 안전 및 책임경영 강화

Chapter 02 채용안내

본 안내는 2024년도 하반기 국민건강보험공단 신규직원 채용 공고를 기준으로 작성되었습니다. 자세한 사항은 국민건강보험공단 채용 홈페이지를 참조하시기 바랍니다.

❶ 인재상

"국민의 평생건강을 지키는 건강보장 전문인재 양성"

① 국민을 위하는 인재(Nation-oriented)
  ㉠ 국민의 희망과 행복을 위해 봉사, 책임을 다하는 행복 전도사
  ㉡ 공공기관의 가치를 이해하고 국민과 소통하는 커뮤니케이터

② 정직으로 신뢰받는 인재(Honest)
  ㉠ 공직자 사명감을 바탕으로 매사 정직하게 업무를 처리하는 공단인
  ㉡ 높은 청렴도와 윤리의식을 겸비하여 국민으로부터 신뢰받는 공직자

③ 혁신을 추구하는 인재(Innovative)
  ㉠ 더 나은 가치를 창출하기 위해 열정을 쏟는 도전가
  ㉡ 열린 마음과 유연한 사고를 바탕으로 조직 혁신을 위한 선도자

④ 전문성 있는 인재(Specialized)
  ㉠ 우수성, 전문성을 갖추기 위해 평생학습하고 성장하는 주도자
  ㉡ 새로운 시각을 기반으로 창의적 정책을 제시하는 탐색자

❷ 채용분야

① 일반분야 6급
② 장애, 보훈, 강원인재 6급

3 채용조건

① 채용형태

    ㉠ 정규직

    ㉡ 공단 「인사규정」에 따라 3개월 동안 수습직원으로 임용하고, 수습평가 결과에 따라 정규직으로 임용하거나, 면직처리 할 수 있음

    ② 보수 : 우리 공단 제규정에 따름(경력기간 등에 따라 호봉산정)

③ 근무지

    ㉠ 임용일로부터 최초 5년 : '모집권역 내' 위치한 지사(출장소 포함) 순환근무

    ㉡ 임용일로부터 5년 이후 : '모집권역 관할 지역본부 내' 위치한 지사(출장소 포함) 순환근무

4 자격요건

① 공통 자격요건

    ㉠ 성별·연령·학력(행정직 6급나 제외)에 대한 제한이 없으나, 임용일 기준 60세 이상(정년)인 사람은 지원할 수 없음

    ㉡ 대한민국 국적을 소지한 자

    ㉢ 6급가 지원자 중 남성은 병역 필 또는 면제자여야 함(다만, 임용일 이전 전역예정자는 지원 가능)

    ㉣ 최종합격자는 수습임용일부터 근무가 가능해야 함

        ※ 학업, 이직절차 등을 사유로 임용 유예 불가

    ㉤ 아래 요건 중 하나 이상 해당하는 경우 채용 결격사유로 판단

        • 「병역법」에 따른 병역의무 불이행자

        – 병역판정검사, 재병역판정검사 또는 확인신체검사를 기피하고 있는 사람

        – 징집·소집을 기피하고 있는 사람

        – 군복무 및 사회복무요원 또는 대체복무요원 복무를 이탈하고 있는 사람

        • 우리 공단 「인사규정」의 (결격사유)에 해당하는 사람

        • 접수마감일 기준, 지원하려는 직렬·직급과 동일한 직렬··직급으로 우리 공단에서 근무 중인 사람(채용형 단시간근로자로 근무 중인 사람 제외)

② 응시 자격요건에 관한 안내사항

　㉠ '강원인재제한경쟁' 합격자가 이전지역(강원)인재 기준에 부합하지 않는 것으로 적발될 경우,
　　합격취소 또는 당연퇴직 처리함

　㉡ '6급나' 합격자가 「고등교육법」 제2조 등에 따른 학교를 재학·휴학·수료·졸업예정·졸업한
　　것으로 적발될 경우, 합격취소 또는 당연퇴직 처리함

　　*「고등교육법」 제2조 등에 따른 학교 : 대학, 산업대학, 교육대학, 전문대학, 방송대학·통신대
　　학·방송통신대학·사이버대학 등 원격대학, 기술대학, 각종학교, 독학학위제, 학점은행제

　㉢ 기타 공통 응시 자격요건 및 경쟁유형별·직렬별 응시자격 요건을 갖추지 못한 것으로 적발될
　　경우, 합격취소 또는 당연퇴직 처리함

5 채용절차

① 장애·보훈제한경쟁 지원자를 제외한 모든 지원자

② 장애제한경쟁 및 보훈제한경쟁 지원자 : 필기시험 제외

PART

Ⅱ

노인장기요양보험법

Chapter 01 총칙

1 목적(제1조)

이 법은 고령이나 노인성 질병 등의 사유로 일상생활을 혼자서 수행하기 어려운 노인등에게 제공하는 신체활동 또는 가사활동 지원 등의 장기요양급여에 관한 사항을 규정하여 노후의 건강증진 및 생활안정을 도모하고 그 가족의 부담을 덜어줌으로써 국민의 삶의 질을 향상하도록 함을 목적으로 한다.

2 정의(제2조)

① **노인등** : 65세 이상의 노인 또는 65세 미만의 자로서 치매·뇌혈관성질환 등 대통령령으로 정하는 노인성 질병을 가진 자를 말한다.

② **장기요양급여** : 제15조제2항에 따라 6개월 이상 동안 혼자서 일상생활을 수행하기 어렵다고 인정되는 자에게 신체활동·가사활동의 지원 또는 간병 등의 서비스나 이에 갈음하여 지급하는 현금 등을 말한다.

> **조문참고** 법 제15조(등급판정 등) ② 등급판정위원회는 신청인이 신청자격요건을 충족하고 6개월 이상 동안 혼자서 일상생활을 수행하기 어렵다고 인정하는 경우 심신상태 및 장기요양이 필요한 정도 등 대통령령으로 정하는 등급판정기준에 따라 수급자로 판정한다.

③ **장기요양사업** : 장기요양보험료, 국가 및 지방자치단체의 부담금 등을 재원으로 하여 노인등에게 장기요양급여를 제공하는 사업을 말한다.

④ **장기요양기관** : 장기요양기관의 지정을 받은 기관으로서 장기요양급여를 제공하는 기관을 말한다.

⑤ **장기요양요원** : 장기요양기관에 소속되어 노인등의 신체활동 또는 가사활동 지원 등의 업무를 수행하는 자를 말한다.

3 장기요양급여 제공의 기본원칙(제3조)

① **일상생활을 수행할 수 있도록 제공** : 장기요양급여는 노인등이 자신의 의사와 능력에 따라 최대한 자립적으로 일상생활을 수행할 수 있도록 제공하여야 한다.

② **적정하게 제공** : 장기요양급여는 노인등의 심신상태·생활환경과 노인등 및 그 가족의 욕구·선택을 종합적으로 고려하여 필요한 범위 안에서 이를 적정하게 제공하여야 한다.

③ **재가급여를 우선적으로 제공** : 장기요양급여는 노인등이 가족과 함께 생활하면서 가정에서 장기요양을 받는 재가급여를 우선적으로 제공하여야 한다.

④ **의료서비스와 연계하여 제공** : 장기요양급여는 노인등의 심신상태나 건강 등이 악화되지 아니하도록 의료서비스와 연계하여 이를 제공하여야 한다.

4 국가 및 지방자치단체의 책무 등(제4조)

① **노인성질환예방사업 실시** : 국가 및 지방자치단체는 노인이 일상생활을 혼자서 수행할 수 있는 온전한 심신상태를 유지하는데 필요한 사업(이하 "노인성질환예방사업"이라 한다)을 실시하여야 한다.

② **노인성질환예방사업 비용 지원** : 국가는 노인성질환예방사업을 수행하는 지방자치단체 또는 「국민건강보험법」에 따른 국민건강보험공단(이하 "공단"이라 한다)에 대하여 이에 소요되는 비용을 지원할 수 있다.

③ **장기요양기관 설립 지원** : 국가 및 지방자치단체는 노인인구 및 지역특성 등을 고려하여 장기요양급여가 원활하게 제공될 수 있도록 적정한 수의 장기요양기관을 확충하고 장기요양기관의 설립을 지원하여야 한다.

④ **행정적·재정적 지원** : 국가 및 지방자치단체는 장기요양급여가 원활히 제공될 수 있도록 공단에 필요한 행정적 또는 재정적 지원을 할 수 있다.

⑤ **장기요양요원의 처우 개선 및 복지 증진을 위한 노력** : 국가 및 지방자치단체는 장기요양요원의 처우를 개선하고 복지를 증진하며 지위를 향상시키기 위하여 적극적으로 노력하여야 한다.

⑥ 장기요양사업 표준을 개발 · 보급 : 국가 및 지방자치단체는 지역의 특성에 맞는 장기요양사업의 표준을 개발 · 보급할 수 있다.

⑤ 장기요양급여에 관한 국가정책방향(제5조)

국가는 장기요양기본계획을 수립 · 시행함에 있어서 노인뿐만 아니라 장애인 등 일상생활을 혼자서 수행하기 어려운 모든 국민이 장기요양급여, 신체활동지원서비스 등을 제공받을 수 있도록 노력하고 나아가 이들의 생활안정과 자립을 지원할 수 있는 시책을 강구하여야 한다.

⑥ 장기요양기본계획(제6조)

① 장기요양기본계획 수립 · 시행 : 보건복지부장관은 노인등에 대한 장기요양급여를 원활하게 제공하기 위하여 5년 단위로 다음 사항이 포함된 장기요양기본계획을 수립 · 시행하여야 한다.

　㉠ 연도별 장기요양급여 대상인원 및 재원조달 계획

　㉡ 연도별 장기요양기관 및 장기요양전문인력 관리 방안

　㉢ 장기요양요원의 처우에 관한 사항

　㉣ 그 밖에 노인 등의 장기요양에 관한 사항으로서 대통령령으로 정하는 사항

② 세부시행계획 수립 · 시행 : 지방자치단체의 장은 장기요양기본계획에 따라 세부시행계획을 수립 · 시행하여야 한다.

⑦ 실태조사(제6조의2)

① 장기요양사업 실태 조사 : 보건복지부장관은 장기요양사업의 실태를 파악하기 위하여 3년마다 다음 사항에 관한 조사를 정기적으로 실시하고 그 결과를 공표하여야 한다.

　㉠ 장기요양인정에 관한 사항

　㉡ 장기요양등급판정위원회(이하 "등급판정위원회"라 한다)의 판정에 따라 장기요양급여를 받을 사람(이하 "수급자"라 한다)의 규모, 그 급여의 수준 및 만족도에 관한 사항

ⓒ 장기요양기관에 관한 사항

ⓔ 장기요양요원의 근로조건, 처우 및 규모에 관한 사항

ⓜ 그 밖에 장기요양사업에 관한 사항으로서 보건복지부령으로 정하는 사항

② **실태조사 방법과 내용** : 실태조사의 방법과 내용 등에 필요한 사항은 보건복지부령으로 정한다.

01.총칙

1 다음은 「노인장기요양보험법」의 목적이다. 빈칸에 들어갈 수 있는 용어가 아닌 것은?

> 제1조(목적) 이 법은 고령이나 _____ 등의 사유로 일상생활을 혼자서 수행하기 어려운 노인등에게 제공하는 _____ 또는 가사활동 지원 등의 장기요양급여에 관한 사항을 규정하여 노후의 건강증진 및 생활안정을 도모하고 그 가족의 부담을 덜어줌으로써 _____의 질을 향상하도록 함을 목적으로 한다.

① 국민의 삶   ② 신체활동
③ 국민의 질병   ④ 노인성 질병

TIP 「노인장기요양보험법」 제1조(목적) … 이 법은 고령이나 노인성 질병 등의 사유로 일상생활을 혼자서 수행하기 어려운 노인등에게 제공하는 신체활동 또는 가사활동 지원 등의 장기요양급여에 관한 사항을 규정하여 노후의 건강증진 및 생활안정을 도모하고 그 가족의 부담을 덜어줌으로써 국민의 삶의 질을 향상하도록 함을 목적으로 한다.

2 다음 중 「노인장기요양보험법」에서 사용하는 용어를 설명한 것으로 옳지 않은 것은?

① 장기요양요원이란 장기요양기관에 소속되어 노인등의 신체활동 또는 가사활동 지원 등의 업무를 수행하는 자를 말한다.
② 장기요양사업이란 장기요양보험료, 국가 및 지방자치단체의 부담금 등을 재원으로 하여 노인등에게 장기요양급여를 제공하는 사업을 말한다.
③ 노인등이란 70세 이상의 노인 또는 65세 미만의 자로서 치매·뇌혈관성질환 등의 노인성 질병을 가진 자를 말한다.
④ 장기요양급여란 6개월 이상 동안 혼자서 일상생활을 수행하기 어렵다고 인정되는 자에게 신체활동·가사활동의 지원 또는 간병 등의 서비스나 이에 갈음하여 지급하는 현금 등을 말한다.

TIP ③ 노인등이란 65세 이상의 노인 또는 65세 미만의 자로서 치매·뇌혈관성질환 등 대통령령으로 정하는 노인성 질병을 가진 자를 말한다〈「노인장기요양보험법」 제2조 제1호〉.
① 「노인장기요양보험법」 제2조 제5호
② 「노인장기요양보험법」 제2조 제3호
④ 「노인장기요양보험법」 제2조 제2호

3 다음 중 「노인장기요양보험법」에서 사용하는 용어로 옳지 않은 것은?

① 장기요양기관 – 장기요양기관의 지정을 받은 기관으로서 장기요양급여를 제공하는 기관을 말한다.
② 장기요양요원 – 장기요양기관에 소속되어 노인등의 신체활동 또는 가사활동 지원 등의 업무를 수행하는 자를 말한다.
③ 장기요양사업 – 장기요양보험료, 국가 및 지방자치단체의 부담금 등을 재원으로 하여 노인등에게 장기요양급여를 제공하는 사업을 말한다.
④ 장기요양급여 – 노인등에게 신체활동·가사활동의 지원 또는 간병 등의 서비스나 이에 갈음하여 지급하는 현금 등을 말한다.

TIP ④ 장기요양급여〈「노인장기요양보험법」 제2조 제2호〉… 6개월 이상 동안 혼자서 일상생활을 수행하기 어렵다고 인정되는 자에게 신체활동·가사활동의 지원 또는 간병 등의 서비스나 이에 갈음하여 지급하는 현금 등을 말한다.

4 다음 중 노인성질환예방사업을 실시하여야 할 기관은?

① 국가 및 지방자치단체
② 국민건강보험공단
③ 국립의료원
④ 보건복지부

TIP 국가 및 지방자치단체의 책무〈「노인장기요양보험법」 제4조 제1항〉… 국가 및 지방자치단체는 노인성질환예방사업을 실시하여야 한다.
※ 노인성질환예방사업 … 노인이 일상생활을 혼자서 수행할 수 있는 온전한 심신상태를 유지하는데 필요한 사업을 말한다.

Answer 1.③ 2.③ 3.④ 4.①

5 다음 중 장기요양급여 제공의 기본원칙에 대한 설명으로 옳지 않은 것은?

① 장기요양급여는 노인등이 요양기관에서 생활하면서 요양급여를 우선적으로 제공하여야 한다.
② 장기요양급여는 노인등의 심신상태나 건강 등이 악화되지 아니하도록 의료서비스와 연계하여 이를 제공하여야 한다.
③ 장기요양급여는 노인등이 자신의 의사와 능력에 따라 최대한 자립적으로 일상생활을 수행할 수 있도록 제공하여야 한다.
④ 장기요양급여는 노인등의 심신상태·생활환경과 노인등 및 그 가족의 욕구·선택을 종합적으로 고려하여 필요한 범위 안에서 이를 적정하게 제공하여야 한다.

> **TIP** ① 장기요양급여는 노인등이 가족과 함께 생활하면서 가정에서 장기요양을 받는 재가급여를 우선적으로 제공하여야 한다〈「노인장기요양보험법」 제3조 제3항〉.
> ② 「노인장기요양보험법」 제3조 제4항
> ③ 「노인장기요양보험법」 제3조 제1항
> ④ 「노인장기요양보험법」 제3조 제2항

6 다음 중 국가 및 지방자치단체의 책무에 대한 설명으로 옳지 않은 것은?

① 국가 및 지방자치단체는 장기요양요원의 처우를 개선하고 복지를 증진하며 지위를 향상시키기 위하여 적극적으로 노력하여야 한다.
② 국가 및 지방자치단체는 인구 밀도 등을 고려하여 장기요양급여가 원활하게 제공될 수 있도록 적정한 수의 장기요양기관을 설립하고 운영하여야 한다.
③ 국가는 노인성질환예방사업을 수행하는 지방자치단체 또는 국민건강보험공단에 대하여 이에 소요되는 비용을 지원할 수 있다.
④ 국가 및 지방자치단체는 지역의 특성에 맞는 장기요양사업의 표준을 개발·보급할 수 있다.

> **TIP** ② 국가 및 지방자치단체는 노인인구 및 지역특성 등을 고려하여 장기요양급여가 원활하게 제공될 수 있도록 적정한 수의 장기요양기관을 확충하고 장기요양기관의 설립을 지원하여야 한다〈「노인장기요양보험법」 제4조 제3항〉.
> ① 「노인장기요양보험법」 제4조 제5항
> ③ 「노인장기요양보험법」 제4조 제2항
> ④ 「노인장기요양보험법」 제4조 제6항

7 다음 중 장기요양급여에 관한 국가정책방향으로 옳지 않은 것은?

① 모든 국민의 생활안정과 자립을 지원할 수 있는 시책 강구
② 모든 국민이 장기요양급여를 제공 받을 수 있도록 노력
③ 모든 국민이 장기요양기관을 이용할 수 있도록 권장
④ 모든 국민이 신체활동지원서비스를 제공 받을 수 있도록 노력

> **TIP** 장기요양급여에 관한 국가정책방향〈「노인장기요양보험법」 제5조〉 ··· 국가는 장기요양기본계획을 수립·시행함에 있어서 노인뿐만 아니라 장애인 등 일상생활을 혼자서 수행하기 어려운 모든 국민이 장기요양급여, 신체활동지원서비스 등을 제공받을 수 있도록 노력하고 나아가 이들의 생활안정과 자립을 지원할 수 있는 시책을 강구하여야 한다.

8 다음 중 장기요양기본계획에 포함되어야 할 사항으로 옳지 않은 것은?

① 장기요양요원의 처우에 관한 사항
② 연도별 장기요양급여 대상인원 및 재원조달 계획
③ 연도별 장기요양보험금의 지급 계획
④ 연도별 장기요양기관 및 장기요양전문인력 관리 방안

> **TIP** 장기요양기본계획에 포함되어야 할 사항〈「노인장기요양보험법」 제6조 제1항〉
> ㉠ 연도별 장기요양급여 대상인원 및 재원조달 계획
> ㉡ 연도별 장기요양기관 및 장기요양전문인력 관리 방안
> ㉢ 장기요양요원의 처우에 관한 사항
> ㉣ 그 밖에 노인등의 장기요양에 관한 사항으로서 대통령령으로 정하는 사항

Answer 5.① 6.② 7.③ 8.③

9 다음 중 노인등에 대한 장기요양급여를 원활하게 제공하기 위하여 몇 년 단위로 장기요양기본계획을 수립·시행하여야 하는가?

① 1년   ② 3년

③ 5년   ④ 7년

TIP 장기요양기본계획〈「노인장기요양보험법」 제6조 제1항〉 … 보건복지부장관은 노인등에 대한 장기요양급여를 원활하게 제공하기 위하여 5년 단위로 장기요양기본계획을 수립·시행하여야 한다.

10 다음 중 장기요양기본계획을 수립·시행하여야 하는 주체는?

① 국무총리   ② 보건복지부장관

③ 국민건강보험공단   ④ 지방자치단체장

TIP 장기요양기본계획〈「노인장기요양보험법」 제6조 제1항〉 … 보건복지부장관은 장기요양기본계획을 수립·시행하여야 한다.

11 다음 중 장기요양사업의 실태를 파악하기 위하여 실태조사를 정기적으로 실시하여야 하는 사람은?

① 대통령   ② 국무총리

③ 보건복지부장관   ④ 공단 이사장

TIP 장기요양사업의 실태조사〈「노인장기요양보험법」 제6조의2 제1항〉 … 보건복지부장관은 장기요양사업의 실태를 파악하기 위하여 실태조사를 정기적으로 실시하여야 한다.

12 장기요양사업의 실태를 파악하기 위한 실태조사는 몇 년마다 실시하는가?

① 1년   ② 3년

③ 5년   ④ 7년

TIP 실태조사〈「노인장기요양보험법」 제6조의2 제1항〉 ··· 장기요양사업의 실태를 파악하기 위하여 3년마다 실태조사를 정기적으로 실시한다.

13 다음 중 장기요양사업의 실태조사에 포함되어야 할 사항으로 옳지 않은 것은?

① 장기요양요원의 급여조건 및 퇴직 사유와 규모에 관한 사항

② 장기요양인정에 관한 사항

③ 장기요양등급판정위원회의 판정에 따라 장기요양급여를 받을 사람의 규모, 그 급여의 수준 및 만족도에 관한 사항

④ 장기요양기관에 관한 사항

TIP 장기요양사업의 실태조사〈「노인장기요양보험법」 제6조의2 제1항〉 ··· 보건복지부장관은 장기요양사업의 실태를 파악하기 위하여 3년마다 다음의 사항에 관한 조사를 정기적으로 실시하고 그 결과를 공표하여야 한다.
　㉠ 장기요양인정에 관한 사항
　㉡ 장기요양등급판정위원회의 판정에 따라 장기요양급여를 받을 사람의 규모, 그 급여의 수준 및 만족도에 관한 사항
　㉢ 장기요양기관에 관한 사항
　㉣ 장기요양요원의 근로조건, 처우 및 규모에 관한 사항
　㉤ 그 밖에 장기요양사업에 관한 사항으로서 보건복지부령으로 정하는 사항

Answer   9.③   10.②   11.③   12.②   13.①

장기요양보험

① 장기요양보험(제7조)

① **관장** : 장기요양보험사업은 보건복지부장관이 관장한다.

② **보험자** : 장기요양보험사업의 보험자는 공단으로 한다.

③ **가입자** : 장기요양보험의 가입자(이하 "장기요양보험가입자"라 한다)는 「국민건강보험법」에 따른 가입자로 한다.

④ **외국인 근로자 등** : 공단은 「외국인근로자의 고용 등에 관한 법률」에 따른 외국인근로자 등 대통령령으로 정하는 외국인이 신청하는 경우 보건복지부령으로 정하는 바에 따라 장기요양보험가입자에서 제외할 수 있다.

② 장기요양보험료의 징수(제8조)

① **장기요양보험료 징수** : 공단은 장기요양사업에 사용되는 비용에 충당하기 위하여 장기요양보험료를 징수한다.

② **건강보험료와 통합하여 징수**

　ㄱ 장기요양보험료는 「국민건강보험법」에 따른 보험료(이하 이 조에서 "건강보험료"라 한다)와 통합하여 징수한다.

　ㄴ 통합하여 징수하는 경우 공단은 장기요양보험료와 건강보험료를 구분하여 고지하여야 한다.

③ **독립회계로 관리** : 공단은 통합 징수한 장기요양보험료와 건강보험료를 각각의 독립회계로 관리하여야 한다.

③ 장기요양보험료의 산정(제9조)

① **장기요양보험료 산정** : 장기요양보험료는 「국민건강보험법」에 따라 산정한 보험료액에서 경감 또는 면제되는 비용을 공제한 금액에 건강보험료율 대비 장기요양보험료율의 비율을 곱하여 산정한 금액으로 한다.

② **장기요양보험료율** : 장기요양보험료율은 장기요양위원회의 심의를 거쳐 대통령령으로 정한다.

③ **장기요양보험 공제 수준** : 장기요양보험의 특성을 고려하여 「국민건강보험법」에 따라 경감 또는 면제되는 비용을 달리 적용할 필요가 있는 경우에는 대통령령으로 정하는 바에 따라 경감 또는 면제되는 비용의 공제 수준을 달리 정할 수 있다.

④ 장애인 등에 대한 장기요양보험료의 감면(제10조)

공단은 「장애인복지법」에 따른 장애인 또는 이와 유사한 자로서 대통령령으로 정하는 자가 장기요양보험가입자 또는 그 피부양자인 경우 수급자로 결정되지 못한 때 대통령령으로 정하는 바에 따라 장기요양보험료의 전부 또는 일부를 감면할 수 있다.

⑤ 장기요양보험가입 자격 등에 관한 준용(제11조)

「국민건강보험법」 제5조, 제6조, 제8조부터 제11조까지, 제69조제1항부터 제3항까지, 제76조부터 제86조까지, 제109조제1항부터 제9항까지 및 제110조는 장기요양보험가입자 · 피부양자의 자격취득 · 상실, 장기요양보험료 등의 납부 · 징수 및 결손처분 등에 관하여 이를 준용한다. 이 경우 "보험료"는 "장기요양보험료"로, "건강보험"은 "장기요양보험"으로, "가입자"는 "장기요양보험가입자"로 본다.

02.장기요양보험

1 다음 중 장기요양보험에 대한 설명으로 옳지 않은 것은?

① 장기요양보험사업의 보험자는 공단으로 한다.

② 장기요양보험사업은 건강보험심사평가원이 관장한다.

③ 장기요양보험가입자는 「국민건강보험법」에 따른 가입자로 한다.

④ 공단은 「외국인근로자의 고용 등에 관한 법률」에 따른 외국인근로자 등 대통령령으로 정하는 외국인이 신청하는 경우 장기요양보험가입자에서 제외할 수 있다.

> **TIP** ② 장기요양보험사업은 보건복지부장관이 관장한다〈「노인장기요양보험법」 제7조 제1항〉.
> ① 「노인장기요양보험법」 제7조 제2항
> ③ 「노인장기요양보험법」 제7조 제3항
> ④ 「노인장기요양보험법」 제7조 제4항

2 다음 중 장기요양보험사업의 보험자는?

① 보건복지부

② 국민건강보험공단

③ 건강보험심사평가원

④ 노인장기요양기관

> **TIP** 장기요양보험사업의 보험자〈「노인장기요양보험법」 제7조 제2항〉 … 장기요양보험사업의 보험자는 공단으로 한다.

3 다음은 장기요양보험료의 징수에 대한 설명이다. 옳지 않은 것은?

① 공단은 장기요양사업에 사용되는 비용에 충당하기 위하여 장기요양보험료를 징수한다.

② 공단은 장기요양보험료와 건강보험료를 징수할 경우 통합하여 고지한다.

③ 공단은 장기요양보험료는 건강보험료와 통합하여 징수한다.

④ 공단은 통합 징수한 장기요양보험료와 건강보험료를 각각의 독립회계로 관리하여야 한다.

> **TIP** ② 장기요양보험료는 「국민건강보험법」에 따른 건강보험료와 통합하여 징수한다. 이 경우 공단은 장기요양보험료와 건강보험료를 구분하여 고지하여야 한다〈「노인장기요양보험법」 제8조 제2항〉.
> ① 「노인장기요양보험법」 제8조 제1항
> ③ 「노인장기요양보험법」 제8조 제2항
> ④ 「노인장기요양보험법」 제8조 제3항
> ※ 장기요양보험료 징수 및 고지방법〈「노인장기요양보험법」 제8조 제2항〉
>   ⊙ 징수 : 「국민건강보험법」에 따른 건강보험료와 통합하여 징수
>   ⓒ 고지 : 장기요양보험료와 건강보험료를 구분하여 고지

4 다음 중 장기요양보험료의 징수 및 산정에 대한 설명으로 옳지 않은 것은?

① 장기요양보험료는 산정한 보험료액에서 경감 또는 면제되는 비용을 공제한 금액에 건강보험료율 대비 장기요양보험료율의 비율을 곱하여 산정한 금액으로 한다.

② 공단은 통합 징수한 장기요양보험료와 건강보험료를 각각의 독립회계로 관리하여야 한다.

③ 장기요양보험료율은 장기요양위원회의 심의를 거쳐 보건복지부령으로 정한다.

④ 장기요양보험료는 건강보험료와 통합하여 징수한다.

> **TIP** ③ 장기요양보험료율은 장기요양위원회의 심의를 거쳐 대통령령으로 정한다〈「노인장기요양보험법」 제9조 제2항〉.
> ① 「노인장기요양보험법」 제9조 제1항
> ② 「노인장기요양보험법」 제8조 제3항
> ④ 「노인장기요양보험법」 제8조 제2항

Answer   1.② 2.② 3.② 4.③

5 다음은 장애인 등에 대한 장기요양보험료의 감면에 대한 설명이다. (   ) 안에 알맞은 것은?

> (   )은 「장애인복지법」에 따른 장애인 또는 이와 유사한 자로서 대통령령으로 정하는 자가 장
> 기요양보험가입자 또는 그 피부양자인 경우 수급자로 결정되지 못한 때 법에 따라 장기요양보험
> 료의 전부 또는 일부를 감면할 수 있다.

① 국회
② 지방자치단체
③ 복건복지부
④ 건강보험공단

TIP 장애인 등에 대한 장기요양보험료의 감면〈「노인장기요양보험법」 제10조〉 … 공단은 「장애인복지법」에 따
른 장애인 또는 이와 유사한 자로서 대통령령으로 정하는 자가 장기요양보험가입자 또는 그 피부양자
인 경우 수급자로 결정되지 못한 때 대통령령으로 정하는 바에 따라 장기요양보험료의 전부 또는 일
부를 감면할 수 있다.

장기요양인정

1 장기요양인정의 신청자격(제12조)

장기요양인정을 신청할 수 있는 자는 노인등으로서 다음의 어느 하나에 해당하는 자격을 갖추어야 한다.

㉠ 장기요양보험가입자 또는 그 피부양자

㉡ 「의료급여법」 제3조제1항에 따른 수급권자(이하 "의료급여수급권자"라 한다)

> **조문참고** **의료급여법 제3조제1항**(수급권자)
> 1. 「국민기초생활 보장법」에 따른 의료급여 수급자
> 2. 「재해구호법」에 따른 이재민으로서 보건복지부장관이 의료급여가 필요하다고 인정한 사람
> 3. 「의사상자 등 예우 및 지원에 관한 법률」에 따라 의료급여를 받는 사람
> 4. 「국내입양에 관한 특별법」에 따라 입양된 18세 미만의 아동
> 5. 「독립유공자예우에 관한 법률」, 「국가유공자 등 예우 및 지원에 관한 법률」 및 「보훈보상대상자 지원에 관한 법률」의 적용을 받고 있는 사람과 그 가족으로서 국가보훈부장관이 의료급여가 필요하다고 추천한 사람 중에서 보건복지부장관이 의료급여가 필요하다고 인정한 사람
> 6. 「무형유산의 보전 및 진흥에 관한 법률」에 따라 지정된 국가무형유산의 보유자(명예보유자를 포함한다)와 그 가족으로서 국가유산청장이 의료급여가 필요하다고 추천한 사람 중에서 보건복지부 장관이 의료급여가 필요하다고 인정한 사람
> 7. 「북한이탈주민의 보호 및 정착지원에 관한 법률」의 적용을 받고 있는 사람과 그 가족으로서 보건복지부장관이 의료급여가 필요하다고 인정한 사람
> 8. 「5·18민주화운동 관련자 보상 등에 관한 법률」 제8조에 따라 보상금등을 받은 사람과 그 가족으로서 보건복지부장관이 의료급여가 필요하다고 인정한 사람
> 9. 「노숙인 등의 복지 및 자립지원에 관한 법률」에 따른 노숙인 등으로서 보건복지부장관이 의료급여가 필요하다고 인정한 사람
> 10. 그 밖에 생활유지 능력이 없거나 생활이 어려운 사람으로서 대통령령으로 정하는 사람

2 장기요양인정의 신청(제13조)

① 장기요양인정 신청
  ㉠ 소견서 제출 : 장기요양인정을 신청하는 자(이하 "신청인"이라 한다)는 공단에 보건복지부령으로 정하는 바에 따라 장기요양인정신청서(이하 "신청서"라 한다)에 의사 또는 한의사가 발급하는 소견서(이하 "의사소견서"라 한다)를 첨부하여 제출하여야 한다.
  ㉡ 제출시기 : 의사소견서는 공단이 등급판정위원회에 자료를 제출하기 전까지 제출할 수 있다.
② 거동이 불편한 자 등 : 거동이 현저하게 불편하거나 도서·벽지 지역에 거주하여 의료기관을 방문하기 어려운 자 등 대통령령으로 정하는 자는 의사소견서를 제출하지 아니할 수 있다.
③ 의사소견서 : 의사소견서의 발급비용·비용부담방법·발급자의 범위, 그 밖에 필요한 사항은 보건복지부령으로 정한다.

3 장기요양인정 신청의 조사(제14조)

① 신청사항 조사 : 공단은 신청서를 접수한 때 보건복지부령으로 정하는 바에 따라 소속 직원으로 하여금 다음 사항을 조사하게 하여야 한다.
  ㉠ 신청인의 심신상태
  ㉡ 신청인에게 필요한 장기요양급여의 종류 및 내용
  ㉢ 그 밖에 장기요양에 관하여 필요한 사항으로서 보건복지부령으로 정하는 사항
    ★★★ 단, 지리적 사정 등으로 직접 조사하기 어려운 경우 또는 조사에 필요하다고 인정하는 경우 특별자치시·특별자치도·시·군·구(자치구를 말한다. 이하 같다)에 대하여 조사를 의뢰하거나 공동으로 조사할 것을 요청할 수 있다.
② 조사 인원 : 공단은 신청사항을 조사하는 경우 2명 이상의 소속 직원이 조사할 수 있도록 노력하여야 한다.
③ 조사 관련 통보 : 신청사항 조사를 하는 자는 조사일시, 장소 및 조사를 담당하는 자의 인적사항 등을 미리 신청인에게 통보하여야 한다.
④ 조사결과서 작성 및 송부 : 공단 또는 조사를 의뢰받은 특별자치시·특별자치도·시·군·구는 조사를 완료한 때 조사결과서를 작성하여야 한다. 조사를 의뢰받은 특별자치시·특별자치도·시·군·구는 지체 없이 공단에 조사결과서를 송부하여야 한다.

4 등급판정 등(제15조)

① **자료 제출** : 공단은 조사가 완료된 때 조사결과서, 신청서, 의사소견서, 그 밖에 심의에 필요한 자료를 등급판정위원회에 제출하여야 한다.

② **수급자 판정** : 등급판정위원회는 신청인이 신청자격요건을 충족하고 6개월 이상 동안 혼자서 일상생활을 수행하기 어렵다고 인정하는 경우 심신상태 및 장기요양이 필요한 정도 등 대통령령으로 정하는 등급판정기준에 따라 수급자로 판정한다.

③ **의견 수렴** : 등급판정위원회는 심의 · 판정을 하는 때 신청인과 그 가족, 의사소견서를 발급한 의사 등 관계인의 의견을 들을 수 있다.

④ **결과 제출** : 공단은 장기요양급여를 받고 있거나 받을 수 있는 자가 다음 어느 하나에 해당하는 것으로 의심되는 경우에는 신청 사항을 조사하여 그 결과를 등급판정위원회에 제출하여야 한다.

　　㉠ 거짓이나 그 밖의 부정한 방법으로 장기요양인정을 받은 경우

　　㉡ 고의로 사고를 발생하도록 하거나 본인의 위법행위에 기인하여 장기요양인정을 받은 경우

⑤ **수급자 등급조정 및 수급여부 판정** : 등급판정위원회는 제출된 조사 결과를 토대로 다시 수급자 등급을 조정하고 수급자 여부를 판정할 수 있다.

5 장기요양등급판정기간(제16조)

① **장기요양등급판정 완료**

　　㉠ 등급판정위원회는 신청인이 신청서를 제출한 날부터 30일 이내에 장기요양등급판정을 완료하여야 한다.

　　㉡ 신청인에 대한 정밀조사가 필요한 경우 등 기간 이내에 등급판정을 완료할 수 없는 부득이한 사유가 있는 경우 30일 이내의 범위에서 이를 연장할 수 있다.

② **등급판정기간 연장** : 공단은 등급판정위원회가 장기요양인정심의 및 등급판정기간을 연장하고자 하는 경우 신청인 및 대리인에게 그 내용 · 사유 및 기간을 통보하여야 한다.

6 장기요양인정서(제17조)

① **장기요양인정서 작성 및 송부** : 공단은 등급판정위원회가 장기요양인정 및 등급판정의 심의를 완료한 경우 지체 없이 다음의 사항이 포함된 장기요양인정서를 작성하여 수급자에게 송부하여야 한다.

    ㉠ 장기요양등급

    ㉡ 장기요양급여의 종류 및 내용

    ㉢ 그 밖에 장기요양급여에 관한 사항으로서 보건복지부령으로 정하는 사항

② **수급자 판정 받지 못한 사유 통보**

    ㉠ 공단은 등급판정위원회가 장기요양인정 및 등급판정의 심의를 완료한 경우 수급자로 판정받지 못한 신청인에게 그 내용 및 사유를 통보하여야 한다.

    ㉡ 이 경우 특별자치시장·특별자치도지사·시장·군수·구청장(자치구의 구청장을 말한다. 이하 같다)은 공단에 대하여 이를 통보하도록 요청할 수 있고, 요청을 받은 공단은 이에 응하여야 한다.

③ **이용계획서 작성** : 공단은 장기요양인정서를 송부하는 때 장기요양급여를 원활히 이용할 수 있도록 월 한도액 범위 안에서 개인별장기요양이용계획서를 작성하여 이를 함께 송부하여야 한다.

④ **이용계획서 작성방법** : 장기요양인정서 및 개인별장기요양이용계획서의 작성방법에 관하여 필요한 사항은 보건복지부령으로 정한다.

7 장기요양인정서를 작성할 경우 고려사항(제18조)

공단은 장기요양인정서를 작성할 경우 장기요양급여의 종류 및 내용을 정하는 때 다음 사항을 고려하여 정하여야 한다.

㉠ 수급자의 장기요양등급 및 생활환경

㉡ 수급자와 그 가족의 욕구 및 선택

㉢ 시설급여를 제공하는 경우 장기요양기관이 운영하는 시설 현황

⑧ 장기요양인정의 유효기간(제19조)

① **장기요양인정 유효기간** : 장기요양인정의 유효기간은 최소 1년 이상으로서 대통령령으로 정한다.

② **유효기간 산정방법** : 유효기간의 산정방법과 그 밖에 필요한 사항은 보건복지부령으로 정한다.

⑨ 장기요양인정의 갱신(제20조)

① **갱신 신청** : 수급자는 장기요양인정의 유효기간이 만료된 후 장기요양급여를 계속하여 받고자 하는 경우 공단에 장기요양인정의 갱신을 신청하여야 한다.

② **신청유효기간** : 장기요양인정의 갱신 신청은 유효기간이 만료되기 전 30일까지 이를 완료하여야 한다.

③ **갱신절차 준용** : 장기요양인정의 신청자격, 장기요양인정의 신청, 장기요양인정 신청의 조사, 등급 판정 등, 장기요양등급판정기간, 장기요양인정서, 장기요양인정서를 작성할 경우 고려사항, 장기요양인정의 유효기간의 규정은 장기요양인정의 갱신절차에 관하여 준용한다.

⑩ 장기요양등급 등의 변경(제21조)

① **변경신청** : 장기요양급여를 받고 있는 수급자는 장기요양등급, 장기요양급여의 종류 또는 내용을 변경하여 장기요양급여를 받고자 하는 경우 공단에 변경신청을 하여야 한다.

② **변경절차 준용규정** : 장기요양인정의 신청자격, 장기요양인정의 신청, 장기요양인정 신청의 조사, 등급판정 등, 장기요양등급판정기간, 장기요양인정서, 장기요양인정서를 작성할 경우 고려사항, 장기요양인정의 유효기간의 규정은 장기요양등급의 변경절차에 관하여 준용한다.

⑪ 장기요양인정 신청 등에 대한 대리(제22조)

① **이해관계인이 대리** : 장기요양급여를 받고자 하는 자 또는 수급자가 신체적·정신적인 사유로 이 법에 따른 장기요양인정의 신청, 장기요양인정의 갱신신청 또는 장기요양등급의 변경신청 등을 직접 수행할 수 없을 때 본인의 가족이나 친족, 그 밖의 이해관계인은 이를 대리할 수 있다.

② **동의 후 신청 대리** : 다음에 해당하는 사람은 관할 지역 안에 거주하는 사람 중 장기요양급여를 받고자 하는 사람 또는 수급자가 장기요양인정신청 등을 직접 수행할 수 없을 때 본인 또는 가족의 동의를 받아 그 신청을 대리할 수 있다.

  ㉠ 사회복지전담공무원

  ㉡ 치매안심센터의 장(장기요양급여를 받고자 하는 사람 또는 수급자가 치매환자인 경우로 한정)

③ **자치단체장 신청 대리** : 장기요양급여를 받고자 하는 자 또는 수급자가 장기요양인정신청 등을 할 수 없는 경우 특별자치시장·특별자치도지사·시장·군수·구청장이 지정하는 자는 이를 대리할 수 있다.

④ **신청방법 및 절차** : 장기요양인정신청 등의 방법 및 절차 등에 관하여 필요한 사항은 보건복지부령으로 정한다.

03.장기요양인정

1 다음 중 노인장기요양보험법상 장기요양인정을 신청할 수 있는 자격이 없는 사람은 누구인가?

① 의료급여수급권자

② 건강보험가입자의 동거인

③ 장기요양보험가입자

④ 장기요양보험가입자의 피부양자

> **TIP** 장기요양인정의 신청자격〈「노인장기요양보험법」 제12조〉 … 장기요양인정을 신청할 수 있는 자는 노인
> 등으로서 다음의 어느 하나에 해당하는 자격을 갖추어야 한다.
> ㉠ 장기요양보험가입자 또는 그 피부양자
> ㉡ 의료급여수급권자

2 다음은 장기요양인정의 신청에 대하여 설명한 것이다. 옳지 않은 것은?

① 장기요양인정을 신청하는 자는 공단에 장기요양인정신청서에 의사 또는 한의사가 발급하는
소견서를 첨부하여 제출하여야 한다.

② 의사소견서는 공단이 등급판정위원회에 자료를 제출하기 전까지 제출할 수 있다.

③ 거동이 현저하게 불편하거나 도서 · 벽지 지역에 거주하여 의료기관을 방문하기 어려운 자
는 우편을 통하여 의사소견서를 제출하여야 한다.

④ 의사소견서의 발급비용 · 비용부담방법 · 발급자의 범위 등 필요한 사항은 보건복지부령으로
정한다.

> **TIP** ③ 거동이 현저하게 불편하거나 도서 · 벽지 지역에 거주하여 의료기관을 방문하기 어려운 자 등 대통
> 령령으로 정하는 자는 의사소견서를 제출하지 아니할 수 있다〈「노인장기요양보험법」 제13조 제2
> 항〉.
> ①② 「노인장기요양보험법」 제13조 제1항
> ④ 「노인장기요양보험법」 제13조 제3항

Answer 1.② 2.③

3 다음 중 장기요양인정 신청의 조사에 대한 설명으로 옳지 않은 것은?

① 공단은 신청서를 접수한 때 보건복지부령으로 정하는 바에 따라 소속 직원으로 하여금 법이 정한 사항을 조사하게 하여야 한다.

② 공단은 지리적 사정 등으로 직접 조사하기 어려운 경우 또는 조사에 필요하다고 인정하는 경우 특별자치시·특별자치도·시·군·구 등 자치구에 대하여 조사를 의뢰할 수 있다.

③ 조사를 하는 자는 조사일시, 장소 및 조사를 담당하는 자의 인적사항 등을 미리 공단에 통보한 후 조사하여야 한다.

④ 조사를 의뢰받은 특별자치시·특별자치도·시·군·구는 지체 없이 공단에 조사결과서를 송부하여야 한다.

> **TIP** ③ 조사를 하는 자는 조사일시, 장소 및 조사를 담당하는 자의 인적사항 등을 미리 신청인에게 통보하여야 한다〈「노인장기요양보험법」 제14조 제3항〉.
> ①② 「노인장기요양보험법」 제14조 제1항
> ④ 「노인장기요양보험법」 제14조 제4항

4 공단이 장기요양인정의 신청서를 접수한 때 소속 직원으로 하여금 조사하여야 할 사항으로 옳지 않은 것은?

① 신청인의 심신상태
② 신청인에게 필요한 장기요양급여의 종류
③ 신청인에게 필요한 장기요양급여의 내용
④ 신청인의 건강보험가입 여부

> **TIP** 장기요양인정 신청시 조사해야 할 사항〈「노인장기요양보험법」 제14조 제1항〉
> ㉠ 신청인의 심신상태
> ㉡ 신청인에게 필요한 장기요양급여의 종류 및 내용
> ㉢ 그 밖에 장기요양에 관하여 필요한 사항으로서 보건복지부령으로 정하는 사항

5 공단은 장기요양인정 신청서를 접수한 후 몇 명 이상의 소속 직원이 조사할 수 있도록 노력하여야 하는가?

① 1명 　　　　　　　　　　　　② 2명
③ 3명 　　　　　　　　　　　　④ 5명

TIP 장기요양인정 신청의 조사〈「노인장기요양보험법」 제14조 제2항〉… 공단은 장기요양인정 신청의 조사를 할 경우 2명 이상의 소속 직원이 조사할 수 있도록 노력하여야 한다.

6 다음 중 등급판정 등에 대한 설명으로 옳지 않은 것은?

① 공단은 장기요양인정의 신청의 조사가 완료된 때 심의에 필요한 자료를 등급판정위원회에 제출하여야 한다.
② 등급판정위원회는 심의·판정을 하는 때 신청인과 그 가족, 의사소견서를 발급한 의사 등 관계인의 의견을 들을 수 있다.
③ 등급판정위원회는 제출된 조사 결과를 토대로 다시 수급자 등급을 조정하고 수급자 여부를 판정할 수 있다.
④ 공단은 장기요양급여를 받고 있거나 받을 수 있는 자가 거짓이나 그 밖의 부정한 방법으로 장기요양인정을 받은 경우 즉시 등급판정위원회에 조사를 의뢰한다.

TIP 등급판정 등〈「노인장기요양보험법」 제15조 제4항〉… 공단은 장기요양급여를 받고 있거나 받을 수 있는 자가 다음 어느 하나에 해당하는 것으로 의심되는 경우에는 장기요양인정 신청사항을 조사하여 그 결과를 등급판정위원회에 제출하여야 한다.
　㉠ 거짓이나 그 밖의 부정한 방법으로 장기요양인정을 받은 경우
　㉡ 고의로 사고를 발생하도록 하거나 본인의 위법행위에 기인하여 장기요양인정을 받은 경우

Answer 3.③ 4.④ 5.② 6.④

7 다음 ( ) 안에 알맞은 기간은?

> 등급판정위원회는 신청인이 장기요양인정의 신청자격요건을 충족하고 ( ) 이상 동안 혼자서 일상생활을 수행하기 어렵다고 인정하는 경우 심신상태 및 장기요양이 필요한 정도 등 대통령령으로 정하는 등급판정기준에 따라 수급자로 판정한다.

① 3개월   ② 6개월
③ 9개월   ④ 12개월

TIP 등급판정 등〈「노인장기요양보험법」 제15조 제2항〉… 등급판정위원회는 신청인이 장기요양인정의 신청 자격 요건을 충족하고 6개월 이상 동안 혼자서 일상생활을 수행하기 어렵다고 인정하는 경우 심신상 태 및 장기요양이 필요한 정도 등 대통령령으로 정하는 등급판정기준에 따라 수급자로 판정한다.

8 다음 중 장기요양인정의 신청의 조사가 완료된 때 등급판정위원회에 제출하여야 서류가 아닌 것은?

① 신청서
② 의사소견서
③ 조사결과서
④ 보험가입증명서

TIP 장기요양인정 신청의 조사 완료 후 제출 서류〈「노인장기요양보험법」 제15조 제1항〉… 공단은 장기요양 인정 신청의 조사가 완료된 때 조사결과서, 신청서, 의사소견서, 그 밖에 심의에 필요한 자료를 등급 판정위원회에 제출하여야 한다.

9 다음 중 장기요양등급판정기간에 대한 설명으로 옳지 않은 것은?

① 등급판정위원회는 신청인이 신청서를 제출한 날부터 15일 이내에 장기요양등급판정을 완료하여야 한다.

② 신청인에 대한 정밀조사가 필요한 경우 등 기간 이내에 등급판정을 완료할 수 없는 부득이한 사유가 있는 경우 법이 정하는 범위에서 장기요양등급판정을 연장할 수 있다.

③ 등급판정위원회는 장기요양인정심의 및 등급판정기간을 연장할 수 있다.

④ 공단은 등급판정위원회가 장기요양인정심의를 연장하고자 하는 경우 신청인 및 대리인에게 그 내용·사유 및 기간을 통보하여야 한다.

TIP ① 등급판정위원회는 신청인이 신청서를 제출한 날부터 30일 이내에 장기요양등급판정을 완료하여야 한다〈「노인장기요양보험법」 제16조 제1항〉.
② 「노인장기요양보험법」 제16조 제1항
③④ 「노인장기요양보험법」 제16조 제2항
※ 장기요양등급판정기간〈「노인장기요양보험법」 제16조 제2항〉 … 공단은 등급판정위원회가 장기요양인정심의 및 등급판정기간을 연장하고자 하는 경우 신청인 및 대리인에게 그 내용·사유 및 기간을 통보하여야 한다.

10 다음 (   ) 안에 들어갈 알맞은 기간은?

> 등급판정위원회는 신청인이 신청서를 제출한 날부터 (㉠) 이내에 장기요양등급판정을 완료하여야 한다. 다만, 신청인에 대한 정밀조사가 필요한 경우 등 기간 이내에 등급판정을 완료할 수 없는 부득이한 사유가 있는 경우 (㉡) 이내의 범위에서 이를 연장할 수 있다.

① ㉠ 15일 – ㉡ 30일
② ㉠ 15일 – ㉡ 45일
③ ㉠ 15일 – ㉡ 15일
④ ㉠ 30일 – ㉡ 30일

TIP 등급판정 등〈「노인장기요양보험법」 제16조 제1항〉 … 등급판정위원회는 신청인이 신청서를 제출한 날부터 30일 이내에 장기요양등급판정을 완료하여야 한다. 다만, 신청인에 대한 정밀조사가 필요한 경우 등 기간 이내에 등급판정을 완료할 수 없는 부득이한 사유가 있는 경우 30일 이내의 범위에서 이를 연장할 수 있다.

Answer 7.② 8.④ 9.① 10.④

11 다음 중 장기요양인정서에 대한 설명으로 옳지 않은 것은?

① 공단은 등급판정위원회가 장기요양인정 및 등급판정의 심의를 완료한 경우 지체 없이 장기요양인정서를 작성하여 수급자에게 송부하여야 한다.

② 공단은 등급판정위원회가 장기요양인정 및 등급판정의 심의를 완료한 경우 수급자로 판정받지 못한 신청인에게 그 내용 및 사유를 통보하여야 한다.

③ 공단은 장기요양인정서를 송부하는 때 장기요양급여를 원활히 이용할 수 있도록 월 한도액 범위 안에서 개인별장기요양이용계획서를 작성하여 이를 함께 송부하여야 한다.

④ 공단은 장기요양인정서 및 개인별장기요양이용계획서의 작성방법에 관하여 필요한 사항을 정한다.

> **TIP** ④ 장기요양인정서 및 개인별장기요양이용계획서의 작성방법에 관하여 필요한 사항은 보건복지부령으로 정한다〈「노인장기요양보험법」 제17조 제4항〉.
> ① 「노인장기요양보험법」 제17조 제1항
> ② 「노인장기요양보험법」 제17조 제2항
> ③ 「노인장기요양보험법」 제17조 제3항

12 공단은 등급판정위원회가 장기요양인정 및 등급판정의 심의를 완료한 후 장기요양인정서를 작성해야 한다. 이 때 포함되어야 할 사항이 아닌 것은?

① 장기요양등급

② 장기요양급여의 종류

③ 장기요양급여의 내용

④ 장기요양기관의 구성원

> **TIP** 장기요양인정서 송부〈「노인장기요양보험법」 제17조 제1항〉 … 공단은 등급판정위원회가 장기요양인정 및 등급판정의 심의를 완료한 경우 지체 없이 다음 사항이 포함된 장기요양인정서를 작성하여 수급자에게 송부하여야 한다.
> ㉠ 장기요양등급
> ㉡ 장기요양급여의 종류 및 내용
> ㉢ 그 밖에 장기요양급여에 관한 사항으로서 보건복지부령으로 정하는 사항

13 다음 중 장기요양인정서를 작성할 경우 고려사항으로 옳지 않은 것은?

① 수급자와 그 가족의 욕구 및 선택

② 수급자의 장기요양등급 및 생활환경

③ 시설급여를 제공하는 경우 장기요양기관의 운영요원 인적사항

④ 시설급여를 제공하는 경우 장기요양기관이 운영하는 시설 현황

TIP 장기요양인정서를 작성할 경우 고려사항〈「노인장기요양보험법」제18조〉
　ⓐ 수급자의 장기요양등급 및 생활환경
　ⓑ 수급자와 그 가족의 욕구 및 선택
　ⓒ 시설급여를 제공하는 경우 장기요양기관이 운영하는 시설 현황

14 다음 중 장기요양인정의 취소 유효기간은?

① 1년

② 2년

③ 3년

④ 5년

TIP 장기요양인정의 유효기간〈「노인장기요양보험법」제19조〉
　ⓐ 장기요양인정의 유효기간은 최소 1년이상으로서 대통령령으로 정한다.
　ⓑ 유효기간의 산정방법과 그 밖에 필요한 사항은 보건복지부령으로 정한다.

Answer 11.④ 12.④ 13.③ 14.①

15 다음 중 (   ) 안에 알맞은 기간은?

> • 수급자는 장기요양인정의 유효기간이 만료된 후 장기요양급여를 계속하여 받고자 하는 경우 공단에 장기요양인정의 갱신을 신청하여야 한다.
> • 장기요양인정의 갱신 신청은 유효기간이 만료되기 전 (   )일까지 이를 완료하여야 한다.

① 7일   ② 15일
③ 25일   ④ 30일

TIP 장기요양인정의 갱신〈「노인장기요양보험법」 제20조 제2항〉… 장기요양인정의 갱신 신청은 유효기간이 만료되기 전 30일까지 이를 완료하여야 한다.

16 다음 중 장기요양급여를 받고 있는 수급자는 장기요양등급, 장기요양급여의 내용을 변경하여 장기요양급여를 받고자 할 경우 변경신청을 하여야 할 기관은?

① 지방자치단체
② 보건복지부
③ 국민건강보험공단
④ 건강보험심사평가원

TIP 장기요양등급 등의 변경〈「노인장기요양보험법」 제21조 제1항〉… 장기요양급여를 받고 있는 수급자는 장기요양등급, 장기요양급여의 종류 또는 내용을 변경하여 장기요양급여를 받고자 하는 경우 공단에 변경신청을 하여야 한다.

17 다음은 장기요양인정 신청 등에 대한 대리에 대하여 설명한 것이다. 옳지 않은 것은?

① 장기요양급여를 받고자 하는 수급자가 장기요양인정신청 등을 할 수 없는 경우 특별자치시장·특별자치도지사·시장·군수·구청장이 지정하는 자는 이를 대리할 수 있다.

② 사회복지전담공무원은 지역 안에 거주하는 사람 중 장기요양급여를 받고자 하는 사람이 장기요양인정신청 등을 직접 수행할 수 없을 때 본인의 동의를 받아 신청을 대리할 수 있다.

③ 장기요양급여를 받고자 하는 수급자가 신체적·정신적인 사유로 장기요양인정의 신청을 직접 수행할 수 없을 때 본인의 가족이나 친족이 신청을 대리할 수 있다.

④ 장기요양인정신청 등의 방법 및 절차 등에 관하여 필요한 사항은 대통령령으로 정한다.

> **TIP** ④ 장기요양인정신청 등의 방법 및 절차 등에 관하여 필요한 사항은 보건복지부령으로 정한다〈「노인장기요양보험법」 제22조 제4항〉.
> ① 「노인장기요양보험법」 제22조 제3항
> ② 「노인장기요양보험법」 제22조 제3항, 제3항 제1호
> ③ 「노인장기요양보험법」 제22조 제1항

18 다음 중 장기요양인정 신청 등에 대한 대리를 할 수 없는 사람은?

① 시장·군수·구청장

② 수급자 본인의 친족

③ 특별자치시장이 지정하는 자

④ 가족의 동의를 받은 사회복지전담공무원

> **TIP** ① 장기요양급여를 받고자 하는 자 또는 수급자가 장기요양인정신청 등을 할 수 없는 경우 특별자치시장·특별자치도지사·시장·군수·구청장이 지정하는 자는 이를 대리할 수 있다〈「노인장기요양보험법」 제22조 제3항〉.

Answer 15.④ 16.③ 17.④ 18.①

04 장기요양급여의 종류

1 장기요양급여의 종류(제23조)

① 장기요양급여의 종류

　㉠ 재가급여

　　• 방문요양 : 장기요양요원이 수급자의 가정 등을 방문하여 신체활동 및 가사활동 등을 지원하는 장기요양급여

　　• 방문목욕 : 장기요양요원이 목욕설비를 갖춘 장비를 이용하여 수급자의 가정 등을 방문하여 목욕을 제공하는 장기요양급여

　　• 방문간호 : 장기요양요원인 간호사 등이 의사, 한의사 또는 치과의사의 지시서(이하 "방문간호지시서"라 한다)에 따라 수급자의 가정 등을 방문하여 간호, 진료의 보조, 요양에 관한 상담 또는 구강위생 등을 제공하는 장기요양급여

　　• 주 · 야간보호 : 수급자를 하루 중 일정한 시간 동안 장기요양기관에 보호하여 신체활동 지원 및 심신기능의 유지 · 향상을 위한 교육 · 훈련 등을 제공하는 장기요양급여

　　• 단기보호 : 수급자를 보건복지부령으로 정하는 범위 안에서 일정 기간 동안 장기요양기관에 보호하여 신체활동 지원 및 심신기능의 유지 · 향상을 위한 교육 · 훈련 등을 제공하는 장기요양급여

　　• 기타재가급여 : 수급자의 일상생활 · 신체활동 지원 및 인지기능의 유지 · 향상에 필요한 용구를 제공하거나 가정을 방문하여 재활에 관한 지원 등을 제공하는 장기요양급여로서 대통령령으로 정하는 것

　㉡ 시설급여 : 장기요양기관에 장기간 입소한 수급자에게 신체활동 지원 및 심신기능의 유지 · 향상을 위한 교육 · 훈련 등을 제공하는 장기요양급여

　㉢ 특별현금급여

　　• 가족요양비 : 가족장기요양급여

　　• 특례요양비 : 특례장기요양급여

　　• 요양병원간병비 : 요양병원장기요양급여

② **장기요양급여 관련 사항 결정** : 장기요양급여를 제공할 수 있는 장기요양기관의 종류 및 기준과 장기요양급여 종류별 장기요양요원의 범위 · 업무 · 보수교육 등에 관하여 필요한 사항은 대통령령으로 정한다.

③ **통합재가서비스 제공** : 장기요양기관은 방문요양, 방문목욕, 방문간호, 주 · 야간보호, 단기보호의 재가급여 전부 또는 일부를 통합하여 제공하는 서비스(이하 이 조에서 "통합재가서비스"라 한다)를 제공할 수 있다.

④ **통합재가서비스를 제공하는 장기요양기관** : 통합재가서비스를 제공하는 장기요양기관은 보건복지부령으로 정하는 인력, 시설, 운영 등의 기준을 준수하여야 한다.

⑤ **장기요양급여의 제공 기준 · 절차 · 방법 · 범위** : 장기요양급여의 제공 기준 · 절차 · 방법 · 범위, 그 밖에 필요한 사항은 보건복지부령으로 정한다.

2 가족요양비(제24조)

① **가족요양비 지급** : 공단은 다음 어느 하나에 해당하는 수급자가 가족 등으로부터 방문요양에 상당한 장기요양급여를 받은 때 대통령령으로 정하는 기준에 따라 해당 수급자에게 가족요양비를 지급할 수 있다.

   ㉠ 도서 · 벽지 등 장기요양기관이 현저히 부족한 지역으로서 보건복지부장관이 정하여 고시하는 지역에 거주하는 자

   ㉡ 천재지변이나 그 밖에 이와 유사한 사유로 인하여 장기요양기관이 제공하는 장기요양급여를 이용하기가 어렵다고 보건복지부장관이 인정하는 자

   ㉢ 신체 · 정신 또는 성격 등 대통령령으로 정하는 사유로 인하여 가족 등으로부터 장기요양을 받아야 하는 자

② **가족요양비의 지급절차** : 가족요양비의 지급절차와 그 밖에 필요한 사항은 보건복지부령으로 정한다.

3 특례요양비(제25조)

① **특례요양비 지급** : 공단은 수급자가 장기요양기관이 아닌 노인요양시설 등의 기관 또는 시설에서 재가급여 또는 시설급여에 상당한 장기요양급여를 받은 경우 대통령령으로 정하는 기준에 따라 해당 장기요양급여비용의 일부를 해당 수급자에게 특례요양비로 지급할 수 있다.

② **지급절차** : 장기요양급여가 인정되는 기관 또는 시설의 범위, 특례요양비의 지급절차, 그 밖에 필요한 사항은 보건복지부령으로 정한다.

4 요양병원간병비(제26조)

① **요양병원간병비 지급** : 공단은 수급자가 「의료법」에 따른 요양병원에 입원한 때 대통령령으로 정하는 기준에 따라 장기요양에 사용되는 비용의 일부를 요양병원간병비로 지급할 수 있다.

② **지급절차** : 요양병원간병비의 지급절차와 그 밖에 필요한 사항은 보건복지부령으로 정한다.

04.장기요양급여의 종류

1 다음은 장기요양급여의 종류를 나열한 것이다. 옳지 않은 것은?

① 재가급여   ② 시설급여

③ 특별현금급여   ④ 건강검진급여

> **TIP** 장기요양급여의 종류〈「노인장기요양보험법」제23조 제1항〉
>   ③ 재가급여 : 방문요양, 방문목욕, 방문간호, 주·야간보호, 단기보호, 기타재가급여
>   ⓒ 시설급여
>   ⓒ 특별현금급여 : 가족요양비, 특례요양비, 요양병원간병비

2 다음 중 장기요양급여 중 재가급여로 옳지 않은 것은?

① 방문요양   ② 주·야간보호

③ 특례요양   ④ 단기보호

> **TIP** 장기요양급여의 종류 중 재가급여에는 방문요양, 방문목욕, 방문간호, 주·야간보호, 단기보호, 기타 재가급여가 있다〈「노인장기요양보험법」제23조 제1항〉.

Answer   1.④   2.③

3 다음에서 설명하고 있는 장기요양급여는?

> 보건복지부령으로 정하는 범위 안에서 일정 기간 동안 수급자를 장기요양기관에 보호하여 신체활동 지원 및 심신기능의 유지·향상을 위한 교육·훈련 등을 제공하는 장기요양급여를 말한다.

① 주·야간보호
② 단기보호
③ 시설급여
④ 방문간호

TIP 장기요양급여의 종류〈「노인장기요양보험법」 제23조 제1항〉
① 주·야간보호 : 수급자를 하루 중 일정한 시간 동안 장기요양기관에 보호하여 신체활동 지원 및 심신기능의 유지·향상을 위한 교육·훈련 등을 제공하는 장기요양급여
③ 시설급여 : 장기요양기관에 장기간 입소한 수급자에게 신체활동 지원 및 심신기능의 유지·향상을 위한 교육·훈련 등을 제공하는 장기요양급여
④ 방문간호 : 장기요양요원인 간호사 등이 의사, 한의사 또는 치과의사의 지시서(이하 "방문간호지시서"라 한다)에 따라 수급자의 가정 등을 방문하여 간호, 진료의 보조, 요양에 관한 상담 또는 구강위생 등을 제공하는 장기요양급여

4 다음 장기요양급여 중 특별현금급여에 해당하지 않는 것은?

① 특례요양비
② 요양병원간병비
③ 가족요양비
④ 가족방문 지원비

TIP 특별현금급여〈「노인장기요양보험법」 제23조 제1항〉
㉠ 가족요양비 : 법 제24조에 따라 지급하는 가족장기요양급여
㉡ 특례요양비 : 법 제25조에 따라 지급하는 특례장기요양급여
㉢ 요양병원간병비 : 법 제26조에 따라 지급하는 요양병원장기요양급여

5 다음 중 장기요양급여의 종류에 대한 설명으로 옳지 않은 것은?

① 장기요양급여의 제공 기준 · 절차 · 방법 · 범위 등 필요한 사항은 대통령령으로 정한다.
② 방문요양이란 장기요양요원이 수급자의 가정 등을 방문하여 신체활동 및 가사활동 등을 지원하는 장기요양급여를 말한다.
③ 시설급여란 장기요양기관에 장기간 입소한 수급자에게 신체활동 지원 및 심신기능의 유지 · 향상을 위한 교육 · 훈련 등을 제공하는 장기요양급여를 말한다.
④ 특별현금급여에는 가족요양비, 특례요양비, 요양병원간병비가 있다.

TIP ① 장기요양급여의 제공 기준 · 절차 · 방법 · 범위, 그 밖에 필요한 사항은 보건복지부령으로 정한다〈「노인장기요양보험법」 제23조 제5항〉.
② 「노인장기요양보험법」 제23조 제1항 제1호
③ 「노인장기요양보험법」 제23조 제1항 제2호
④ 「노인장기요양보험법」 제23조 제1항 제3호

6 다음 재가급여 중 기타재가급여에 대한 설명으로 옳은 것은?

① 장기요양기관에 장기간 입소한 수급자에게 신체활동 지원 및 심신기능의 유지 · 향상을 위한 교육 · 훈련 등을 제공하는 장기요양급여
② 수급자의 일상생활 · 신체활동 지원 및 인지기능의 유지 · 향상에 필요한 용구를 제공하거나 가정을 방문하여 재활에 관한 지원 등을 제공하는 장기요양급여로서 대통령령으로 정하는 급여
③ 수급자를 보건복지부령으로 정하는 범위 안에서 일정 기간 동안 장기요양기관에 보호하여 신체활동 지원 및 심신기능의 유지 · 향상을 위한 교육 · 훈련 등을 제공하는 장기요양급여
④ 수급자를 하루 중 일정한 시간 동안 장기요양기관에 보호하여 신체활동 지원 및 심신기능의 유지 · 향상을 위한 교육 · 훈련 등을 제공하는 장기요양급여

TIP ① 시설급여 ③ 단기보호 ④ 주 · 야간보호

Answer 3.② 4.④ 5.① 6.②

7 다음은 「노인장기요양보험법」 제23조 제2항으로 중 ( ) 안에 알맞은 것은?

> 장기요양급여를 제공할 수 있는 장기요양기관의 ( )과 장기요양급여 종류별 장기요양요원의 범위·업무·보수교육 등에 관하여 필요한 사항은 ( )으로 정한다.

① 설립 및 기준 - 보건복지부령
② 설립 및 기준 - 대통령령
③ 종류 및 기준 - 보건복지부령
④ 종류 및 기준 - 대통령령

TIP 장기요양기관의 종류 및 기준과 장기요양급여 종류별 장기요양요원의 범위·업무·보수교육 등에 관하여 필요한 사항은 대통령령으로 정한다〈「노인장기요양보험법」 제23조 제2항〉.

8 다음 중 ( ) 안에 알맞은 것은?

> • 장기요양기관은 제1항제1호가목에서 마목까지의 ( ) 전부 또는 일부를 통합하여 제공하는 서비스를 제공할 수 있다.
> • ( )를 제공하는 장기요양기관은 보건복지부령으로 정하는 인력, 시설, 운영 등의 기준을 준수하여야 한다.

① 재가급여 - 통합재가서비스
② 시설급여 - 통합재가서비스
③ 특별현금급여 - 가족요양비
④ 특별현금급여 - 요양병원간병비

TIP 장기요양급여의 종류〈「노인장기요양보험법」 제23조 제3항, 제4항〉
　㉠ 장기요양기관은 제1항제1호가목에서 마목까지의 재가급여 전부 또는 일부를 통합하여 제공하는 서비스(이하 이 조에서 "통합재가서비스"라 한다)를 제공할 수 있다.
　㉡ 통합재가서비스를 제공하는 장기요양기관은 보건복지부령으로 정하는 인력, 시설, 운영 등의 기준을 준수하여야 한다.

9 신체적 변형 등의 사유로 대인과의 접촉을 기피하는 사유로 인하여 가족 등으로부터 장기요양을 받아야 하는 수급자가 가족 등으로부터 방문요양에 상당한 장기요양급여를 받은 때 공단이 기준에 따라 해당 수급자에게 지급하는 요양비는?

① 요양병원간병비

③ 특례요양비

③ 방문요양비

④ 가족요양비

TIP 가족요양비〈「노인장기요양보험법」 제24조 제1항〉… 공단은 다음의 어느 하나에 해당하는 수급자가 가족 등으로부터 방문요양에 상당한 장기요양급여를 받은 때 대통령령으로 정하는 기준에 따라 해당 수급자에게 가족요양비를 지급할 수 있다.
　㉠ 도서·벽지 등 장기요양기관이 현저히 부족한 지역으로서 보건복지부장관이 정하여 고시하는 지역에 거주하는 자
　㉡ 천재지변이나 그 밖에 이와 유사한 사유로 인하여 장기요양기관이 제공하는 장기요양급여를 이용하기가 어렵다고 보건복지부장관이 인정하는 자
　㉢ 신체·정신 또는 성격 등 대통령령으로 정하는 사유로 인하여 가족 등으로부터 장기요양을 받아야 하는 자

Answer 7.④ 8.① 9.④

10 다음에 해당하는 수급자는 대통령령으로 정하는 기준에 따라 공단에서 가족요양비를 지급 받을 수 있다. 다음 중 (   ) 안에 알맞은 것은?

> • 도서 · 벽지 등 장기요양기관이 현저히 부족한 지역으로서 (   )이 정하여 고시하는 지역에 거주하는 자
> • 천재지변이나 그 밖에 이와 유사한 사유로 인하여 장기요양기관이 제공하는 장기요양급여를 이용하기가 어렵다고 (   )이 인정하는 자
> • 신체 · 정신 또는 성격 등 (   )으로 정하는 사유로 인하여 가족 등으로부터 장기요양을 받아야 하는 자

① 지방자치단체장 – 지방자치단체장 – 보건복지부령
② 보건복지부장관 – 보건복지부장관 – 대통령령
③ 지방자치단체장 – 보건복지부장관 – 보건복지부령
④ 보건복지부장관 – 지방자치단체장 – 대통령령

TIP 가족요양비를 지급할 수 있는 수급자〈「노인장기요양보험법」 제24조 제1항〉
　ⓐ 도서 · 벽지 등 장기요양기관이 현저히 부족한 지역으로서 보건복지부장관이 정하여 고시하는 지역에 거주하는 자
　ⓑ 천재지변이나 그 밖에 이와 유사한 사유로 인하여 장기요양기관이 제공하는 장기요양급여를 이용하기가 어렵다고 보건복지부장관이 인정하는 자
　ⓒ 신체 · 정신 또는 성격 등 대통령령으로 정하는 사유로 인하여 가족 등으로부터 장기요양을 받아야 하는 자

11 다음 중 특례요양비에 대한 설명으로 옳은 것은?

① 장기요양급여가 인정되는 기관 및 특례요양비의 지급절차 등 필요한 사항은 대통령령으로 정한다.

② 특례요양비는 대통령령으로 정하는 기준에 따라 공단이 아닌 보건복지부에서 지급한다.

③ 수급자가 장기요양기관이 아닌 노인요양시설에서 재가급여에 상당한 장기요양급여를 받은 경우 공단은 대통령령으로 정하는 기준에 따라 해당 장기요양급여비용의 일부를 해당 수급자에게 지급할 수 있다.

④ 도서·벽지 등 장기요양기관이 현저히 부족한 지역으로서 보건복지부장관이 정하여 고시하는 지역에 거주하는 자에게 지급한다.

TIP ③ 「노인장기요양보험법」 제25조 제1항
　① 장기요양급여가 인정되는 기관 또는 시설의 범위, 특례요양비의 지급절차, 그 밖에 필요한 사항은 보건복지부령으로 정한다〈「노인장기요양보험법」 제25조 제2항〉.
　② 특례요양비는 공단이 지급한다.
　④ 가족요양비 지급대상이다〈「노인장기요양보험법」 제24조 제1항 제1호〉.

12 다음 중 요양병원간병비에 설명으로 옳지 않은 것은?

① 수급자가 요양병원에 입원한 경우 지급할 수 있다.

② 대통령령으로 정하는 기준에 따라 장기요양에 사용되는 비용의 전부를 지급할 수 있다.

② 요양병원간병비의 지급절차에 관한 사항은 보건복지부령으로 정한다.

④ 장기요양급여의 종류로는 특별현금급여에 해당한다.

TIP 요양병원간병비〈「노인장기요양보험법」 제26조〉
　㉠ 공단은 수급자가 요양병원에 입원한 때 대통령령으로 정하는 기준에 따라 장기요양에 사용되는 비용의 일부를 요양병원간병비로 지급할 수 있다.
　㉡ 요양병원간병비의 지급절차와 그 밖에 필요한 사항은 보건복지부령으로 정한다.

장기요양급여의 제공

1 장기요양급여의 제공(제27조)

① **장기요양급여 수령** : 수급자는 장기요양인정서와 개인별장기요양이용계획서가 도달한 날부터 장기요양급여를 받을 수 있다.

② **장기요양급여의 제공** : 수급자는 돌볼 가족이 없는 경우 등 대통령령으로 정하는 사유가 있는 경우 신청서를 제출한 날부터 장기요양인정서가 도달되는 날까지의 기간 중에도 장기요양급여를 받을 수 있다.

③ **서류 및 자격 확인**

    ㉠ **서류제시** : 수급자는 장기요양급여를 받으려면 장기요양기관에 장기요양인정서와 개인별장기요양이용계획서를 제시하여야 한다.

    ㉡ **자격 확인** : 수급자가 장기요양인정서 및 개인별장기요양이용계획서를 제시하지 못하는 경우 장기요양기관은 공단에 전화나 인터넷 등을 통하여 그 자격 등을 확인할 수 있다.

④ **제공 계획서 통보** : 장기요양기관은 수급자가 제시한 장기요양인정서와 개인별장기요양이용계획서를 바탕으로 장기요양급여 제공 계획서를 작성하고 수급자의 동의를 받아 그 내용을 공단에 통보하여야 한다.

⑤ **구체적인 사항의 결정** : 장기요양급여 인정 범위와 절차, 장기요양급여 제공 계획서 작성 절차에 관한 구체적인 사항 등은 대통령령으로 정한다.

2 특별현금급여수급계좌(제27조의2)

① **특별현금급여 입금**
  ㉠ **지정 계좌 입금** : 공단은 특별현금급여를 받는 수급자의 신청이 있는 경우에는 특별현금급여를 수급자 명의의 지정된 계좌(이하 "특별현금급여수급계좌"라 한다)로 입금하여야 한다.
  ㉡ **현금 지급 등** : 정보통신장애나 그 밖에 대통령령으로 정하는 불가피한 사유로 특별현금급여수급계좌로 이체할 수 없을 때에는 현금 지급 등 대통령령으로 정하는 바에 따라 특별현금급여를 지급할 수 있다.

② **특별현금급여수급계좌 관리** : 특별현금급여수급계좌가 개설된 금융기관은 특별현금급여만이 특별현금급여수급계좌에 입금되도록 관리하여야 한다.

③ **신청방법 · 절차** : 신청방법 및 절차와 특별현금급여수급계좌의 관리에 필요한 사항은 대통령령으로 정한다.

3 장기요양급여의 월 한도액(제28조)

① **장기요양급여 한도** : 장기요양급여는 월 한도액 범위 안에서 제공한다. 이 경우 월 한도액은 장기요양등급 및 장기요양급여의 종류 등을 고려하여 산정한다.

② **월 한도액의 산정** : 월 한도액의 산정기준 및 방법, 그 밖에 필요한 사항은 보건복지부령으로 정한다.

4 급여외행위의 제공 금지(제28조의2)

① **급여외행위** : 수급자 또는 장기요양기관은 장기요양급여를 제공받거나 제공할 경우 다음 행위(이하 "급여외행위"라 한다)를 요구하거나 제공하여서는 아니 된다.
  ㉠ 수급자의 가족만을 위한 행위
  ㉡ 수급자 또는 그 가족의 생업을 지원하는 행위
  ㉢ 그 밖에 수급자의 일상생활에 지장이 없는 행위

② **급여외행위의 범위 등** : 급여외행위의 범위 등에 관한 구체적인 사항은 보건복지부령으로 정한다.

5 장기요양급여의 제한(제29조)

① **전부 또는 일부 제한**: 공단은 장기요양급여를 받고 있는 자가 정당한 사유 없이 조사나 제60조(자료의 제출 등) 또는 제61조(보고 및 검사)에 따른 요구에 응하지 아니하거나 답변을 거절한 경우 장기요양급여의 전부 또는 일부를 제공하지 아니하게 할 수 있다.

② **횟수 또는 제공 기간 제한**: 공단은 장기요양급여를 받고 있거나 받을 수 있는 자가 장기요양기관이 거짓이나 그 밖의 부정한 방법으로 장기요양급여비용을 받는 데에 가담한 경우 장기요양급여를 중단하거나 1년의 범위에서 장기요양급여의 횟수 또는 제공 기간을 제한할 수 있다.

③ **중단 및 제한 기준**: 장기요양급여의 중단 및 제한 기준과 그 밖에 필요한 사항은 보건복지부령으로 정한다.

6 장기요양급여의 제한 등에 관한 준용(제30조)

「국민건강보험법」 제53조제1항제4호, 같은 조 제2항부터 제6항까지, 제54조 및 제109조제10항은 이 법에 따른 보험료 체납자 등에 대한 장기요양급여의 제한 및 장기요양급여의 정지에 관하여 준용한다. 이 경우 "가입자"는 "장기요양보험가입자"로, "보험급여"는 "장기요양급여"로 본다.

05.장기요양급여의 제공

1 다음 중 장기요양급여 제공에 대한 설명으로 옳지 않은 것은?

① 수급자는 장기요양인정서와 개인별장기요양이용계획서가 도달한 날로부터 15일 후에 장기 요양급여를 받을 수 있다.

② 수급자는 장기요양급여를 받으려면 장기요양인정서와 개인별장기요양이용계획서를 장기요 양기관에 제출하여야 한다.

③ 수급자는 대통령령으로 정하는 사유가 있는 경우 신청서를 제출한 날부터 장기요양급여를 받을 수 있다.

④ 수급자가 장기요양인정서 등을 제시하지 못하는 경우 장기요양기관은 공단에 전화나 인터 넷 등을 통하여 자격여부 등을 확인할 수 있다.

> **TIP** ① 수급자는 장기요양인정서와 개인별장기요양이용계획서가 도달한 날부터 장기요양급여를 받을 수 있다〈「노인장기요양보험법」제27조 제1항〉.
> ② 「노인장기요양보험법」제27조 제3항
> ③ 「노인장기요양보험법」제27조 제2항
> ④ 「노인장기요양보험법」제27조 제3항

Answer 1.①

2 다음 중 장기요양급여를 받기 위해서 장기요양기관에 제시해야 할 서류로만 묶여진 것은?

> ㉠ 장기요양급여신청서　　　　　　　㉡ 장기요양인정서
> ㉢ 개인별장기요양이용계획서　　　　㉣ 장기요양급여수급계좌

① ㉠㉡　　　　　　　　　　　　　　② ㉠㉢
③ ㉡㉢　　　　　　　　　　　　　　④ ㉡㉣

TIP 수급자는 장기요양급여를 받으려면 장기요양기관에 장기요양인정서와 개인별장기요양이용계획서를 제시하여야 한다〈「노인장기요양보험법」 제27조 제3항〉.

3 다음 중 수급자가 장기요양급여를 받기 위해 서류를 제출하여야 하는데 제출해야 할 대상은?

① 공단　　　　　　　　　　　　　　② 건강보험심사평가원
③ 시 · 군 · 구청　　　　　　　　　　④ 장기요양기관

TIP 수급자는 장기요양급여를 받으려면 장기요양기관에 장기요양인정서와 개인별장기요양이용계획서를 제시하여야 한다. 다만, 수급자가 장기요양인정서 및 개인별장기요양이용계획서를 제시하지 못하는 경우 장기요양기관은 공단에 전화나 인터넷 등을 통하여 그 자격 등을 확인할 수 있다〈「노인장기요양보험법」 제27조 제3항〉.

4 다음 중 수급자가 제시한 장기요양인정서와 개인별장기요양이용계획서를 바탕으로 장기요양기관이 작성한 후 공단에 통보하는 서류는?

① 장기요양급여 청구 내역서　　　　② 장기요양급여 제공 계획서
③ 장기요양급여 인정 범위 확인서　　④ 장기요양 이용 계획서

TIP 장기요양기관은 수급자가 제시한 장기요양인정서와 개인별장기요양이용계획서를 바탕으로 장기요양급여 제공 계획서를 작성하고 수급자의 동의를 받아 그 내용을 공단에 통보하여야 한다〈「노인장기요양보험법」 제27조 제4항〉.

5 다음 중 특별현금급여수급계좌에 대한 설명으로 옳지 않은 것은?

① 특별현금급여를 받는 수급자에게는 특별현금급여수급계좌로만 입금하여야 한다.

② 특별현금급여를 받는 수급자의 신청이 있는 경우에 공단이 입금한다.

③ 특별현금급여를 수급자 명의의 지정된 계좌를 특별현금급여수급계좌라 한다

④ 특별현금급여수급계좌가 개설된 금융기관은 특별현금급여만이 특별현금급여수급계좌에 입금되도록 관리하여야 한다.

TIP 공단은 특별현금급여를 받는 수급자의 신청이 있는 경우에는 특별현금급여수급계좌로 입금하여야 한다. 다만, 정보통신장애나 그 밖에 대통령령으로 정하는 불가피한 사유로 특별현금급여수급계좌로 이체할 수 없을 때에는 현금 지급 등 대통령령으로 정하는 바에 따라 특별현금급여를 지급할 수 있다〈「노인장기요양보험법」 제27조의2 제1항〉.

6 다음 중 장기요양급여의 제공 범위는?

① 건강보험 납부 금액   ② 장기요양급여 직전 수급액

③ 년간 한도액   ④ 월 한도액

TIP 장기요양급여는 월 한도액 범위 안에서 제공한다. 이 경우 월 한도액은 장기요양등급 및 장기요양급여의 종류 등을 고려하여 산정한다〈「노인장기요양보험법」 제28조 제1항〉.

7 다음 (   ) 안에 알맞은 기간은?

> 공단은 장기요양급여를 받을 수 있는 자가 장기요양기관이 부정한 방법으로 장기요양급여비용을 받는 데에 가담한 경우 장기요양급여를 (   )의 범위에서 장기요양급여의 제공 기간을 제한할 수 있다

① 3개월   ② 6개월

③ 1년   ④ 2년

TIP 공단은 장기요양급여를 받고 있거나 받을 수 있는 자가 장기요양기관이 거짓이나 그 밖의 부정한 방법으로 장기요양급여비용을 받는 데에 가담한 경우 장기요양급여를 중단하거나 1년의 범위에서 장기요양급여의 횟수 또는 제공 기간을 제한할 수 있다〈「노인장기요양보험법」 제29조 제2항〉.

Answer   2.③ 3.④ 4.② 5.① 6.④ 7.③

8 장기요양기관이나 수급자가 장기요양급여를 제공하거나 제공받을 경우 급여외행위로 볼 수 없는 것은?

① 수급자의 가족만을 위한 행위

② 수급자 자격을 인터넷을 통해 공단에 확인하는 행위

③ 수급자나 그 가족의 생업을 지원하는 행위

④ 수급자의 일상생활에 지장이 없는 행위

> **TIP** 급여외행위의 제공 금지〈「노인장기요양보험법」 제28조의2 제1항〉… 수급자 또는 장기요양기관은 장기요양급여를 제공받거나 제공할 경우 다음의 행위(이하 "급여외행위"라 한다)를 요구하거나 제공하여서는 아니 된다.
> ㉠ 수급자의 가족만을 위한 행위
> ㉡ 수급자 또는 그 가족의 생업을 지원하는 행위
> ㉢ 그 밖에 수급자의 일상생활에 지장이 없는 행위

9 다음 중 장기요양급여의 제한에 대한 설명으로 옳지 않은 것은?

① 공단은 장기요양급여를 받고 있는 자가 정당한 사유 없이 조사나 자료제출에 응하지 아니할 경우 장기요양급여의 일부를 제공하지 아니하게 할 수 있다.

② 공단은 장기요양급여를 받고 있는 자가 장기요양기관이 거짓으로 장기요양급여비용을 받는 데에 가담한 경우 장기요양급여를 중단할 수 있다.

③ 장기요양기관이 부정한 방법으로 장기요양급여비용을 받는 데에 가담한 경우 1년의 범위에서 장기요양급여의 제공 기간을 제한할 수 있다.

④ 장기요양급여의 중단에 필요한 사항은 대통령령으로 정한다.

> **TIP** ④ 장기요양급여의 중단 및 제한 기준과 그 밖에 필요한 사항은 보건복지부령으로 정한다〈「노인장기요양보험법」 제29조 제3항〉.
> ① 「노인장기요양보험법」 제29조 제1항
> ②③ 「노인장기요양보험법」 제29조 제2항

Answer 8.② 9.④

Chapter 06 장기요양기관

1 장기요양기관의 지정(제31조)

① **장기요양기관의 지정** : 재가급여 또는 시설급여를 제공하는 장기요양기관을 운영하려는 자는 보건복지부령으로 정하는 장기요양에 필요한 시설 및 인력을 갖추어 소재지를 관할 구역으로 하는 특별자치시장·특별자치도지사·시장·군수·구청장으로부터 지정을 받아야 한다.

② **지정시설** : 장기요양기관으로 지정을 받을 수 있는 시설은 「노인복지법」 제31조에 따른 노인복지시설 중 대통령령으로 정하는 시설로 한다.

> **조문참고** 노인복지법 제31조(노인복지시설의 종류)
> ⊙ 노인주거복지시설
> ⊙ 노인의료복지시설
> ⊙ 노인여가복지시설
> ⊙ 재가노인복지시설
> ⊙ 노인보호전문기관
> ⊙ 노인일자리지원기관
> ⊙ 학대피해노인 전용쉼터

③ **장기요양기관을 지정하려는 경우**

　㉠ **검토사항** : 특별자치시장·특별자치도지사·시장·군수·구청장이 장기요양기관 지정을 하려는 경우에는 다음 사항을 검토하여 장기요양기관을 지정하여야 한다.

　　• 장기요양기관을 운영하려는 자의 장기요양급여 제공 이력

　　• 장기요양기관을 운영하려는 자 및 그 기관에 종사하려는 자가 「노인장기요양보험법」, 「사회복지사업법」 또는 「노인복지법」 등 장기요양기관의 운영과 관련된 법에 따라 받은 행정처분의 내용

　　• 장기요양기관의 운영 계획

　　• 해당 지역이 노인인구 수, 치매 등 노인성질환 환자 수 및 장기요양급여 수요 등 지역 특성

　　• 그 밖에 특별자치시장·특별자치도지사·시장·군수·구청장이 장기요양기관으로 지정하는 데 필요하다고 인정하여 정하는 사항

　㉡ **자료 제출 요청** : 장기요양기관을 지정하려는 경우 특별자치시장·특별자치도지사·시장·군수·구청장은 공단에 관련 자료의 제출을 요청하거나 그 의견을 들을 수 있다.

④ **지정 명세 통보** : 특별자치시장·특별자치도지사·시장·군수·구청장은 장기요양기관을 지정한 때 지체 없이 지정 명세를 공단에 통보하여야 한다.

⑤ 방문간호의 관리책임자 : 재가급여를 제공하는 장기요양기관 중 의료기관이 아닌 자가 설치 · 운영하는 장기요양기관이 방문간호를 제공하는 경우에는 방문간호의 관리책임자로서 간호사를 둔다.

⑥ 장기요양기관의 지정절차 : 장기요양기관의 지정절차와 그 밖에 필요한 사항은 보건복지부령으로 정한다.

2 결격사유(제32조의2)

다음에 해당하는 자는 장기요양기관으로 지정받을 수 없다.

① 미성년자, 피성년후견인 또는 피한정후견인

② 정신질환자

♣ 전문의가 장기요양기관 설립 · 운영 업무에 종사하는 것이 적합하다고 인정하는 사람은 그러하지 아니하다.

③ 마약류에 중독된 사람

④ 파산선고를 받고 복권되지 아니한 사람

⑤ 금고 이상의 실형을 선고받고 그 집행이 종료(집행이 종료된 것으로 보는 경우를 포함한다)되거나 집행이 면제된 날부터 5년이 경과되지 아니한 사람

⑥ 금고 이상의 형의 집행유예를 선고받고 그 유예기간 중에 있는 사람

⑦ 대표자가 ①~⑥의 규정 중 어느 하나에 해당하는 법인

3 장기요양기관 지정의 유효기간(제32조의3)

장기요양기관 지정의 유효기간은 지정을 받은 날부터 6년으로 한다.

4 장기요양기관 지정의 갱신(제32조의4)

① **갱신 신청** : 장기요양기관의 장은 지정의 유효기간이 끝난 후에도 계속하여 그 지정을 유지하려는 경우에는 소재지를 관할구역으로 하는 특별자치시장·특별자치도지사·시장·군수·구청장에게 지정 유효기간이 끝나기 90일 전까지 지정 갱신을 신청하여야 한다.

② **현장심사** : 신청을 받은 특별자치시장·특별자치도지사·시장·군수·구청장은 갱신 심사에 필요하다고 판단되는 경우에는 장기요양기관에 추가자료의 제출을 요구하거나 소속 공무원으로 하여금 현장심사를 하게 할 수 있다.

③ **지정 유효** : 지정 갱신이 지정 유효기간 내에 완료되지 못한 경우에는 심사 결정이 이루어질 때까지 지정이 유효한 것으로 본다.

④ **결과 통보** : 특별자치시장·특별자치도지사·시장·군수·구청장은 갱신 심사를 완료한 경우 그 결과를 지체 없이 해당 장기요양기관의 장에게 통보하여야 한다.

⑤ **수급자의 권익 보호** : 특별자치시장·특별자치도지사·시장·군수·구청장이 지정의 갱신을 거부하는 경우 그 내용의 통보 및 수급자의 권익을 보호하기 위한 조치에 관하여는 제37조제2항 및 제5항을 준용한다.

> 조문참고 제37조(장기요양기관 지정의 취소 등)
>
> ② 특별자치시장·특별자치도지사·시장·군수·구청장은 지정을 취소하거나 업무정지명령을 한 경우에는 지체 없이 그 내용을 공단에 통보하고, 보건복지부령으로 정하는 바에 따라 보건복지부장관에게 통보한다. 이 경우 시장·군수·구청장은 관할 특별시장·광역시장 또는 도지사를 거쳐 보건복지부장관에게 통보하여야 한다.
>
> ⑤ 특별자치시장·특별자치도지사·시장·군수·구청장은 장기요양기관이 지정취소 또는 업무정지되는 경우에는 해당 장기요양기관을 이용하는 수급자의 권익을 보호하기 위하여 적극적으로 노력하여야 한다.

⑥ **지정 갱신의 기준 등** : 그 밖에 지역별 장기요양급여의 수요 등 지정 갱신의 기준, 절차 및 방법 등에 필요한 사항은 보건복지부령으로 정한다.

5 장기요양기관의 시설 · 인력에 관한 변경(제33조)

① **중요한 사항 변경 지정** : 장기요양기관의 장은 시설 및 인력 등 보건복지부령으로 정하는 중요한 사항을 변경하려는 경우에는 보건복지부령으로 정하는 바에 따라 특별자치시장 · 특별자치도지사 · 시장 · 군수 · 구청장의 변경지정을 받아야 한다.

② **변경신고** : ① 외의 사항을 변경하려는 경우에는 보건복지부령으로 정하는 바에 따라 특별자치시장 · 특별자치도지사 · 시장 · 군수 · 구청장에게 변경신고를 하여야 한다.

③ **변경 사항 통보** : 변경지정을 하거나 변경신고를 받은 특별자치시장 · 특별자치도지사 · 시장 · 군수 · 구청장은 지체 없이 해당 변경 사항을 공단에 통보하여야 한다.

6 폐쇄회로 텔레비전의 설치 등(제33조의2)

① **폐쇄회로 텔레비전 설치 · 관리** : 장기요양기관을 운영하는 자는 노인학대 방지 등 수급자의 안전과 장기요양기관의 보안을 위하여 「개인정보 보호법」 및 관련 법령에 따른 폐쇄회로 텔레비전(이하 ' '폐쇄회로 텔레비전"이라 한다)을 설치 · 관리하여야 한다. 다만, 다음 어느 하나에 해당하는 경우에는 그러하지 아니하다.
  ㉠ 재가급여만을 제공하는 경우
  ㉡ 장기요양기관을 운영하는 자가 수급자 전원 또는 그 보호자 전원의 동의를 받아 특별자치시장 · 특별자치도지사 · 시장 · 군수 · 구청장에게 신고한 경우
  ㉢ 장기요양기관을 설치 · 운영하는 자가 수급자, 그 보호자 및 장기요양기관 종사자 전원의 동의를 받아 「개인정보 보호법」 및 관련 법령에 따른 네트워크 카메라를 설치한 경우

② **폐쇄회로 텔레비전 준수사항** : 폐쇄회로 텔레비전을 설치 · 관리하는 자는 수급자 및 장기요양기관 종사자 등 정보주체의 권리가 침해되지 아니하도록 다음의 사항을 준수하여야 한다.
  ㉠ 노인학대 방지 등 수급자의 안전과 장기요양기관의 보안을 위하여 최소한의 영상정보만을 적법하고 정당하게 수집하고, 목적 외의 용도로 활용하지 아니하도록 할 것
  ㉡ 수급자 및 장기요양기관 종사자 등 정보주체의 권리가 침해받을 가능성과 그 위험 정도를 고려하여 영상정보를 안전하게 관리할 것
  ㉢ 수급자 및 장기요양기관 종사자 등 정보주체의 사생활 침해를 최소화하는 방법으로 영상정보를 처리할 것

③ 폐쇄회로 텔레비전 기록보관 : 장기요양기관을 운영하는 자는 폐쇄회로 텔레비전에 기록된 영상정보를 60일 이상 보관하여야 한다.

④ 폐쇄회로 텔레비전 설치비 지원 : 국가 또는 지방자치단체는 폐쇄회로 텔레비전 설치비의 전부 또는 일부를 지원할 수 있다.

⑤ 폐쇄회로 텔레비전의 설치 · 관리 기준 및 동의 또는 신고의 방법 · 절차 · 요건, 영상 정보의 보관 기준 및 보관기간 등에 필요한 사항은 보건복지부령으로 정한다.

7 영상정보의 열람금지 등(제33조의3)

① 폐쇄회로 텔레비전 열람금지 · 관리 : 폐쇄회로 텔레비전을 설치 · 관리하는 자는 다음의 어느 하나에 해당하는 경우를 제외하고는 제33조의2제3항의 영상정보를 열람하게 하여서는 아니 된다.

> `조문참고` 제33조의2(폐쇄회로 텔레비전의 설치 등)
> ③ 장기요양기관을 운영하는 자는 폐쇄회로 텔레비전에 기록된 영상정보를 60일 이상 보관하여야 한다.

㉠ 수급자가 자신의 생명 · 신체 · 재산상의 이익을 위하여 본인과 관련된 사항을 확인할 목적으로 열람 시기 · 절차 및 방법 등 보건복지부령으로 정하는 바에 따라 요청하는 경우

㉡ 수급자의 보호자가 수급자의 안전을 확인할 목적으로 열람 시기 · 절차 및 방법 등 보건복지부령으로 정하는 바에 따라 요청하는 경우

㉢ 「개인정보 보호법」 제2조제6호가목에 따른 공공기관이 「노인복지법」 제39조의11 등 법령에서 정하는 노인의 안전업무 수행을 위하여 요청하는 경우

> `조문참고` 개인정보 보호법 제2조제6호가목(정의) 6. "공공기관"이란 다음 각 목의 기관을 말한다.
> 가. 국회, 법원, 헌법재판소, 중앙선거관리위원회의 행정사무를 처리하는 기관, 중앙행정기관(대통령 소속 기관과 국무총리 소속 기관을 포함한다) 및 그 소속 기관, 지방자치단체
> 노인복지법 제39조의11(조사 등)
> ① 보건복지부장관, 시 · 도지사 또는 시장 · 군수 · 구청장은 필요하다고 인정하는 때에는 관계공무원 또는 노인복지상담원으로 하여금 노인복지시설과 노인의 주소 · 거소, 노인의 고용장소 또는 제39조의9의 금지행위를 위반할 우려가 있는 장소에 출입하여 노인 또는 관계인에 대하여 필요한 조사를 하거나 질문을 하게 할 수 있다.
> ② 경찰청장, 시 · 도지사 또는 시장 · 군수 · 구청장은 실종노인의 발견을 위하여 필요한 때에는 보호시설의 장 또는 그 종사자에게 필요한 보고 또는 자료제출을 명하거나 소속 공무원으로 하여금 보호시설에 출입하여 관계인 또는 노인에 대하여 필요한 조사 또는 질문을 하게 할 수 있다.
> ③ 제1항 및 제2항의 경우 관계공무원, 노인복지상담원은 그 권한을 표시하는 증표 및 조사기간, 조사범위, 조사담당자, 관계 법령 등 보건복지부령으로 정하는 사항이 기재된 서류를 지니고 이를 노인 또는 관계인에게 내보여야 한다.
> ④ 제1항 및 제2항에 따른 조사 또는 질문의 절차 · 방법 등에 관하여는 이 법에서 정하는 사항을 제외하고는 「행정조사기본법」에서 정하는 바에 따른다.

② 범죄의 수사와 공소의 제기 및 유지, 법원의 재판업무 수행을 위하여 필요한 경우

⑩ 그 밖에 노인 관련 안전업무를 수행하는 기관으로서 보건복지부령으로 정하는 자가 업무의 수행을 위하여 열람 시기·절차 및 방법 등 보건복지부령으로 정하는 바에 따라 요청하는 경우

② **장기요양기관 운영 금지 행위** : 장기요양기관을 운영하는 자는 다음의 어느 하나에 해당하는 행위를 하여서는 아니 된다.

㉠ 제33조의2제1항의 설치 목적과 다른 목적으로 폐쇄회로 텔레비전을 임의로 조작하거나 다른 곳을 비추는 행위

㉡ 녹음기능을 사용하거나 보건복지부령으로 정하는 저장장치 이외의 장치 또는 기기에 영상정보를 저장하는 행위

③ **장기요양기관 안전성 확보 조치** : 장기요양기관을 운영하는 자는 제33조의2제3항의 영상정보가 분실·도난·유출·변조 또는 훼손되지 아니하도록 내부 관리계획의 수립, 접속기록 보관 등 대통령령으로 정하는 바에 따라 안전성 확보에 필요한 기술적·관리적·물리적 조치를 하여야 한다.

④ **장기요양기관 조사 및 점검** : 국가 및 지방자치단체는 장기요양기관에 설치한 폐쇄회로 텔레비전의 설치·관리와 그 영상정보의 열람으로 수급자 및 장기요양기관 종사자 등 정보주체의 권리가 침해되지 아니하도록 설치·관리 및 열람 실태를 보건복지부령으로 정하는 바에 따라 매년 1회 이상 조사·점검하여야 한다.

⑤ 폐쇄회로 텔레비전의 설치·관리와 그 영상정보의 열람에 관하여 이 법에서 규정된 것을 제외하고는 「개인정보 보호법」(제25조는 제외한다)을 적용한다.

8 장기요양기관 정보의 안내 등(제34조)

① **홈페이지 게시** : 장기요양기관은 수급자가 장기요양급여를 쉽게 선택하도록 하고 장기요양기관이 제공하는 급여의 질을 보장하기 위하여 장기요양기관별 급여의 내용, 시설·인력 등 현황자료 등을 공단이 운영하는 인터넷 홈페이지에 게시하여야 한다.

② **게시 내용, 방법, 절차** : 게시 내용, 방법, 절차, 그 밖에 필요한 사항은 보건복지부령으로 정한다.

⑨ 장기요양기관의 의무 등(제35조)

① **장기요양급여 제공 거부 금지**

   ㉠ 장기요양기관은 수급자로부터 장기요양급여신청을 받은 때 장기요양급여의 제공을 거부하여서는 아니 된다.

   ㉡ 다만, 입소정원에 여유가 없는 경우 등 정당한 사유가 있는 경우는 그러하지 아니하다.

② **장기요양급여 제공** : 장기요양기관은 장기요양급여의 제공 기준·절차 및 방법 등에 따라 장기요양급여를 제공하여야 한다.

③ **명세서 교부** : 장기요양기관의 장은 장기요양급여를 제공한 수급자에게 장기요양급여비용에 대한 명세서를 교부하여야 한다.

④ **자료 기록·관리 및 거짓 자료 작성 금지**

   ㉠ **자료 기록·관리** : 장기요양기관의 장은 장기요양급여 제공에 관한 자료를 기록·관리하여야 한다.

   ㉡ **거짓 자료 작성 금지** : 장기요양기관의 장 및 그 종사자는 장기요양급여 제공에 관한 자료를 거짓으로 작성하여서는 아니 된다.

⑤ **영리 목적의 면제 및 감경 금지** : 장기요양기관은 면제받거나 감경받는 금액 외에 영리를 목적으로 수급자가 부담하는 재가 및 시설 급여비용(이하 "본인부담금"이라 한다)을 면제하거나 감경하는 행위를 하여서는 아니 된다.

⑥ **영리 목적 행위 금지** : 누구든지 영리를 목적으로 금전, 물품, 노무, 향응, 그 밖의 이익을 제공하거나 제공할 것을 약속하는 방법으로 수급자를 장기요양기관에 소개, 알선 또는 유인하는 행위 및 이를 조장하는 행위를 하여서는 아니 된다.

⑦ **장기요양급여비용의 명세서 등** : 장기요양급여비용의 명세서, 기록·관리하여야 할 장기요양급여 제공 자료의 내용 및 보존기한, 그 밖에 필요한 사항은 보건복지부령으로 정한다.

⑩ 장기요양기관 재무·회계기준(제35조의2)

① **재무·회계 기준에 따른 운영** : 장기요양기관의 장은 보건복지부령으로 정하는 재무·회계에 관한 기준(이하 "장기요양기관 재무·회계기준"이라 한다)에 따라 장기요양기관을 투명하게 운영하여야 한다. 다만, 장기요양기관 중 「사회복지사업법」 제34조에 따라 설치한 사회복지시설은 같은 조 제4항에 따른 재무·회계에 관한 기준에 따른다.

② **특성 및 시행시기 등 고려** : 보건복지부장관은 장기요양기관 재무·회계기준을 정할 때에는 장기요양기관의 특성 및 그 시행시기 등을 고려하여야 한다.

11 인권교육(제35조의3)

① **인권교육 이수** : 장기요양기관 중 대통령령으로 정하는 기관을 운영하는 자와 그 종사자는 인권에 관한 교육(이하 이 조에서 "인권교육"이라 한다)을 받아야 한다.

② **인권교육 실시** : 장기요양기관 중 대통령령으로 정하는 기관을 운영하는 자는 해당 기관을 이용하고 있는 장기요양급여 수급자에게 인권교육을 실시할 수 있다.

③ **인권교육기관 지정**

　㉠ 보건복지부장관은 인권교육을 효율적으로 실시하기 위하여 인권교육기관을 지정할 수 있다.

　㉡ 인권교육기관을 지정할 경우 예산의 범위에서 인권교육에 소요되는 비용을 지원할 수 있다.

　㉢ 지정을 받은 인권교육기관은 보건복지부장관의 승인을 받아 인권교육에 필요한 비용을 교육대상자로부터 징수할 수 있다.

④ **지정 취소 및 업무의 정지**

　㉠ 보건복지부장관은 지정을 받은 인권교육기관이 다음의 어느 하나에 해당하면 그 지정을 취소하거나 6개월 이내의 기간을 정하여 업무의 정지를 명할 수 있다.

　　•거짓이나 그 밖의 부정한 방법으로 지정을 받은 경우

　　•보건복지부령으로 정하는 지정요건을 갖추지 못하게 된 경우

　　•인권교육의 수행능력이 현저히 부족하다고 인정되는 경우

　㉡ 거짓이나 그 밖의 부정한 방법으로 지정을 받은 경우에 해당하면 그 지정을 취소하여야 한다.

⑤ **인권교육 대상·내용·방법** : 인권교육의 대상·내용·방법, 인권교육기관의 지정 및 인권교육기관의 지정취소·업무정지 처분의 기준 등에 필요한 사항은 보건복지부령으로 정한다.

12 장기요양요원의 보호(제35조의4)

① **장기요양요원에 대한 적절한 조치** : 장기요양기관의 장은 장기요양요원이 다음 어느 하나에 해당하는 경우로 인한 고충의 해소를 요청하는 경우 업무의 전환 등 대통령령으로 정하는 바에 따라 적절한 조치를 하여야 한다.

　㉠ 수급자 및 그 가족이 장기요양요원에게 폭언·폭행·상해 또는 성희롱·성폭력 행위를 하는 경우

　㉡ 수급자 및 그 가족이 장기요양요원에게 급여외행위의 제공을 요구하는 경우

② **장기요양요원에 대한 금지 행위** : 장기요양기관의 장은 장기요양요원에게 다음 행위를 하여서는 아니 된다.

㉠ 장기요양요원에게 급여외행위의 제공을 요구하는 행위

　　㉡ 수급자가 부담하여야 할 본인부담금의 전부 또는 일부를 부담하도록 요구하는 행위

③ **권익보호를 위한 사항 안내** : 장기요양기관의 장은 보건복지부령으로 정하는 바에 따라 장기요양 수급자와 그 가족에게 장기요양요원의 업무 범위, 직무상 권리와 의무 등 권익보호를 위한 사항을 안내할 수 있다.

④ **시정 신청** : 장기요양요원은 장기요양기관의 장이 적절한 조치를 하지 아니한 경우에는 장기요양기관을 지정한 특별자치시장·특별자치도지사·시장·군수·구청장에게 그 시정을 신청할 수 있다.

⑤ **적절한 조치** : 신청을 받은 특별자치시장·특별자치도지사·시장·군수·구청장은 장기요양요원의 고충에 대한 사실확인을 위한 조사를 실시한 후 필요하다고 인정되는 경우에는 장기요양기관의 장에게 적절한 조치를 하도록 통보하여야 한다. 이 경우 적절한 조치를 하도록 통보받은 장기요양기관의 장은 특별한 사유가 없으면 이에 따라야 한다

⑥ **시정신청의 절차, 사실확인 조사 및 통보 등** : 시정신청의 절차, 사실확인 조사 및 통보 등에 필요한 사항은 대통령령으로 정한다.

⑬ 보험 가입(제35조의5)

① **전문인 배상책임보험 가입** : 장기요양기관은 종사자가 장기요양급여를 제공하는 과정에서 발생할 수 있는 수급자의 상해 등 법률상 손해를 배상하는 보험(이하 "전문인 배상책임보험"이라 한다)에 가입할 수 있다.

② **배상책임보험에 가입하지 않은 경우** : 공단은 장기요양기관이 전문인 배상책임보험에 가입하지 않은 경우 그 기간 동안 해당 장기요양기관에 지급하는 장기요양급여비용의 일부를 감액할 수 있다.

③ **장기요양급여비용 감액 기준 등** : 장기요양급여비용의 감액 기준 등에 관하여 필요한 사항은 보건복지부령으로 정한다.

⑭ 장기요양기관의 폐업 등의 신고 등(제36조)

① **장기요양기관 폐업 및 휴업**

　　㉠ 신고 : 장기요양기관의 장은 폐업하거나 휴업하고자 하는 경우 폐업이나 휴업 예정일 전 30일까지 특별자치시장·특별자치도지사·시장·군수·구청장에게 신고하여야 한다.

ⓛ **신고 명세 통보** : 신고를 받은 특별자치시장·특별자치도지사·시장·군수·구청장은 지체 없이 신고 명세를 공단에 통보하여야 한다.

② **유효기간 경과시 통보** : 특별자치시장·특별자치도지사·시장·군수·구청장은 장기요양기관의 장이 유효기간이 끝나기 30일 전까지 지정 갱신 신청을 하지 아니하는 경우 그 사실을 공단에 통보하여야 한다.

③ **수급자 권익 보호를 위한 조치** : 장기요양기관의 장은 장기요양기관을 폐업하거나 휴업하려는 경우 또는 장기요양기관의 지정 갱신을 하지 아니하려는 경우 보건복지부령으로 정하는 바에 따라 수급자의 권익을 보호하기 위하여 다음의 조치를 취하여야 한다.

  ㉠ 해당 장기요양기관을 이용하는 수급자가 다른 장기요양기관을 선택하여 이용할 수 있도록 계획을 수립하고 이행하는 조치

  ⓛ 해당 장기요양기관에서 수급자가 부담한 비용 중 정산하여야 할 비용이 있는 경우 이를 정산하는 조치

  ㉢ 그 밖에 수급자의 권익 보호를 위하여 필요하다고 인정되는 조치로서 보건복지부령으로 정하는 조치

④ **수급자 권익 보호를 위한 조치 시행 여부 확인**

  ㉠ 특별자치시장·특별자치도지사·시장·군수·구청장은 폐업·휴업 신고를 접수한 경우 또는 장기요양기관의 장이 유효기간이 끝나기 30일 전까지 지정 갱신 신청을 하지 아니한 경우 장기요양기관의 장이 수급자의 권익을 보호하기 위한 조치를 취하였는지의 여부를 확인하여야 한다.

  ⓛ 인근지역에 대체 장기요양기관이 없는 경우 등 장기요양급여에 중대한 차질이 우려되는 때에는 장기요양기관의 폐업·휴업 철회 또는 지정 갱신 신청을 권고하거나 그 밖의 다른 조치를 강구하여야 한다.

⑤ **사업정지 및 폐지 명령시 통보** : 특별자치시장·특별자치도지사·시장·군수·구청장은 「노인복지법」에 따라 노인의료복지시설 등(장기요양기관이 운영하는 시설인 경우에 한한다)에 대하여 사업정지 또는 폐지 명령을 하는 경우 지체 없이 공단에 그 내용을 통보하여야 한다.

⑥ **장기요양급여 제공 자료 공단으로 이관**

  ㉠ 장기요양기관의 장은 폐업·휴업 신고를 할 때 또는 장기요양기관의 지정 갱신을 하지 아니하여 유효기간이 만료될 때 보건복지부령으로 정하는 바에 따라 장기요양급여 제공 자료를 공단으로 이관하여야 한다.

  ⓛ 다만, 휴업 신고를 하는 장기요양기관의 장이 휴업 예정일 전까지 공단의 허가를 받은 경우에는 장기요양급여 제공 자료를 직접 보관할 수 있다.

⑮ 시정명령(제36조의2)

특별자치시장 · 특별자치도지사 · 시장 · 군수 · 구청장은 다음의 어느 하나에 해당하는 장기요양기관에 대하여 6개월 이내의 범위에서 일정한 기간을 정하여 시정을 명할 수 있다.

    ㉠ 폐쇄회로 텔레비전의 설치 · 관리 및 영상정보의 보관기준을 위반한 경우

    ㉡ 장기요양기관 재무 · 회계기준을 위반한 경우

⑯ 장기요양기관 지정의 취소 등(제37조)

① **지정 취소 및 업무 정지**

    ㉠ **지정의 취소 등 처분권자** : 특별자치시장 · 특별자치도지사 · 시장 · 군수 · 구청장은 지정 취소나 업무정지를 명할 수 있다.

    ㉡ **6개월 업무정지** : 다음의 어느 하나에 해당하는 경우 6개월의 범위에서 업무정지를 명할 수 있다.

- 급여외행위를 제공한 경우
  - ♣ 장기요양기관의 장이 그 위반행위를 방지하기 위하여 해당 업무에 관하여 상당한 주의와 감독을 게을리하지 아니한 경우는 제외한다.
- 지정기준에 적합하지 아니한 경우
- 장기요양급여를 거부한 경우
- 본인부담금을 면제하거나 감경하는 행위를 한 경우
- 수급자를 소개, 알선 또는 유인하는 행위 및 이를 조장하는 행위를 한 경우
- 다음의 어느 하나를 위반한 경우
- 장기요양요원에게 급여외행위의 제공을 요구하는 행위
- 수급자가 부담하여야 할 본인부담금의 전부 또는 일부를 부담하도록 요구하는 행위
- 시정명령을 이행하지 아니하거나 회계부정 행위가 있는 경우
- 정당한 사유 없이 평가를 거부 · 방해 또는 기피하는 경우
- 거짓이나 그 밖의 부정한 방법으로 재가 및 시설 급여비용을 청구한 경우
- 자료제출 명령에 따르지 아니하거나 거짓으로 자료제출을 한 경우나 질문 또는 검사를 거부 · 방해 또는 기피하거나 거짓으로 답변한 경우
- 장기요양기관의 종사자 등이 다음의 어느 하나에 해당하는 행위를 한 경우.
- 수급자의 신체에 폭행을 가하거나 상해를 입히는 행위
- 수급자에게 성적 수치심을 주는 성폭행, 성희롱 등의 행위

- 자신의 보호 · 감독을 받는 수급자를 유기하거나 의식주를 포함한 기본적 보호 및 치료를 소홀히 하는 방임행위
- 수급자를 위하여 증여 또는 급여된 금품을 그 목적 외의 용도에 사용하는 행위
- 폭언, 협박, 위협 등으로 수급자의 정신건강에 해를 끼치는 정서적 학대행위
  - ♣ 장기요양기관의 장이 그 행위를 방지하기 위하여 해당 업무에 관하여 상당한 주의와 감독을 게을리하지 아니한 경우는 제외한다.

ⓒ 지정 취소 : 다음의 어느 하나에 해당하는 경우에는 지정을 취소하여야 한다.

- 거짓이나 그 밖의 부정한 방법으로 지정을 받은 경우
- 결격사유의 어느 하나에 해당하게 된 경우
  - ♣ 대표자가 결격사유의 어느 하나에 해당하는 법인의 경우 3개월 이내에 그 대표자를 변경하는 때에는 그러하지 아니하다.
- 폐업 또는 휴업 신고를 하지 아니하고 1년 이상 장기요양급여를 제공하지 아니한 경우
- 업무정지기간 중에 장기요양급여를 제공한 경우
- 「부가가치세법」에 따른 사업자등록 또는 「소득세법」에 따른 사업자등록이나 고유번호가 말소된 경우

② 지정의 취소 등 후 통보

ⓐ 특별자치시장 · 특별자치도지사 · 시장 · 군수 · 구청장은 지정을 취소하거나 업무정지명령을 한 경우에는 지체 없이 그 내용을 공단에 통보하고, 보건복지부령으로 정하는 바에 따라 보건복지부장관에게 통보한다.

ⓑ 장기요양기관이 지정취소 또는 업무정지되는 경우 시장 · 군수 · 구청장은 관할 특별시장 · 광역시장 또는 도지사를 거쳐 보건복지부장관에게 통보하여야 한다.

③ 수급자의 권익 보호를 위해 노력 : 특별자치시장 · 특별자치도지사 · 시장 · 군수 · 구청장은 장기요양기관이 지정취소 또는 업무정지되는 경우에는 해당 장기요양기관을 이용하는 수급자의 권익을 보호하기 위하여 적극적으로 노력하여야 한다.

④ 수급자 권익 보호를 위한 조치 : 특별자치시장 · 특별자치도지사 · 시장 · 군수 · 구청장은 수급자의 권익을 보호하기 위하여 보건복지부령으로 정하는 바에 따라 다음 조치를 하여야 한다.

ⓐ 행정처분의 내용을 우편 또는 정보통신망 이용 등의 방법으로 수급자 또는 그 보호자에게 통보하는 조치

ⓑ 해당 장기요양기관을 이용하는 수급자가 다른 장기요양기관을 선택하여 이용할 수 있도록 하는 조치

⑤ 비용 정산 : 지정취소 또는 업무정지되는 장기요양기관의 장은 해당 기관에서 수급자가 부담한 비용 중 정산하여야 할 비용이 있는 경우 이를 정산하여야 한다.

⑥ 장기요양기관으로 지정받을 수 없는 자 : 다음의 어느 하나에 해당하는 자는 장기요양기관으로 지정받을 수 없다.

   ㉠ 지정취소를 받은 후 3년이 지나지 아니한 자(법인인 경우 그 대표자를 포함한다)

   ㉡ 업무정지명령을 받고 업무정지기간이 지나지 아니한 자(법인인 경우 그 대표자를 포함한다)

⑦ 행정처분의 기준 : 행정처분의 기준은 보건복지부령으로 정한다.

17 과징금의 부과 등(제37조의2)

① 2억 원 이하의 과징금 부과

   ㉠ 특별자치시장·특별자치도지사·시장·군수·구청장은 제37조제1항 각 호의 어느 하나(같은 항 제4호는 제외한다)에 해당하는 행위를 이유로 업무정지명령을 하여야 하는 경우로서 그 업무정지가 해당 장기요양기관을 이용하는 수급자에게 심한 불편을 줄 우려가 있는 등 보건복지부장관이 정하는 특별한 사유가 있다고 인정되는 경우에는 업무정지명령을 갈음하여 2억 원 이하의 과징금을 부과할 수 있다.

     ◈ 2억 원 이하의 과징금을 부과할 수 있는 경우(법 제37조제1항 각 호 중 제4호는 제외)

       ㉠ 거짓이나 그 밖의 부정한 방법으로 지정을 받은 경우

       ㉡ 급여외행위를 제공한 경우

         ♣ 장기요양기관의 장이 그 위반행위를 방지하기 위하여 해당 업무에 관하여 상당한 주의와 감독을 게을리하지 아니한 경우는 제외한다.

       ㉢ 지정기준에 적합하지 아니한 경우

       ㉣ 결격사유의 어느 하나에 해당하게 된 경우

         ♣ 대표자가 결격사유의 어느 하나에 해당하는 법인의 경우 3개월 이내에 그 대표자를 변경하는 때에는 그러하지 아니하다.

       ㉤ 장기요양급여를 거부한 경우

       ㉥ 본인부담금을 면제하거나 감경하는 행위를 한 경우

       ㉦ 수급자를 소개, 알선 또는 유인하는 행위 및 이를 조장하는 행위를 한 경우

       ㉧ 다음의 어느 하나를 위반한 경우

         • 장기요양요원에게 급여외행위의 제공을 요구하는 행위

         • 수급자가 부담하여야 할 본인부담금의 전부 또는 일부를 부담하도록 요구하는 행위

       ㉨ 폐업 또는 휴업 신고를 하지 아니하고 1년 이상 장기요양급여를 제공하지 아니한 경우

ⓩ 시정명령을 이행하지 아니하거나 회계부정 행위가 있는 경우

ⓚ 정당한 사유 없이 평가를 거부·방해 또는 기피하는 경우

ⓔ 자료제출 명령에 따르지 아니하거나 거짓으로 자료제출을 한 경우나 질문 또는 검사를 거부·방해 또는 기피하거나 거짓으로 답변한 경우

ⓟ 장기요양기관의 종사자 등이 다음의 어느 하나에 해당하는 행위를 한 경우
- 수급자의 신체에 폭행을 가하거나 상해를 입히는 행위
- 수급자에게 성적 수치심을 주는 성폭행, 성희롱 등의 행위
- 자신의 보호·감독을 받는 수급자를 유기하거나 의식주를 포함한 기본적 보호 및 치료를 소홀히 하는 방임행위
- 수급자를 위하여 증여 또는 급여된 금품을 그 목적 외의 용도에 사용하는 행위
- 폭언, 협박, 위협 등으로 수급자의 정신건강에 해를 끼치는 정서적 학대행위
  - ♣ 장기요양기관의 장이 그 행위를 방지하기 위하여 해당 업무에 관하여 상당한 주의와 감독을 게을리하지 아니한 경우는 제외한다.

ⓗ 업무정지기간 중에 장기요양급여를 제공한 경우

㉮ 「부가가치세법」에 따른 사업자등록 또는 「소득세법」에 따른 사업자등록이나 고유번호가 말소된 경우

ⓛ 다만, 제37조제1항제6호를 위반한 행위로서 보건복지부령으로 정하는 경우에는 그러하지 아니하다.

조문참고 법 제37조제1항제6호

장기요양기관의 종사자 등이 다음의 어느 하나에 해당하는 행위를 한 경우. 다만, 장기요양기관의 장이 그 행위를 방지하기 위하여 해당 업무에 관하여 상당한 주의와 감독을 게을리하지 아니한 경우는 제외한다.
㉠ 수급자의 신체에 폭행을 가하거나 상해를 입히는 행위
㉡ 수급자에게 성적 수치심을 주는 성폭행, 성희롱 등의 행위
㉢ 자신의 보호·감독을 받는 수급자를 유기하거나 의식주를 포함한 기본적 보호 및 치료를 소홀히 하는 방임행위
㉣ 수급자를 위하여 증여 또는 급여된 금품을 그 목적 외의 용도에 사용하는 행위
㉤ 폭언, 협박, 위협 등으로 수급자의 정신건강에 해를 끼치는 정서적 학대행위

② **청구한 금액의 5배 이하 과징금 부과** : 특별자치시장·특별자치도지사·시장·군수·구청장은 거짓이나 그 밖의 부정한 방법으로 재가 및 시설 급여비용을 청구한 경우에 해당하는 행위를 이유로 업무정지명령을 하여야 하는 경우로서 그 업무정지가 해당 장기요양기관을 이용하는 수급자에게 심한 불편을 줄 우려가 있는 등 보건복지부장관이 정하는 특별한 사유가 있다고 인정되는 경우에는 업무정지명령을 갈음하여 거짓이나 그 밖의 부정한 방법으로 청구한 금액의 5배 이하의 금액을 과징금으로 부과할 수 있다.

③ **과징금 금액과 과징금 부과절차** : 과징금을 부과하는 위반행위의 종류 및 위반의 정도 등에 따른 과징금의 금액과 과징금의 부과절차 등에 필요한 사항은 대통령령으로 정한다.

④ 특별자치시장·특별자치도지사·시장·군수·구청장은 과징금을 내야 할 자가 납부기한까지 내지 아니한 경우에는 지방세 체납처분의 예에 따라 징수한다.

⑤ **과징금 부과 징수에 관한 사항 기록·관리** : 특별자치시장·특별자치도지사·시장·군수·구청장은 과 징금의 부과와 징수에 관한 사항을 보건복지부령으로 정하는 바에 따라 기록·관리하여야 한다.

18 위반사실 등의 공표(제37조의3)

① 장기요양기관이 거짓으로 재가·시설 급여비용을 청구하였다는 이유로 처분이 확정된 경우

  ㉠ 보건복지부장관 또는 특별자치시장·특별자치도지사·시장·군수·구청장은 장기요양기관이 거짓으로 재가·시설 급여비용을 청구하였다는 이유로 처분이 확정된 경우로서 다음의 어느 하나에 해당하는 경우에는 위반사실, 처분내용, 장기요양기관의 명칭·주소, 장기요양기관의 장의 성명, 그 밖에 다른 장기요양기관과의 구별에 필요한 사항으로서 대통령령으로 정하는 사항을 공표하여야 한다.

  • 거짓으로 청구한 금액이 1천만 원 이상인 경우

  • 거짓으로 청구한 금액이 장기요양급여비용 총액의 100분의 10 이상인 경우

  ㉡ 장기요양기관의 폐업 등으로 공표의 실효성이 없는 경우에는 그러하지 아니하다.

② 장기요양기관이 자료제출 명령에 따르지 아니하거나 거짓으로 자료제출을 한 경우나 질문 또는 검사를 거부·방해 또는 기피하거나 거짓으로 답변하였다는 이유로 처분이 확정된 경우

  ㉠ 보건복지부장관 또는 특별자치시장·특별자치도지사·시장·군수·구청장은 장기요양기관이 자료제출 명령에 따르지 아니하거나 거짓으로 자료제출을 한 경우나 질문 또는 검사를 거부·방해 또는 기피하거나 거짓으로 답변하였다는 이유로 처분이 확정된 경우 위반사실, 처분내용, 장기요양기관의 명칭·주소, 장기요양기관의 장의 성명, 그 밖에 다른 장기요양기관과의 구별에 필요한 사항으로서 대통령령으로 정하는 사항을 공표하여야 한다.

  ㉡ 장기요양기관의 폐업 등으로 공표의 실효성이 없는 경우 또는 장기요양기관이 위반사실 등의 공표 전에 자료를 제출하거나 질문 또는 검사에 응하는 경우에는 그러하지 아니하다.

③ **공표심의위원회 설치·운영** : 보건복지부장관 또는 특별자치시장·특별자치도지사·시장·군수·구 청장은 공표 여부 등을 심의하기 위하여 공표심의위원회를 설치·운영할 수 있다.

④ **공표 여부의 결정 방법** : 공표 여부의 결정 방법, 공표 방법·절차 및 공표심의위원회의 구성·운영 등에 필요한 사항은 대통령령으로 정한다.

19 행정제재처분 효과의 승계(제37조의4)

① **처분한 날부터 3년간 승계** : 장기요양기관 지정의 취소 등에 해당하는 행위를 이유로 한 행정제재처분(이하 "행정제재처분"이라 한다)의 효과는 그 처분을 한 날부터 3년간 다음 어느 하나에 해당하는 자에게 승계된다.

　㉠ 장기요양기관을 양도한 경우 양수인

　㉡ 법인이 합병된 경우 합병으로 신설되거나 합병 후 존속하는 법인

　㉢ 장기요양기관 폐업 후 같은 장소에서 장기요양기관을 운영하는 자 중 종전에 행정제재처분을 받은 자(법인인 경우 그 대표자를 포함한다)나 그 배우자 또는 직계혈족

② **처분 절차 진행 중일 경우 승계** : 행정제재처분의 절차가 진행 중일 때에는 다음 어느 하나에 해당하는 자에 대하여 그 절차를 계속 이어서 할 수 있다.

　㉠ 장기요양기관을 양도한 경우 양수인

　㉡ 법인이 합병된 경우 합병으로 신설되거나 합병 후 존속하는 법인

　㉢ 장기요양기관 폐업 후 3년 이내에 같은 장소에서 장기요양기관을 운영하는 자 중 종전에 위반행위를 한 자(법인인 경우 그 대표자를 포함한다)나 그 배우자 또는 직계혈족

③ **양수인등이 위반사실을 몰랐을 경우** : ① 또는 ②의 어느 하나에 해당하는 자(이하 "양수인등"이라 한다)가 양수, 합병 또는 운영 시에 행정제재처분 또는 위반사실을 알지 못하였음을 증명하는 경우에는 그러하지 아니하다.

④ **양수인등에 통보** : 행정제재처분을 받았거나 그 절차가 진행 중인 자는 보건복지부령으로 정하는 바에 따라 지체 없이 그 사실을 양수인등에게 알려야 한다.

20 장기요양급여 제공의 제한(제37조의5)

① **1년 범위에서 제한** : 특별자치시장 · 특별자치도지사 · 시장 · 군수 · 구청장은 장기요양기관의 종사자가 거짓이나 그 밖의 부정한 방법으로 재가급여비용 또는 시설급여비용을 청구하는 행위에 가담한 경우 해당 종사자가 장기요양급여를 제공하는 것을 1년의 범위에서 제한하는 처분을 할 수 있다.

② **처분내용 통보** : 특별자치시장 · 특별자치도지사 · 시장 · 군수 · 구청장은 처분을 한 경우 지체 없이 그 내용을 공단에 통보하여야 한다.

③ **장기요양급여제공 제한 처분의 기준 · 방법** : 장기요양급여 제공 제한 처분의 기준 · 방법, 통보의 방법 · 절차, 그 밖에 필요한 사항은 보건복지부령으로 정한다.

06.장기요양기관

1   다음 중 장기요양기관의 지정에 대한 설명으로 옳지 않은 것은?

① 장기요양기관은 소재지를 관할 구역으로 하는 지방자치단체장의 승인을 얻어 보건복지부장
관으로부터 지정을 받아야 한다.

② 장기요양기관으로 지정을 받을 수 있는 시설은 노인복지시설 중 대통령령으로 정하는 시설
로 한다.

③ 장기요양기관을 지정하려는 특별자치시장 · 특별자치도지사 · 시장 · 군수 · 구청장은 공단에
관련 자료의 제출을 요청할 수 있다.

④ 장기요양기관을 지정한 때 관할 특별자치시장 · 특별자치도지사 · 시장 · 군수 · 구청장은 지
체 없이 지정 명세를 공단에 통보하여야 한다.

> **TIP** ① 재가급여 또는 시설급여를 제공하는 장기요양기관을 운영하려는 자는 보건복지부령으로 정하는 장
> 기요양에 필요한 시설 및 인력을 갖추어 소재지를 관할 구역으로 하는 특별자치시장 · 특별자치도
> 지사 · 시장 · 군수 · 구청장으로부터 지정을 받아야 한다〈「노인장기요양보험법」제31조 제1항〉.
> ② 「노인장기요양보험법」제31조 제2항
> ③ 「노인장기요양보험법」제31조 제3항
> ④ 「노인장기요양보험법」제31조 제4항

2 다음 중 장기요양기관의 지정에 대한 설명으로 옳은 것은?

① 소재지를 관할 구역으로 하는 특별자치시장·특별자치도지사·시장·군수·구청장은 장기요양기관을 지정한 때에는 지정 명세를 보건복지부에 지체 없이 통보하여야 한다.

② 특별자치시장·특별자치도지사·시장·군수·구청장은 장기요양기관의 지정에 관련한 자료의 제출을 공단에 요청하거나 그 의견을 들을 수 있다.

③ 의료기관이 아닌 자가 설치·운영하는 장기요양기관에서는 방문간호를 하여서는 아니된다.

④ 장기요양기관의 지정절차와 관한 사항은 대통령령으로 정한다.

TIP ① 특별자치시장·특별자치도지사·시장·군수·구청장은 장기요양기관을 지정한 때 지체 없이 지정 명세를 공단에 통보하여야 한다〈「노인장기요양보험법」 제31조 제4항〉.
③ 재가급여를 제공하는 장기요양기관 중 의료기관이 아닌 자가 설치·운영하는 장기요양기관이 방문간호를 제공하는 경우에는 방문간호의 관리책임자로서 간호사를 둔다〈「노인장기요양보험법」 제31조 제5항〉.
④ 장기요양기관의 지정절차와 그 밖에 필요한 사항은 보건복지부령으로 정한다〈「노인장기요양보험법」 제31조 제6항〉.

3 다음 ( ) 안에 들어갈 알맞은 것은?

> 재가급여를 제공하는 장기요양기관 중 의료기관이 아닌 자가 설치·운영하는 장기요양기관이 방문간호를 제공하는 경우에는 방문간호의 관리책임자로서 ( )를 둔다.

① 의사   ② 간호사
③ 사회복지사   ④ 요양보호사

TIP 재가급여를 제공하는 장기요양기관 중 의료기관이 아닌 자가 설치·운영하는 장기요양기관이 방문간호를 제공하는 경우에는 방문간호의 관리책임자로서 간호사를 둔다〈「노인장기요양보험법」 제31조 제5항〉.

Answer 1.① 2.② 3.②

4 다음 중 특별자치시장 · 특별자치도지사 · 시장 · 군수 · 구청장이 장기요양기관을 지정 하려는 경우 검토해야 할 사항으로 옳지 않은 것은?

① 장기요양기관의 운영 계획
② 장기요양기관을 운영하려는 자의 장기요양급여 제공 이력
③ 해당 지역의 노인인구 수, 치매 등 노인성질환 환자 수
④ 장기요양기관을 운영하려는 지역의 국민건강보험 지역가입자 수

> **TIP** 장기요양기관의 지정시 검토해야 할 사항〈「노인장기요양보험법」 제31조 제3항〉 ··· 특별자치시장 · 특별자 치도지사 · 시장 · 군수 · 구청장이 지정을 하려는 경우에는 다음의 사항을 검토하여 장기요양기관을 지정 하여야 한다. 이 경우 특별자치시장 · 특별자치도지사 · 시장 · 군수 · 구청장은 공단에 관련 자료의 제출 을 요청하거나 그 의견을 들을 수 있다.
> 1. 장기요양기관을 운영하려는 자의 장기요양급여 제공 이력
> 2. 장기요양기관을 운영하려는 자 및 그 기관에 종사하려는 자가 「노인장기요양보험법」, 「사회복지 사업법」 또는 「노인복지법」 등 장기요양기관의 운영과 관련된 법에 따라 받은 행정처분의 내용
> 3. 장기요양기관의 운영 계획
> 4. 해당 지역의 노인인구 수, 치매 등 노인성질환 환자 수 및 장기요양급여 수요 등 지역특성
> 5. 그 밖에 특별자치시장 · 특별자치도지사 · 시장 · 군수 · 구청장이 장기요양기관으로 지정하는 데 필 요하다고 인정하여 정하는 사항

5 다음 중 장기요양기관의 지정권자에 속하는 사람은?

① 보건복지부장관
② 시장 · 군수 · 구청장
③ 공단 이사장
④ 장기요양위원회 위원장

> **TIP** 장기요양기관의 지정〈「노인장기요양보험법」 제31조 제1항〉 ··· 재가급여 또는 시설급여를 제공하는 장기 요양기관을 운영하려는 자는 보건복지부령으로 정하는 장기요양에 필요한 시설 및 인력을 갖추어 소 재지를 관할 구역으로 하는 특별자치시장 · 특별자치도지사 · 시장 · 군수 · 구청장으로부터 지정을 받아 야 한다.

6 다음 중 장기요양기관으로 지정받을 수 있는 사람으로 묶여진 것은?

> ㉠ 미성년자, 피성년후견인 또는 피한정후견인
> ㉡ 마약류에 중독된 사람
> ㉢ 파산선고를 받고 복권된지 5년 경과된 사람
> ㉣ 금고 이상의 형의 집행유예를 선고받고 그 유예기간 중에 있는 사람
> ㉤ 금고 이상의 실형을 선고받고 그 집행이 면제된 날부터 5년이 경과된 사람

① ㉠㉡   ② ㉡㉢
③ ㉢㉣   ④ ㉢㉤

TIP ㉢ 파산선고를 받고 복권되지 아니한 사람〈「노인장기요양보험법」 제32조의2 제4호〉
㉤ 금고 이상의 실형을 선고받고 그 집행이 종료(집행이 종료된 것으로 보는 경우를 포함한다)되거나 집행이 면제된 날부터 5년이 경과되지 아니한 사람〈「노인장기요양보험법」 제32조의2 제5호〉

7 다음 중 장기요양기관 지정의 결격사유에 해당하지 않는 사람은?

① 피성년후견인 또는 피한정후견인
② 파산선고를 받고 복권되지 아니한 사람
③ 국민건강보험료가 연체되고 외국에 체류 중인 사람
④ 금고 이상의 형의 집행유예를 선고받고 그 유예기간 중에 있는 사람

TIP 장기요양기관 지정의 결격사유〈「노인장기요양보험법」 제32조의2〉
㉠ 미성년자, 피성년후견인 또는 피한정후견인
㉡ 정신질환자. 다만, 전문의가 장기요양기관 설립·운영 업무에 종사하는 것이 적합하다고 인정하는 사람은 그러하지 아니하다.
㉢ 마약류에 중독된 사람
㉣ 파산선고를 받고 복권되지 아니한 사람
㉤ 금고 이상의 실형을 선고받고 그 집행이 종료(집행이 종료된 것으로 보는 경우를 포함한다)되거나 집행이 면제된 날부터 5년이 경과되지 아니한 사람
㉥ 금고 이상의 형의 집행유예를 선고받고 그 유예기간 중에 있는 사람
㉦ 대표자가 ㉠~㉥까지의 규정 중 어느 하나에 해당하는 법인

Answer 4.④ 5.② 6.④ 7.③

8 다음 중 장기요양기관 지정의 유효기간은 지정을 받은 날부터 몇 년인가?

① 1년   ② 3년
③ 6년   ④ 9년

> **TIP** 장기요양기관 지정의 유효기간〈「노인장기요양보험법」제32조의3〉… 장기요양기관 지정의 유효기간은 지정을 받은 날부터 6년으로 한다.

9 다음 중 장기요양기관 지정의 갱신에 대한 설명으로 옳지 않은 것은?

① 지정 갱신 신청은 소재지를 관할구역으로 하는 특별자치시장·특별자치도지사·시장·군수·구청장에게 한다.
② 신청을 받은 시장·군수·구청장은 갱신 심사에 필요하다고 판단되는 경우에는 장기요양기관에 소속 공무원으로 하여금 현장심사를 하게 할 수 있다.
③ 특별자치시장·특별자치도지사·시장·군수·구청장은 갱신 심사를 완료한 경우 그 결과를 지체 없이 해당 장기요양기관의 장에게 통보하여야 한다.
④ 지정 갱신이 지정 유효기간 내에 완료되지 못한 경우에는 심사 결정이 이루어질 때까지 지정이 정지된 것으로 본다.

> **TIP** ④ 지정 갱신이 지정 유효기간 내에 완료되지 못한 경우에는 심사 결정이 이루어질 때까지 지정이 유효한 것으로 본다〈「노인장기요양보험법」제32조의4 제3항〉.
> ① 「노인장기요양보험법」제32조의4 제1항
> ② 「노인장기요양보험법」제32조의4 제2항
> ③ 「노인장기요양보험법」제32조의4 제4항

10 장기요양기관의 장은 지정의 유효기간이 끝난 후에도 계속하여 그 지정을 유지하려는 경우 장기요양기관 지정 갱신을 신청하여야 한다. 이 때 유효기간이 끝나기 며칠 전까지 지정 갱신을 신청해야 하는가?

① 30일   ② 60일

③ 90일   ④ 120일

TIP 장기요양기관 지정의 갱신〈「노인장기요양보험법」제32조의4 제1항〉… 장기요양기관의 장은 지정의 유효기간이 끝난 후에도 계속하여 그 지정을 유지하려는 경우에는 소재지를 관할구역으로 하는 특별자치시장·특별자치도지사·시장·군수·구청장에게 지정 유효기간이 끝나기 90일 전까지 지정 갱신을 신청하여야 한다.

11 장기요양기관 지정의 갱신에 대한 내용으로 바르지 못한 것은?

① 지정 갱신의 신청을 받은 특별자치시장·특별자치도지사·시장·군수·구청장은 갱신 심사에 필요한 경우에는 장기요양기관에 추가자료의 제출을 요구할 수 있으나 현장 방문심사를 하게 할 수는 없다.

② 특별자치시장·특별자치도지사·시장·군수·구청장은 갱신 심사를 완료한 경우 그 결과를 지체 없이 해당 장기요양기관의 장에게 통보하여야 한다.

③ 특별자치시장·특별자치도지사·시장·군수·구청장은 장기요양기관 지정의 갱신을 거부할 수 있다.

④ 지정 갱신의 기준, 절차 및 방법 등에 필요한 사항은 보건복지부령으로 정한다.

TIP ① 신청을 받은 특별자치시장·특별자치도지사·시장·군수·구청장은 갱신 심사에 필요하다고 판단되는 경우에는 장기요양기관에 추가자료의 제출을 요구하거나 소속 공무원으로 하여금 현장심사를 하게 할 수 있다〈「노인장기요양보험법」제32조의4 제2항〉.
② 「노인장기요양보험법」제32조의4 제4항
③ 「노인장기요양보험법」제32조의4 제5항
④ 「노인장기요양보험법」제32조의4 제6항

12 다음 중 장기요양기관의 시설·인력에 관한 변경에 대한 설명으로 옳지 않은 것은?

① 장기요양기관의 장은 시설 및 인력 등 보건복지부령으로 정하는 중요한 사항을 변경하려는 경우에는 보건복지부령으로 정하는 바에 따라 변경할 수 있다.

② 장기요양기관의 장은 시설 및 인력 등 중요한 사항을 변경하려는 경우에는 특별자치시장·특별자치도지사·시장·군수·구청장에게 변경신고를 하여야 한다.

③ 중요한 사항 외의 사항을 변경하려는 경우에는 보건복지부령으로 정하는 바에 따라 특별자치시장·특별자치도지사·시장·군수·구청장에게 변경신고를 하여야 한다.

④ 변경지정을 하거나 변경신고를 받은 특별자치시장·특별자치도지사·시장·군수·구청장은 지체 없이 해당 변경 사항을 공단에 통보하여야 한다.

> **TIP** ② 장기요양기관의 장은 시설 및 인력 등 보건복지부령으로 정하는 중요한 사항을 변경하려는 경우에는 보건복지부령으로 정하는 바에 따라 특별자치시장·특별자치도지사·시장·군수·구청장의 변경지정을 받아야 한다〈「노인장기요양보험법」 제33조 제1항〉.
> ① 「노인장기요양보험법」 제33조 제1항
> ③ 「노인장기요양보험법」 제33조 제2항
> ④ 「노인장기요양보험법」 제33조 제3항

13 다음 중 (   ) 안에 들어갈 기관에 해당하지 않는 것은?

> 장기요양기관의 시설·인력 등 중요한 사항 외의 사항을 변경하려는 경우에는 보건복지부령으로 정하는 바에 따라 (   )에게 변경신고를 하여야 한다.

① 특별자치시장   ② 공단
③ 구청장   ④ 군수

> **TIP** 중요한 사항 외의 사항을 변경하려는 경우에는 보건복지부령으로 정하는 바에 따라 특별자치시장·특별자치도지사·시장·군수·구청장에게 변경신고를 하여야 한다〈「노인장기요양보험법」 제33조 제2항〉.

14 폐쇄회로 텔레비전을 설치·관리하는 자는 수급자 및 장기요양기관 종사자 등 정보주체의 권리가 침해되지 아니하도록 준수하여야 사항으로 옳지 않은 것은?.

① 수급자 및 장기요양기관 종사자 등 정보주체의 사생활 침해를 최소화하는 방법으로 영상정보를 처리할 것

② 노인학대 방지 등 수급자의 안전과 장기요양기관의 보안을 위하여 최소한의 영상정보만을 적법하고 정당하게 수집할 것

③ 수급자 및 장기요양기관 종사자 등 정보주체의 권리가 침해받을 가능성과 그 위험 정도를 고려하여 영상정보를 안전하게 관리할 것

④ 피치못할 사정의 경우 목적 외의 용도로 활용할 것

> **TIP** 폐쇄회로 텔레비전의 설치 등〈「노인장기요양보험법」제33조의2 제2항〉… 폐쇄회로 텔레비전을 설치·관리하는 자는 수급자 및 장기요양기관 종사자 등 정보주체의 권리가 침해되지 아니하도록 다음 각 호의 사항을 준수하여야 한다.
> ㉠ 노인학대 방지 등 수급자의 안전과 장기요양기관의 보안을 위하여 최소한의 영상정보만을 적법하고 정당하게 수집하고, 목적 외의 용도로 활용하지 아니하도록 할 것
> ㉡ 수급자 및 장기요양기관 종사자 등 정보주체의 권리가 침해받을 가능성과 그 위험 정도를 고려하여 영상정보를 안전하게 관리할 것
> ㉢ 수급자 및 장기요양기관 종사자 등 정보주체의 사생활 침해를 최소화하는 방법으로 영상정보를 처리할 것

15 영상정보의 열람금지 등에서 장기요양기관을 운영하는 자가 하여서는 아니 되는 행위 중 옳지 않은 것은?

① 설치 목적과 다른 목적으로 폐쇄회로 텔레비전을 임의로 조작하는 행위

② 설치 목적과 다른 목적으로 폐쇄회로 텔레비전을 다른 곳을 비추는 행위

③ 장기요양기관의 장이 정하는 저장장치에 영상정보를 저장하는 행위

④ 보건복지부령으로 정하는 저장장치 이외의 장치 또는 기기에 영상정보를 저장하는 행위

> **TIP** 영상정보의 열람금지 등〈「노인장기요양보험법」제33조의3 제2항〉… 장기요양기관을 운영하는 자는 다음 각 호의 어느 하나에 해당하는 행위를 하여서는 아니 된다.
> ㉠ 제33조의2제1항의 설치 목적과 다른 목적으로 폐쇄회로 텔레비전을 임의로 조작하거나 다른 곳을 비추는 행위
> ㉡ 녹음기능을 사용하거나 보건복지부령으로 정하는 저장장치 이외의 장치 또는 기기에 영상정보를 저장하는 행위

Answer 12.② 13.② 14.④ 15.③

16 장기요양기관은 수급자가 장기요양급여를 쉽게 선택하도록 하고 장기요양기관이 제공하는 급여의 질을 보장하기 위하여 공단이 운영하는 인터넷 홈페이지에 게시하여야 내용으로 바르게 짝지어진 것은?

> ㉠ 장기요양기관별 급여의 내용
> ㉡ 장기요양기관 주변 의료시설
> ㉢ 장기요양급여 연간 수령액
> ㉣ 장기요양기관별 시설 및 인력

① ㉠㉡　　　　　　　　　　　② ㉠㉣
③ ㉡㉢　　　　　　　　　　　④ ㉢㉣

TIP 장기요양기관 정보의 안내 등〈「노인장기요양보험법」 제34조〉
　　㉠ 장기요양기관은 수급자가 장기요양급여를 쉽게 선택하도록 하고 장기요양기관이 제공하는 급여의 질을 보장하기 위하여 장기요양기관별 급여의 내용, 시설·인력 등 현황자료 등을 공단이 운영하는 인터넷 홈페이지에 게시하여야 한다.
　　㉡ 게시 내용, 방법, 절차, 그 밖에 필요한 사항은 보건복지부령으로 정한다.

17 다음 중 장기요양기관의 의무 등에 대한 설명으로 옳지 않은 것은?

① 장기요양기관은 수급자로부터 장기요양급여신청을 받은 때 장기요양급여의 제공을 거부하여서는 아니 된다.
② 장기요양기관의 장은 장기요양급여를 제공한 수급자에게 장기요양급여비용에 대한 명세서를 교부하여야 한다.
③ 장기요양기관은 면제받거나 감경받는 금액 외에 영리를 목적으로 본인부담금을 면제하거나 감경하는 행위를 하여서는 아니 된다.
④ 장기요양기관의 장은 장기요양급여 제공에 관한 자료를 1년간 기록·관리하여야 한다.

TIP ④ 장기요양기관의 장은 장기요양급여 제공에 관한 자료를 기록·관리하여야 하며, 장기요양기관의 장 및 그 종사자는 장기요양급여 제공에 관한 자료를 거짓으로 작성하여서는 아니 된다〈「노인장기요양보험법」 제35조 제4항〉.
① 「노인장기요양보험법」 제35조 제1항
② 「노인장기요양보험법」 제35조 제3항
③ 「노인장기요양보험법」 제35조 제5항

18 다음 중 장기요양기관 재무 · 회계기준에 대한 설명으로 옳지 않은 것은?

① 보건복지부령으로 장기요양기관 재무 · 회계기준을 정한다.
② 장기요양기관의 장은 장기요양기관 재무 · 회계기준에 따라 장기요양기관을 투명하게 운영하여야 한다.
③ 장기요양기관 중 사회복지시설은 사회복지사업법에 따른 재무 · 회계에 관한 기준에 따른다.
④ 공단은 장기요양기관의 재무 · 회계 기준을 정할 때에는 특성 및 그 시기 등을 고려하여야 한다.

> **TIP** ④ 보건복지부장관은 장기요양기관 재무 · 회계기준을 정할 때에는 장기요양기관의 특성 및 그 시행시기 등을 고려하여야 한다〈「노인장기요양보험법」 제35조의2 제2항〉.
> ①②③ 「노인장기요양보험법」 제35조의2 제1항

19 다음은 인권교육에 대한 설명이다. 옳지 않은 것은?

① 장기요양기관 중 대통령령으로 정하는 기관을 운영하는 자와 그 종사자는 인권교육을 받아야 한다.
② 장기요양기관 중 대통령령으로 정하는 기관을 운영하는 자는 해당 기관을 이용하고 있는 장기요양급여 수급자에게 인권교육을 실시할 수 있다.
③ 보건복지부장관은 인권교육을 효율적으로 실시하기 위하여 인권교육기관을 지정할 수 있다.
④ 인권교육기관으로 지정을 받은 경우 공단의 승인을 받아 인권교육에 필요한 비용을 교육대상자로부터 징수할 수 있다.

> **TIP** ④ 보건복지부장관은 인권교육을 효율적으로 실시하기 위하여 인권교육기관을 지정할 수 있다. 이 경우 예산의 범위에서 인권교육에 소요되는 비용을 지원할 수 있으며, 지정을 받은 인권교육기관은 보건복지부장관의 승인을 받아 인권교육에 필요한 비용을 교육대상자로부터 징수할 수 있다〈「노인장기요양보험법」 제35조의3 제3항〉.
> ① 「노인장기요양보험법」 제35조의3 제1항
> ② 「노인장기요양보험법」 제35조의3 제2항
> ③ 「노인장기요양보험법」 제35조의3 제3항

Answer 16.② 17.④ 18.④ 19.④

20 보건복지부장관이 지정을 받은 인권교육기관에 대하여 지정을 취소하거나 업무 정지를 명할 수 있는 경우가 아닌 것은?

① 거짓이나 그 밖의 부정한 방법으로 지정을 받은 경우

② 보건복지부령으로 정하는 지정요건을 갖추지 못하게 된 경우

③ 인권교육 교육대상자가 정원에 미달한 경우

④ 인권교육의 수행능력이 현저히 부족하다고 인정되는 경우

TIP 인권교육기관에 대한 지정 취소 및 업무 정지 사유〈「노인장기요양보험법」 제35조의3 제4항〉
ⓐ 거짓이나 그 밖의 부정한 방법으로 지정을 받은 경우 (지정 취소)
ⓑ 보건복지부령으로 정하는 지정요건을 갖추지 못하게 된 경우
ⓒ 인권교육의 수행능력이 현저히 부족하다고 인정되는 경우

21 다음 중 보건복지부장관의 지정을 받은 인권교육기관에 대하여 지정을 취소해야 하는 경우는?

① 거짓이나 그 밖의 부정한 방법으로 지정을 받은 경우

② 보건복지부령으로 정하는 지정요건을 갖추지 못하게 된 경우

③ 인권교육의 수행능력이 현저히 부족하다고 인정되는 경우

④ 인권교육기관 교육자의 수가 현저히 부족한 경우

TIP ① 거짓이나 그 밖의 부정한 방법으로 지정을 받은 경우에는 그 지정을 취소하여야 한다〈「노인장기요양보험법」 제35조의3 제4항 단서〉.
②③ 6개월 이내의 기간을 정하여 업무의 정지를 명할 수 있다〈「노인장기요양보험법」 제35조의3 제4항〉.

22 보건복지부장관은 지정을 받은 인권교육기관이 다음의 어느 하나에 해당하면 그 지정을 취소하거나 몇 개월 이내의 기간을 정하여 업무의 정지를 명할 수 있는가?

> • 보건복지부령으로 정하는 지정요건을 갖추지 못하게 된 경우
> • 인권교육의 수행능력이 현저히 부족하다고 인정되는 경우

① 1개월   ② 3개월

③ 6개월   ④ 9개월

> **TIP** 지정 취소 또는 6개월 이내의 업무 정지〈「노인장기요양보험법」 제35조의3 제4항〉… 보건복지부장관은 지정을 받은 인권교육기관이 다음의 어느 하나에 해당하면 그 지정을 취소하거나 6개월 이내의 기간을 정하여 업무의 정지를 명할 수 있다.
> ㉠ 거짓이나 그 밖의 부정한 방법으로 지정을 받은 경우
> ㉡ 보건복지부령으로 정하는 지정요건을 갖추지 못하게 된 경우
> ㉢ 인권교육의 수행능력이 현저히 부족하다고 인정되는 경우
> ※ ㉠에 해당하면 그 지정을 취소하여야 한다.

23 장기요양기관의 장은 장기요양요원이 고충 해소를 요청하는 경우 업무를 전환하는 등 적절한 조치를 하여야 한다. 다음 중 적절한 조치를 취해야 하는 경우가 아닌 것은?

① 수급자가 장기요양요원에게 폭언·폭행·상해를 하는 경우

② 수급자의 가족이 장기요양요원에게 성희롱·성폭력 행위를 하는 경우

③ 수급자 및 그 가족이 장기요양요원에게 급여외행위의 제공을 요구하는 경우

④ 수급자가 부담하여야 할 본인부담금의 일부를 부담하도록 요구하는 경우

> **TIP** ④는 장기요양기관의 장이 장기요양요원에게 하여서는 아니되는 행위이다〈「노인장기요양보험법」 제35조의4 제2항〉.
> ※ **장기요양요원의 보호**〈「노인장기요양보험법」 제35조의4 제1항〉… 장기요양기관의 장은 장기요양요원이 다음의 어느 하나에 해당하는 경우로 인한 고충의 해소를 요청하는 경우 업무의 전환 등 대통령령으로 정하는 바에 따라 적절한 조치를 하여야 한다.
> ㉠ 수급자 및 그 가족이 장기요양요원에게 폭언·폭행·상해 또는 성희롱·성폭력 행위를 하는 경우
> ㉡ 수급자 및 그 가족이 장기요양요원에게 급여외행위의 제공을 요구하는 경우

Answer   20.③   21.①   22.③   23.④

24 다음은 장기요양요원을 보호함에 있어서 장기요양기관의 장이 장기요양요원에게 해서는 아니되는 행위로 옳지 않은 것은?

① 보건복지부령으로 정하는 지정요건을 갖추지 못하게 하는 행위

② 장기요양요원에게 수급자 가족의 생업을 지원하게 하는 행위

③ 장기요양요원에게 급여외행위의 제공을 요구하는 행위

④ 수급자가 부담하여야 할 본인부담금의 전부를 부담하도록 요구하는 행위

> **TIP** 장기요양요원의 보호〈「노인장기요양보험법」 제35조의4 제2항〉 … 장기요양기관의 장은 장기요양요원에게 다음의 행위를 하여서는 아니 된다.
> ㉠ 장기요양요원에게 급여외행위의 제공을 요구하는 행위
> ㉡ 수급자가 부담하여야 할 본인부담금의 전부 또는 일부를 부담하도록 요구하는 행위
> ②는 급여외행위의 제공 금지 규정에 해당한다〈「노인장기요양보험법」 제28조의2 제1항〉.

25 다음 중 장기요양요원의 보호에 대한 설명으로 옳지 않은 것은?

① 장기요양기관의 장은 보건복지부령으로 정하는 바에 따라 장기요양 수급자와 그 가족에게 장기요양요원의 업무 범위, 직무상 권리와 의무 등 권익보호를 위한 사항을 안내할 수 있다.

② 장기요양요원은 장기요양기관의 장이 적절한 조치를 하지 아니한 경우에는 장기요양기관을 지정 한 특별자치시장·특별자치도지사·시장·군수·구청장에게 그 시정을 신청할 수 없다.

③ 신청을 받은 특별자치시장·특별자치도지사·시장·군수·구청장은 장기요양요원의 고충에 대한 사실확인을 위한 조사를 실시한 후 필요하다고 인정되는 경우에는 장기요양기관의 장에게 적절한 조치를 하도록 통보하여야 한다.

④ 시정신청의 절차, 사실확인 조사 및 통보 등에 필요한 사항은 대통령령으로 정한다.

> **TIP** 장기요양요원의 보호〈「노인장기요양보험법」 제35조의4 제4항〉 … 장기요양요원은 장기요양기관의 장이 적절한 조치를 하지 아니한 경우에는 장기요양기관을 지정 한 특별자치시장·특별자치도지사·시장·군수·구청장에게 그 시정을 신청할 수 있다.

26 다음 중 장기요양기관의 보험가입에 대한 설명으로 옳지 않은 것은?

① 장기요양기관은 전문인 배상책임보험에 가입할 수 있다.

② 공단은 장기요양기관이 전문인 배상책임보험에 가입하지 않은 경우 그 기간 동안 장기요양기관에 지급하는 장기요양급여비용의 일부를 감액할 수 있다.

③ 장기요양기관은 전문인 배상책임보험을 공단이 지정한 보험회사에 가입하여야 한다.

④ 장기요양급여비용의 감액 기준 등에 관하여 필요한 사항은 보건복지부령으로 정한다.

TIP ③ 전문인 배상책임보험의 가입은 의무사항이 아니다.
   ※ **보험 가입**〈「노인장기요양보험법」 제35조의5〉
      ⓐ 장기요양기관은 종사자가 장기요양급여를 제공하는 과정에서 발생할 수 있는 수급자의 상해 등 법률상 손해를 배상하는 보험(이하 "전문인 배상책임보험"이라 한다)에 가입할 수 있다.
      ⓑ 공단은 장기요양기관이 전문인 배상책임보험에 가입하지 않은 경우 그 기간 동안 해당 장기요양기관에 지급하는 장기요양급여비용의 일부를 감액할 수 있다.
      ⓒ 장기요양급여비용의 감액 기준 등에 관하여 필요한 사항은 보건복지부령으로 정한다.

27 다음 중 장기요양기관이의 장이 장기요양기관을 폐업하거나 휴업하려는 경우 수급자의 권익을 보호하기 위하여 취해야 할 조치로 바르지 못한 것은?

① 해당 장기요양기관을 이용하는 수급자가 다른 장기요양기관을 선택하여 이용할 수 있도록 계획을 수립하고 이행하는 조치

② 해당 장기요양기관에서 수급자가 부담한 비용 중 정산하여야 할 비용이 있는 경우 이를 정산하는 조치

③ 인근지역에 대체 장기요양기관이 없는 경우 등 장기요양급여에 중대한 차질이 우려되는 때에는 폐업·휴업을 연기하는 조치

④ 수급자의 권익 보호를 위하여 필요하다고 인정되어 보건복지부령으로 정하는 조치

TIP ③은 특별자치시장·특별자치도지사·시장·군수·구청장이 취해야 할 조치이다〈「노인장기요양보험법」 제36조 제4항〉.
   ①②④〈「노인장기요양보험법」 제36조 제3항〉

28 다음 중 장기요양기관의 폐업 등의 신고 등에 대한 설명으로 옳지 않은 것은?

① 장기요양기관의 장은 폐업하거나 휴업하고자 하는 경우 공단이나 특별자치시장·특별자치 도지사·시장·군수·구청장에게 신고하여야 한다.

② 신고를 받은 특별자치시장·특별자치도지사·시장·군수·구청장은 지체 없이 신고 명세를 공단에 통보하여야 한다.

③ 특별자치시장·특별자치도지사·시장·군수·구청장은 노인의료복지시설 등(장기요양기관이 운영하는 시설인 경우에 한한다)에 대하여 사업정지 또는 폐지 명령을 하는 경우 지체 없이 공단에 그 내용을 통보하여야 한다.

④ 장기요양기관의 장은 폐업·휴업 신고를 할 때 또는 장기요양기관의 지정 갱신을 하지 아 니하여 유효기간이 만료될 때 보건복지부령으로 정하는 바에 따라 장기요양급여 제공 자료 를 공단으로 이관하여야 한다.

> **TIP** ① 장기요양기관의 장은 폐업하거나 휴업하고자 하는 경우 폐업이나 휴업 예정일 전 30일까지 특별자 치시장·특별자치도지사·시장·군수·구청장에게 신고하여야 한다〈「노인장기요양보험법」 제36조 제1항〉.
> ② 「노인장기요양보험법」 제36조 제1항
> ③ 「노인장기요양보험법」 제36조 제5항
> ④ 「노인장기요양보험법」 제36조 제6항

29 다음 중 특별자치시장·특별자치도지사·시장·군수·구청장이 장기요양기관 재무·회계기준을 위반한 장기요양기관에 시정을 명할 수 있는 기간은?

① 1개월   ② 3개월

③ 6개월   ④ 9개월

> **TIP** 시정명령〈「노인장기요양보험법」 제36조의2〉 … 특별자치시장·특별자치도지사·시장·군수·구청장은 다음의 어느 하나에 해당하는 장기 요양기관에 대하여 6개월 이내의 범위에서 일정한 기간을 정하여 시 정을 명할 수 있다.
> ㉠ 폐쇄회로 텔레비전의 설치·관리 및 영상정보의 보관기준을 위반한 경우
> ㉡ 장기요양기관 재무·회계기준을 위반한 경우

30 다음 중 (   ) 안에 공통으로 들어가는 기간은?

> • 장기요양기관의 장은 폐업하거나 휴업하고자 하는 경우 폐업이나 휴업 예정일 전 (   )까지 특별자치시장·특별자치도지사·시장·군수·구청장에게 신고하여야 한다.
> • 특별자치시장·특별자치도지사·시장·군수·구청장은 장기요양기관의 장이 유효기간이 끝나기 (   ) 전까지 지정 갱신 신청을 하지 아니하는 경우 그 사실을 공단에 통보하여야 한다.

① 7일   ② 15일
③ 30일   ④ 60일

TIP 장기요양기관의 폐업 등의 신고 등〈「노인장기요양보험법」 제36조 제1항, 제2항〉
　　ⓣ 장기요양기관의 장은 폐업하거나 휴업하고자 하는 경우 폐업이나 휴업 예정일 전 30일까지 특별자치시장·특별자치도지사·시장·군수·구청장에게 신고하여야 한다.
　　ⓛ 특별자치시장·특별자치도지사·시장·군수·구청장은 장기요양기관의 장이 유효기간이 끝나기 30일 전까지 지정 갱신 신청을 하지 아니하는 경우 그 사실을 공단에 통보하여야 한다.

31 다음 중 장기요양기관 지정의 취소의 처분권자는?

① 보건복지부장관
② 특별자치시장·특별자치도지사·시장·군수·구청장
③ 공단이사장
④ 장기요양위원회 위원장

TIP 요양기관 지정 취소 및 업무정지〈「노인장기요양보험법」 제37조 제1항〉 … 장기요양기관 지정의 취소 등의 사유에 해당하는 경우 특별자치시장·특별자치도지사·시장·군수·구청장은 지정을 취소하거나 업무정지를 명할 수 있다.

Answer　28.①　29.③　30.③　31.②

32 다음 중 장기요양기관의 폐업 등의 신고 등에 있어서 특별자치시장·특별자치도지사·시장·군수·구청장이 해야할 업무가 아닌 것은?

① 폐업·휴업 신고를 접수한 경우 장기요양기관의 장이 수급자의 권익을 보호하기 위한 조치를 취하였는지의 여부를 확인하여야 한다.

② 장기요양기관이 운영하는 노인의료복지시설에 대하여 사업정지나 폐지 명령을 하는 경우 명령 후 30일까지 공단에 통보하여야 한다.

③ 장기요양기관의 장이 유효기간이 끝나기 30일 전까지 지정 갱신 신청을 하지 아니한 경우 장기요양기관의 장이 수급자의 권익을 보호하기 위한 조치를 취하였는지의 여부를 확인하여야 한다.

④ 인근지역에 대체할 장기요양기관이 없어 장기요양급여에 중대한 차질이 우려되는 경우에는 장기요양기관의 폐업·휴업 철회 또는 지정 갱신 신청을 권고할 수 있다.

> **TIP** ② 특별자치시장·특별자치도지사·시장·군수·구청장은 「노인복지법」에 따라 노인의료복지시설 등 (장기요양기관이 운영하는 시설인 경우에 한한다)에 대하여 사업정지 또는 폐지 명령을 하는 경우 지체 없이 공단에 그 내용을 통보하여야 한다〈「노인장기요양보험법」 제36조 제5항〉.
> ①③④ 〈「노인장기요양보험법」 제36조 제4항〉

33 다음 중 장기요양기관 지정의 취소 등을 함에 있어 관계없는 사람은?

① 보건복지부장관
② 시장·군수·구청장
③ 특별시장·광역시장
④ 장기요양기관장

> **TIP** 장기요양기관 지정의 취소 등의 통보〈「노인장기요양보험법」 제37조 제2항〉 … 특별자치시장·특별자치도지사·시장·군수·구청장은 지정을 취소하거나 업무정지명령을 한 경우에는 지체 없이 그 내용을 공단에 통보하고, 보건복지부령으로 정하는 바에 따라 보건복지부장관에게 통보한다. 이 경우 시장·군수·구청장은 관할 특별시장·광역시장 또는 도지사를 거쳐 보건복지부장관에게 통보하여야 한다.

34 다음 중 장기요양기관 지정의 취소 등에 대한 설명으로 옳지 않은 것은?

① 급여외행위를 제공한 경우일자라도 장기요양기관의 장이 그 위반행위를 방지하기 위하여 해당 업무에 관하여 상당한 주의와 감독을 게을리 하지 아니한 경우에는 지정의 취소나 업무정지에서 제외한다.

② 지정취소 또는 업무정지되는 장기요양기관의 장은 해당 기관에서 수급자가 부담한 비용 중 정산하여야 할 비용이 있는 경우 이를 공단에 통보하여야 한다.

③ 수급자를 소개, 알선 또는 유인하는 행위 및 이를 조장하는 행위를 한 경우 장기요양기관 지정의 취소나 업무정지 사유에 해당한다.

④ 특별자치시장·특별자치도지사·시장·군수·구청장은 장기요양기관이 지정취소나 업무정지되는 경우에는 해당 장기요양기관을 이용하는 수급자의 권익을 보호하기 위하여 적극적으로 노력하여야 한다.

TIP ② 지정취소 또는 업무정지되는 장기요양기관의 장은 해당 기관에서 수급자가 부담한 비용 중 정산하여야 할 비용이 있는 경우 이를 정산하여야 한다〈「노인장기요양보험법」 제37조 제7항〉.
① 「노인장기요양보험법」 제37조 제1항 제1의2호
③ 「노인장기요양보험법」 제37조 제1항 제3의3호
④ 「노인장기요양보험법」 제37조 제5항

35 다음에서 6개월의 범위에서 업무정지를 명할 수 있는 경우로만 묶여진 것은?

> ㉠ 장기요양급여를 거부한 경우
> ㉡ 장기요양요원에게 급여외행위의 제공을 요구하는 행위
> ㉢ 업무정지기간 중에 장기요양급여를 제공한 경우
> ㉣ 정당한 사유 없이 평가를 거부·방해 또는 기피하는 경우

① ㉠㉡㉢　　　　　　　　　　　　② ㉠㉡㉣
③ ㉠㉢㉣　　　　　　　　　　　　④ ㉡㉢㉣

TIP ㉢의 경우에는 지정을 취소해야 하는 경우이다〈「노인장기요양보험법」 제37조 제1항 제7호〉.

36 다음 중 특별자치시장·특별자치도지사·시장·군수·구청장이 지정을 취소하여야 할 경우가 아닌 것은?

① 시정명령을 이행하지 아니하거나 회계부정 행위가 있는 경우
② 거짓이나 그 밖의 부정한 방법으로 지정을 받은 경우
③ 결격사유의 어느 하나에 해당하게 된 경우
④ 폐업 또는 휴업 신고를 하지 아니하고 1년 이상 장기요양급여를 제공하지 아니한 경우

> **TIP** 장기요양기관 지정의 취소〈「노인장기요양보험법」제37조 제1항〉
> ㉠ 거짓이나 그 밖의 부정한 방법으로 지정을 받은 경우
> ㉡ 결격사유의 어느 하나에 해당하게 된 경우
> ㉢ 폐업 또는 휴업 신고를 하지 아니하고 1년 이상 장기요양급여를 제공하지 아니한 경우
> ㉣ 업무정지기간 중에 장기요양급여를 제공한 경우
> ㉤ 「부가가치세법」사업자등록 또는 「소득세법」사업자등록이나 고유번호가 말소된 경우

37 다음 중 특별자치시장·특별자치도지사·시장·군수·구청장이 6개월의 범위에서 업무정지를 명할 수 있는 경우가 아닌 것은?

① 급여외행위를 제공한 경우
② 수급자가 부담하여야 할 본인부담금의 전부를 부담하도록 요구하는 행위
③ 부가가치세법 사업자등록 또는 소득세법 사업자등록이나 고유번호가 말소된 경우
④ 수급자의 신체에 폭행을 가하거나 상해를 입히는 행위

> **TIP** 장기요양기관 업무의 정지〈「노인장기요양보험법」제37조 제1항〉
> ㉠ 급여외행위를 제공한 경우
> ㉡ 지정기준에 적합하지 아니한 경우
> ㉢ 장기요양급여를 거부한 경우
> ㉣ 본인부담금을 면제하거나 감경하는 행위를 한 경우
> ㉤ 수급자를 소개, 알선 또는 유인하는 행위 및 이를 조장하는 행위를 한 경우
> ㉥ 다음의 어느 하나를 위반한 경우
>   • 장기요양요원에게 급여외행위의 제공을 요구하는 행위
>   • 수급자가 부담하여야 할 본인부담금의 전부 또는 일부를 부담하도록 요구하는 행위
> ㉦ 시정명령을 이행하지 아니하거나 회계부정 행위가 있는 경우
> ㉧ 정당한 사유 없이 평가를 거부·방해 또는 기피하는 경우
> ㉨ 거짓이나 그 밖의 부정한 방법으로 재가 및 시설 급여비용을 청구한 경우

ⓒ 자료제출 명령에 따르지 아니하거나 거짓으로 자료제출을 한 경우나 질문 또는 검사를 거부 · 방해 또는 기피하거나 거짓으로 답변한 경우

㉠ 장기요양기관의 종사자 등이 다음의 어느 하나에 해당하는 행위를 한 경우

• 수급자의 신체에 폭행을 가하거나 상해를 입히는 행위

• 수급자에게 성적 수치심을 주는 성폭행, 성희롱 등의 행위

• 자신의 보호 · 감독을 받는 수급자를 유기하거나 의식주를 포함한 기본적 보호 및 치료를 소홀히 하는 방임행위

• 수급자를 위하여 증여 또는 급여된 금품을 그 목적 외의 용도에 사용하는 행위

• 폭언, 협박, 위협 등으로 수급자의 정신건강에 해를 끼치는 정서적 학대행위

③은 지정을 취소해야 한다〈「노인장기요양보험법」 제37조 제1항 제8호〉.

38 다음 중 장기요양기관의 종사자로 인하여 업무정지를 명할 수 있는 행위로 옳지 않은 것은?

① 수급자의 신체에 폭행을 가하거나 상해를 입히는 행위

② 수급자를 위하여 증여 또는 급여된 금품을 그 목적 외의 용도에 사용하는 행위

③ 본인부담금을 면제하거나 감경하는 행위를 한 경우

④ 폭언, 협박, 위협 등으로 수급자의 정신건강에 해를 끼치는 정서적 학대행위

TIP 장기요양기관의 종사자 등으로 인한 지정 취소 · 업무정지〈「노인장기요양보험법」 제37조 제1항 제6호〉 … 장기요양기관의 종사자 등이 다음의 어느 하나에 해당하는 행위를 한 경우에는 장기요양기관의 지정 취소 · 업무정지를 명할 수 있다. 다만, 장기요양기관의 장이 그 행위를 방지하기 위하여 해당 업무에 관하여 상당한 주의와 감독을 게을리하지 아니한 경우는 제외한다.

㉠ 수급자의 신체에 폭행을 가하거나 상해를 입히는 행위

㉡ 수급자에게 성적 수치심을 주는 성폭행, 성희롱 등의 행위

㉢ 자신의 보호 · 감독을 받는 수급자를 유기하거나 의식주를 포함한 기본적 보호 및 치료를 소홀히 하는 방임행위

㉣ 수급자를 위하여 증여 또는 급여된 금품을 그 목적 외의 용도에 사용하는 행위

㉤ 폭언, 협박, 위협 등으로 수급자의 정신건강에 해를 끼치는 정서적 학대행위

Answer 36.① 37.③ 38.③

39 다음 중 장기요양기관 지정의 취소 등의 규정에 따른 명령이 나머지와 다른 하나는?

① 폭언, 협박, 위협 등으로 수급자의 정신건강에 해를 끼치는 정서적 학대행위를 한 종사자가 있는 경우
② 거짓이나 그 밖의 부정한 방법으로 재가 및 시설 급여비용을 청구한 경우
③ 업무정지기간 중에 장기요양급여를 제공한 경우
④ 장기요양기관의 의무규정을 위반하여 본인부담금을 면제하거나 감경하는 행위를 한 경우

> **TIP** ③ 지정취소⟨「노인장기요양보험법」 제37조 제1항 제7호⟩
> ① 업무정지⟨「노인장기요양보험법」 제37조 제1항 제6호⟩
> ② 업무정지⟨「노인장기요양보험법」 제37조 제1항 제4호⟩
> ④ 업무정지⟨「노인장기요양보험법」 제37조 제1항 제3의2호⟩

40 다음 중 과징금의 부과 등에 대한 설명으로 옳지 않은 것은?

① 업무정지명령을 하여야 하는 경우로서 그 업무정지가 해당 장기요양기관을 이용하는 수급자에게 심한 불편을 줄 우려가 있는 경우에는 업무정지명령을 갈음하여 과징금을 부과할 수 있다.
② 과징금은 특별자치시장·특별자치도지사·시장·군수·구청장이 통보하면 공단이 부과할 수 있다.
③ 과징금을 내야 할 자가 납부기한까지 내지 아니한 경우에는 지방세 체납처분의 예에 따라 징수한다.
④ 과징금을 부과하는 위반행위의 종류 및 위반의 정도 등에 따른 과징금의 금액과 과징금의 부과절차 등에 필요한 사항은 대통령령으로 정한다.

> **TIP** ② 특별자치시장·특별자치도지사·시장·군수·구청장이 과징금을 부과할 수 있다⟨「노인장기요양보험법」 제37조의2 제1항⟩.
> ① 「노인장기요양보험법」 제37조의2 제1항
> ③ 「노인장기요양보험법」 제37조의2 제4항
> ④ 「노인장기요양보험법」 제37조의2 제3항

41 다음 (   ) 안에 들어갈 과징금 부과 금액은?

> 장기요양기관 지정의 취소 등에 해당하는 행위를 이유로 업무정지명령을 하여야 하는 경우로서
> 그 업무정지가 해당 장기요양기관을 이용하는 수급자에게 심한 불편을 줄 우려가 있는 등 보건
> 복지부장관이 정하는 특별한 사유가 있다고 인정되는 경우에는 업무정지명령을 갈음하여 (   )
> 과징금을 부과할 수 있다.

① 1천만 원 이하

② 1억 원 이하

③ 2억 원 이하

④ 3억 원 이하

TIP 위의 경우 업무정지명령을 갈음하여 2억 원 이하의 과징금을 부과할 수 있다〈「노인장기요양보험법」
제37조의2 제1항〉.

42 장기요양기관이 거짓이나 그 밖의 부정한 방법으로 재가 및 시설 급여비용을 청구한 행위를 이
유로 업무정지명령을 하여야 하는 경우 과징금으로 부과할 수 있는 금액은?

① 2억 원 이하

② 청구한 금액의 3배 이하

③ 3억 원 이하

④ 청구한 금액의 5배 이하

TIP ④ 거짓이나 그 밖의 부정한 방법으로 재가 및 시설 급여비용을 청구한 경우에 해당하는 행위를 이유
로 업무정지명령을 하여야 하는 경우로서 그 업무정지가 해당 장기요양기관을 이용하는 수급자에게
심한 불편을 줄 우려가 있는 등 보건복지부장관이 정하는 특별한 사유가 있다고 인정되는 경우에는
업무정지명령을 갈음하여 거짓이나 그 밖의 부정한 방법으로 청구한 금액의 5배 이하의 금액을 과징
금으로 부과할 수 있다〈「노인장기요양보험법」 제37조의2 제2항〉.

Answer 39.③ 40.② 41.③ 42.④

43 다음 중 위반사실 등의 공표에 대한 설명으로 옳지 않은 것은?

① 위반사실 등의 공표는 특별자치시장·특별자치도지사·시장·군수·구청장이 할 수 있다.
② 장기요양기관의 폐업 등으로 공표의 실효성이 없는 경우에는 위반사실 등을 공표하지 않아도 된다.
③ 위반사실, 처분내용, 장기요양기관의 명칭·주소, 장기요양기관의 장의 성명, 그 밖에 다른 장기요양기관과의 구별에 필요한 사항으로서 대통령령으로 정하는 사항을 공표하여야 한다.
④ 공단은 공표 여부 등을 심의하기 위하여 공표심의위원회를 설치·운영할 수 있다.

TIP ④ 보건복지부장관 또는 특별자치시장·특별자치도지사·시장·군수·구청장은 공표 여부 등을 심의하기 위하여 공표심의위원회를 설치·운영할 수 있다〈「노인장기요양보험법」제37조의3 제3항〉.
①②③ 「노인장기요양보험법」제37조의3 제1항

44 다음 중 위반사실 등의 공표를 할 수 없는 사람은?

① 보건복지부장관
② 특별자치시장·특별자치도지사
③ 시장·군수·구청장
④ 공표심의위원회 위원장

TIP 위반사실 등의 공표〈「노인장기요양보험법」제37조의3 제1항〉… 보건복지부장관 또는 특별자치시장·특별자치도지사·시장·군수·구청장이 위반사실 등의 공표를 할 수 있다.

45 다음 중 장기요양기관이 거짓으로 재가·시설 급여비용을 청구하였다는 이유로 처분을 확정한 후 위반사실 등을 공표할 수 있는 경우는?

① 거짓으로 청구한 금액이 5백만 원 이상인 경우

② 거짓으로 청구한 금액이 장기요양급여비용 총액의 100분의 5 이상인 경우

③ 거짓으로 청구한 금액이 1천만 원 이상인 경우

④ 거짓으로 청구한 금액이 장기요양급여비용 총액의 100분의 1 이상인 경우

TIP 위반사실 등의 공표〈「노인장기요양보험법」제37조의3 제1항〉… 장기요양기관이 거짓으로 재가·시설 급여비용을 청구하였다는 이유로 처분이 확정된 경우로서 다음의 어느 하나에 해당하는 경우에는 그 위반사실을 공표하여야 한다.
㉠ 거짓으로 청구한 금액이 1천만 원 이상인 경우
㉡ 거짓으로 청구한 금액이 장기요양급여비용 총액의 100분의 10 이상인 경우

46 다음 중 위반사실 등의 공표 대상이 아닌 경우는?

① 장기요양기관이 거짓으로 재가·시설 급여비용을 청구한 금액이 1천만 원 이상으로 처분이 확정된 경우

② 자료제출 명령에 따르지 아니하거나 거짓으로 자료를 제출하여 처분이 확정된 경우

③ 거짓으로 청구한 금액이 장기요양급여비용 총액의 100분의 5 이상으로 처분이 확정된 경우

④ 질문 또는 검사를 거부·방해 또는 기피하거나 거짓으로 답변하여 처분이 확정된 경우

TIP ③ 거짓으로 청구한 금액이 장기요양급여비용 총액의 100분의 10 이상으로 처분이 확정된 경우에 위반사실 등의 공표 대상이 된다〈「노인장기요양보험법」제37조의3 제1항 제2호〉.
① 「노인장기요양보험법」제37조의3 제1항 제1호
② 「노인장기요양보험법」제37조의3 제2항
④ 「노인장기요양보험법」제37조의3 제2항

Answer 43.④ 44.④ 45.③ 46.③

47 다음 중 행정제재처분 효과의 승계에 대한 설명으로 옳지 않은 것은?

① 장기요양기관 지정의 취소 등의 행정제재처분을 받은 장기요양기관을 양도한 경우 양수인에게 승계된다.
② 장기요양기관 지정의 취소 등의 행정제재처분의 효과는 그 처분을 한 날부터 5년간 해당하는 자에게 승계된다.
③ 양수인등이 양수, 합병 또는 운영 시에 행정제재처분 또는 위반사실을 알지 못하였음을 증명하는 경우에는 행정제재처분 효과가 승계되지 않는다.
④ 행정제재처분을 받았거나 그 절차가 진행 중인 자는 지체 없이 그 사실을 양수인등에게 알려야 한다.

TIP ② 장기요양기관 지정의 취소 등의 행정제재처분의 효과는 그 처분을 한 날부터 3년간 해당하는 자에게 승계된다〈「노인장기요양보험법」 제37조의4 제1항 제2호〉.
① 「노인장기요양보험법」 제37조의4 제1항 제1호
③ 「노인장기요양보험법」 제37조의4 제3항
④ 「노인장기요양보험법」 제37조의4 제4항

48 다음 중 장기요양기관 지정의 취소 등의 행정제재처분 효과의 승계 대상이 아닌 자는?

① 장기요양기관을 양도한 경우 양수인
② 법인이 합병된 경우 합병으로 신설되거나 합병 후 존속하는 법인
③ 장기요양기관 폐업 후 같은 장소에서 장기요양기관을 운영하는 법인 중 종전에 행정제재처분을 받은 법인의 감사
④ 장기요양기관 폐업 후 같은 장소에서 장기요양기관을 운영하는 자 중 종전에 행정제재처분을 받은 자의 직계혈족

TIP 행정제재처분 효과의 승계〈「노인장기요양보험법」 제37조의4 제1항〉 … 장기요양기관 지정의 취소 등의 행위를 이유로 한 행정제재처분의 효과는 그 처분을 한 날부터 3년간 다음의 어느 하나에 해당하는 자에게 승계된다.
㉠ 장기요양기관을 양도한 경우 양수인
㉡ 법인이 합병된 경우 합병으로 신설되거나 합병 후 존속하는 법인
㉢ 장기요양기관 폐업 후 같은 장소에서 장기요양기관을 운영하는 자 중 종전에 행정제재처분을 받은 자(법인인 경우 그 대표자를 포함한다)나 그 배우자 또는 직계혈족

49 다음 중 행정제재처분 절차가 진행 중일 때 그 절차를 계속 이어서 할 수 없는 자는?

① 장기요양기관 폐업 후 3년 이후에 같은 장소에서 장기요양기관을 운영하는 자 중 종전에 위반행위를 한 자
② 두 개의 법인이 합병된 경우 합병으로 신설되거나 합병 후 존속하는 법인
③ 장기요양기관 폐업 후 3년 이내에 같은 장소에서 장기요양기관을 운영하는 자 중 종전에 위반행위를 한 법인의 대표자
④ 장기요양기관을 양도한 경우 양수인

> **TIP** 행정제재처분 효과의 승계〈「노인장기요양보험법」 제37조의4 제2항〉 ⋯ 행정제재처분의 절차가 진행 중일 때에는 다음의 어느 하나에 해당하는 자에 대하여 그 절차를 계속 이어서 할 수 있다.
> ⊙ 장기요양기관을 양도한 경우 양수인
> ⓒ 법인이 합병된 경우 합병으로 신설되거나 합병 후 존속하는 법인
> ⓒ 장기요양기관 폐업 후 3년 이내에 같은 장소에서 장기요양기관을 운영하는 자 중 종전에 위반행위를 한 자(법인인 경우 그 대표자를 포함한다)나 그 배우자 또는 직계혈족

50 다음 중 장기요양급여 제공의 제한에 대한 설명으로 옳지 않은 것은?

① 장기요양급여 제공의 제한 처분은 특별자치시장·특별자치도지사·시장·군수·구청장이 할 수 있다.
② 장기요양급여 제공의 제한 처분은 장기요양기관의 종사자가 거짓이나 그 밖의 부정한 방법으로 재가급여비용 또는 시설급여비용을 청구하는 행위에 가담한 경우에 해당한다.
③ 장기요양급여 제공의 제한 처분은 해당 종사자가 장기요양급여를 제공하는 것을 3년의 범위에서 제한하는 것으로 할 수 있다.
④ 장기요양급여 제공 제한 처분의 기준·방법, 통보의 방법·절차, 그 밖에 필요한 사항은 보건복지부령으로 정한다.

> **TIP** 장기요양급여 제공의 제한〈「노인장기요양보험법」 제37조의5 제1항〉 ⋯ 특별자치시장·특별자치도지사·시장·군수·구청장은 장기요양기관의 종사자가 거짓이나 그 밖의 부정한 방법으로 재가급여비용 또는 시설급여비용을 청구하는 행위에 가담한 경우 해당 종사자가 장기요양급여를 제공하는 것을 1년의 범위에서 제한하는 처분을 할 수 있다.

Answer 47.② 48.③ 49.① 50.③

재가 및 시설 급여비용 등

1 재가 및 시설 급여비용의 청구 및 지급 등(제38조)

① **장기요양급여비용 청구** : 장기요양기관은 수급자에게 재가급여 또는 시설급여를 제공한 경우 공단에 장기요양급여비용을 청구하여야 한다.

② **통보 및 지급** : 공단은 장기요양기관으로부터 재가 또는 시설 급여비용의 청구를 받은 경우 이를 심사하여 그 내용을 장기요양기관에 통보하여야 하며, 장기요양에 사용된 비용 중 공단부담금(재가 및 시설 급여비용 중 본인부담금을 공제한 금액을 말한다)을 해당 장기요양기관에 지급하여야 한다.

③ **가산 또는 감액조정 후 지급** : 공단은 장기요양기관의 장기요양급여평가 결과에 따라 장기요양급여비용을 가산 또는 감액조정하여 지급할 수 있다.

④ **공제 후 수급자에게 지급** : 공단은 장기요양급여비용을 심사한 결과 수급자가 이미 낸 본인부담금이 통보한 본인부담금보다 더 많으면 두 금액 간의 차액을 장기요양기관에 지급할 금액에서 공제하여 수급자에게 지급하여야 한다.

⑤ **장기요양보험료등과 상계** : 공단은 수급자에게 지급하여야 하는 금액을 그 수급자가 납부하여야 하는 장기요양보험료 및 그 밖에 이 법에 따른 징수금(이하 "장기요양보험료등"이라 한다)과 상계(相計)할 수 있다.

⑥ **장기요양요원 인건비로 지출** : 장기요양기관은 지급받은 장기요양급여비용 중 보건복지부장관이 정하여 고시하는 비율에 따라 그 일부를 장기요양요원에 대한 인건비로 지출하여야 한다.

⑦ **지급 보류**

   ㉠ 공단은 장기요양기관이 정당한 사유 없이 자료제출 명령에 따르지 아니하거나 질문 또는 검사를 거부·방해 또는 기피하는 경우 이에 응할 때까지 해당 장기요양기관에 지급하여야 할 장기요양급여비용의 지급을 보류할 수 있다.

   ㉡ 이 경우 공단은 장기요양급여비용의 지급을 보류하기 전에 해당 장기요양기관에 의견 제출의 기회를 주어야 한다.

⑧ **재가 및 시설 급여비용의 심사기준 등** : 재가 및 시설 급여비용의 심사기준, 장기요양급여비용의 가감지급의 기준, 청구절차, 지급방법 및 지급 보류의 절차·방법 등에 관한 사항은 보건복지부령으로 정한다.

2 장기요양급여비용 등의 산정(제39조)

① **고시** : 보건복지부장관은 매년 급여종류 및 장기요양등급 등에 따라 장기요양위원회의 심의를 거쳐 다음 연도의 재가 및 시설 급여비용과 특별현금급여의 지급금액을 정하여 고시하여야 한다.

② **재가 및 시설 급여비용 산정시 지원여부** : 보건복지부장관은 재가 및 시설 급여비용을 정할 때 대통령령으로 정하는 바에 따라 국가 및 지방자치단체로부터 장기요양기관의 설립비용을 지원받았는지 여부 등을 고려할 수 있다.

③ **구체적인 산정방법 및 항목** : 재가 및 시설 급여비용과 특별현금급여의 지급금액의 구체적인 산정방법 및 항목 등에 관하여 필요한 사항은 보건복지부령으로 정한다.

3 본인부담금(제40조)

① **비용의 일부 부담** : 장기요양급여(특별현금급여는 제외한다. 이하 이 조에서 같다)를 받는 자는 대통령령으로 정하는 바에 따라 비용의 일부를 본인이 부담한다. 이 경우 장기요양급여를 받는 수급자의 장기요양등급, 이용하는 장기요양급여의 종류 및 수준 등에 따라 본인부담의 수준을 달리 정할 수 있다.

② **수급자 본인부담금** : ①에도 불구하고 「의료급여법」에 따른 수급자는 본인부담금을 부담하지 아니한다.

③ **수급자 본인 전부 부담** : 다음의 장기요양급여에 대한 비용은 수급자 본인이 전부 부담한다.
   ㉠ 이 법의 규정에 따른 급여의 범위 및 대상에 포함되지 아니하는 장기요양급여
   ㉡ 수급자가 장기요양인정서에 기재된 장기요양급여의 종류 및 내용과 다르게 선택하여 장기요양급여를 받은 경우 그 차액
   ㉢ 장기요양급여의 월 한도액을 초과하는 장기요양급여

④ **본인부담금의 100분의 60의 범위에서 감경** : 다음의 어느 하나에 해당하는 자에 대해서는 본인부담금의 100분의 60의 범위에서 보건복지부장관이 정하는 바에 따라 차등하여 감경할 수 있다.
   ㉠ 「의료급여법」 제3조제1항제2호부터 제9호까지의 규정에 따른 수급권자

> 조문참고 **의료급여법 제3조(수급권자)** ① 이 법에 따른 수급권자는 다음 각 호와 같다.
>   1. 「국민기초생활 보장법」에 따른 의료급여 수급자
>   2. 「재해구호법」에 따른 이재민으로서 보건복지부장관이 의료급여가 필요하다고 인정한 사람
>   3. 「의사상자 등 예우 및 지원에 관한 법률」에 따라 의료급여를 받는 사람
>   4. 「국내입양에 관한 특별법」에 따라 입양된 18세 미만의 아동

5. 「독립유공자예우에 관한 법률」, 「국가유공자 등 예우 및 지원에 관한 법률」 및 「보훈보상대상자 지원에 관한 법률」의 적용을 받고 있는 사람과 그 가족으로서 국가보훈부장관이 의료급여가 필요하다고 추천한 사람 중에서 보건복지부장관이 의료급여가 필요하다고 인정한 사람

6. 「무형유산의 보전 및 진흥에 관한 법률」에 따라 지정된 국가무형유산의 보유자(명예보유자를 포함한다)와 그 가족으로서 국가유산청장이 의료급여가 필요하다고 추천한 사람 중에서 보건복지부장관이 의료급여가 필요하다고 인정한 사람

7. 「북한이탈주민의 보호 및 정착지원에 관한 법률」의 적용을 받고 있는 사람과 그 가족으로서 보건복지부장관이 의료급여가 필요하다고 인정한 사람

8. 「5·18민주화운동 관련자 보상 등에 관한 법률」 제8조에 따라 보상금등을 받은 사람과 그 가족으로서 보건복지부장관이 의료급여가 필요하다고 인정한 사람

9. 「노숙인 등의 복지 및 자립지원에 관한 법률」에 따른 노숙인 등으로서 보건복지부장관이 의료급여가 필요하다고 인정한 사람

ⓒ 소득·재산 등이 보건복지부장관이 정하여 고시하는 일정 금액 이하인 자. 다만, 도서·벽지·농어촌 등의 지역에 거주하는 자에 대하여 따로 금액을 정할 수 있다.

ⓒ 천재지변 등 보건복지부령으로 정하는 사유로 인하여 생계가 곤란한 자

⑤ **본인부담금의 산정방법 등** : 본인부담금의 산정방법, 감경절차 및 감경방법 등에 관하여 필요한 사항은 보건복지부령으로 정한다.

4 가족 등의 장기요양에 대한 보상(제41조)

① **본인부담금 일부 감면** : 공단은 장기요양급여를 받은 금액의 총액이 보건복지부장관이 정하여 고시하는 금액 이하에 해당하는 수급자가 가족 등으로부터 방문요양에 상당한 장기요양을 받은 경우 보건복지부령으로 정하는 바에 따라 본인부담금의 일부를 감면하거나 이에 갈음하는 조치를 할 수 있다.

② **본인부담금의 감면방법** : 본인부담금의 감면방법 등 필요한 사항은 보건복지부령으로 정한다.

5 방문간호지시서 발급비용의 산정 등(제42조)

방문간호지시서를 발급하는데 사용되는 비용, 비용부담방법 및 비용 청구·지급절차 등에 관하여 필요한 사항은 보건복지부령으로 정한다.

6 부당이득의 징수(제43조)

① **부당이득의 징수** : 공단은 장기요양급여를 받은 자, 장기요양급여비용을 받은 자 또는 의사소견서 · 방문간호지시서 발급비용(이하 "의사소견서등 발급비용"이라 한다)을 받은 자가 다음의 어느 하나에 해당하는 경우 그 장기요양급여, 장기요양급여비용 또는 의사소견서등 발급비용에 상당하는 금액을 징수한다. 이 경우 의사소견서등 발급비용에 관하여는 「국민건강보험법」 제57조제2항을 준용하며, "보험급여 비용"은 "의사소견서등 발급비용"으로, "요양기관"은 "의료기관"으로 본다.

　　㉠ 등급판정위원회의 등급판정 결과 다음의 어느 하나에 해당하는 것으로 확인된 경우
　　　• 거짓이나 그 밖의 부정한 방법으로 장기요양인정을 받은 경우
　　　• 고의로 사고를 발생하도록 한 경우
　　　• 본인의 위법행위에 기인하여 장기요양인정을 받은 경우
　　㉡ 월 한도액 범위를 초과하여 장기요양급여를 받은 경우
　　㉢ 장기요양급여의 제한 등을 받을 자가 장기요양급여를 받은 경우
　　㉣ 거짓이나 그 밖의 부정한 방법으로 재가 및 시설 급여비용을 청구하여 이를 지급받은 경우
　　㉤ 거짓이나 그 밖의 부정한 방법으로 의사소견서등 발급비용을 청구하여 이를 지급받은 경우
　　㉥ 그 밖에 이 법상의 원인 없이 공단으로부터 장기요양급여를 받거나 장기요양급여비용을 지급받은 경우

② **거짓 행위자 징수금 납부** : 공단은 거짓 보고 또는 증명에 의하거나 거짓 진단에 따라 장기요양급여가 제공된 때 거짓의 행위에 관여한 자에 대하여 장기요양급여를 받은 자와 연대하여 징수금을 납부하게 할 수 있다.

③ **거짓이나 그 밖의 부정한 방법 징수금 납부** : 공단은 거짓이나 그 밖의 부정한 방법으로 장기요양급여를 받은 자와 같은 세대에 속한 자(장기요양급여를 받은 자를 부양하고 있거나 다른 법령에 따라 장기요양급여를 받은 자를 부양할 의무가 있는 자를 말한다)에 대하여 거짓이나 그 밖의 부정한 방법으로 장기요양급여를 받은 자와 연대하여 징수금을 납부하게 할 수 있다.

④ **징수 후 수급자에 지급**

　　㉠ 공단은 장기요양기관이나 의료기관이 수급자 또는 신청인으로부터 거짓이나 그 밖의 부정한 방법으로 장기요양급여비용 또는 의사소견서등 발급비용을 받은 때 해당 장기요양기관 또는 의료기관으로부터 이를 징수하여 수급자 또는 신청인에게 지체 없이 지급하여야 한다.

　　㉡ 이 경우 공단은 수급자 또는 신청인에게 지급하여야 하는 금액을 그 수급자 또는 신청인이 납부하여야 하는 장기요양보험료등과 상계할 수 있다.

7 구상권(제44조)

① 제3자에 대한 손해배상의 권리 : 공단은 제3자의 행위로 인한 장기요양급여의 제공사유가 발생하여 수급자에게 장기요양급여를 행한 때 그 급여에 사용된 비용의 한도 안에서 그 제3자에 대한 손해배상의 권리를 얻는다.

② 제3자로부터 이미 손해배상을 받은 때 : 공단은 장기요양급여를 받은 자가 제3자로부터 이미 손해배상을 받은 때 그 손해배상액의 한도 안에서 장기요양급여를 행하지 아니한다.

07.재가 및 시설 급여비용 등

1 다음 중 재가 및 시설 급여비용의 청구 및 지급 등에 대한 설명으로 적절하지 않은 것은?

① 공단은 지급하여야 할 장기요양급여비용 중 보건복지부장관이 정하여 고시하는 비율에 따라 그 일부를 장기요양요원에 대한 인건비로 지출하여야 한다.

② 공단은 장기요양에 사용된 비용 중 공단부담금을 해당 장기요양기관에 지급하여야 한다.

③ 공단은 수급자에게 지급하여야 하는 금액을 그 수급자가 납부하여야 하는 장기요양보험료 등과 상계(相計)할 수 있다.

④ 공단은 장기요양기관의 장기요양급여평가 결과에 따라 장기요양급여비용을 가산 또는 감액 조정하여 지급할 수 있다.

> **TIP** ① 장기요양기관은 지급받은 장기요양급여비용 중 보건복지부장관이 정하여 고시하는 비율에 따라 그 일부를 장기요양요원에 대한 인건비로 지출하여야 한다〈「노인장기요양보험법」 제38조 제6항〉.
> ② 「노인장기요양보험법」 제38조 제2항
> ③ 「노인장기요양보험법」 제38조 제5항
> ④ 「노인장기요양보험법」 제38조 제3항

2 재가 및 시설 급여비용의 청구 및 지급함에 있어서 장기요양급여비용의 지급을 보류할 수 있다. 그에 대한 설명으로 옳지 않는 것은?

① 장기요양기관에 지급하여야 할 장기요양급여비용 지급보류는 특별자치시장·특별자치도지사·시장·군수·구청장이 할 수 있다.

② 장기요양기관이 정당한 사유 없이 자료제출 명령에 따르지 아니한 경우 이에 응할 때까지 해당 장기요양기관에 장기요양급여비용의 지급을 보류할 수 있다.

③ 질문 또는 검사를 거부·방해 또는 기피하는 경우 이에 응할 때까지 해당 장기요양기관에 지급하여야 할 장기요양급여비용의 지급을 보류할 수 있다.

④ 장기요양기관에 지급하여야 할 장기요양급여비용의 지급을 보류할 경우 지급을 보류하기 전에 해당 장기요양기관에 의견 제출의 기회를 주어야 한다.

TIP 공단은 장기요양기관이 정당한 사유 없이 자료제출 명령에 따르지 아니하거나 질문 또는 검사를 거부·방해 또는 기피하는 경우 이에 응할 때까지 해당 장기요양기관에 지급하여야 할 장기요양급여비용의 지급을 보류할 수 있다. 이 경우 공단은 장기요양급여비용의 지급을 보류하기 전에 해당 장기요양기관에 의견 제출의 기회를 주어야 한다〈「노인장기요양보험법」 제38조 제7항〉.

3 다음 재가 및 시설 급여비용의 청구 및 지급 등에 관한 설명 중 옳지 않은 것은?

① 공단은 장기요양기관으로부터 재가 또는 시설 급여비용의 청구를 받은 경우 이를 심사하여 그 내용을 장기요양기관에 통보하여야 한다.

② 공단은 장기요양급여비용을 심사한 결과 수급자가 이미 낸 본인부담금이 통보한 본인부담금보다 더 많으면 두 금액 간의 차액을 장기요양기관에 지급할 금액에서 공제하여 수급자에게 지급하여야 한다.

③ 장기요양기관은 수급자에게 재가급여 또는 시설급여를 제공한 경우 공단에 장기요양급여비용을 청구하여야 한다.

④ 공단은 장기요양위원회의 심의를 거쳐 재가 및 시설 급여비용의 지급범위·심사기준을 정한다.

TIP ④ 재가 및 시설 급여비용의 심사기준, 장기요양급여비용의 가감지급의 기준, 청구절차, 지급방법 및 지급 보류의 절차·방법 등에 관한 사항은 보건복지부령으로 정한다〈「노인장기요양보험법」 제38조 제8항〉.
① 「노인장기요양보험법」 제38조 제2항
② 「노인장기요양보험법」 제38조 제4항
③ 「노인장기요양보험법」 제38조 제1항

4 다음 중 장기요양급여비용 등의 산정에 대한 설명으로 바르지 못한 것은?

① 보건복지부장관은 매년 급여종류 및 장기요양등급 등에 따라 장기요양위원회의 심의를 거쳐야 한다.

② 다음 연도의 재가 및 시설 급여비용과 특별현금급여의 지급금액 등은 대통령령으로 정하여 고시 한다.

③ 보건복지부장관은 재가 및 시설 급여비용을 정할 때 국가 및 지방자치단체로부터 장기요양기관의 설립비용을 지원받았는지 여부 등을 고려할 수 있다.

④ 재가 및 시설 급여비용과 특별현금급여의 지급금액의 구체적인 산정방법 및 항목 등에 관하여 필요한 사항은 보건복지부령으로 정한다.

TIP ② 보건복지부장관은 매년 급여종류 및 장기요양등급 등에 따라 제45조에 따른 장기요양위원회의 심의를 거쳐 다음 연도의 재가 및 시설 급여비용과 특별현금급여의 지급금액을 정하여 고시하여야 한다〈「노인장기요양보험법」 제39조 제1항〉.
　① 「노인장기요양보험법」 제39조 제1항
　③ 「노인장기요양보험법」 제39조 제2항
　④ 「노인장기요양보험법」 제39조 제3항

5 다음 중 본인부담금에 대한 설명으로 옳지 않은 것은?

① 재가급여 및 시설 급여비용은 수급자가 부담한다.
② 「의료급여법」에 따른 「국민기초생활보장법」에 따른 의료급여 수급자는 수급자가 부담하지 않는다.
③ 급여의 범위 및 대상에 포함되지 아니하는 장기요양급여에 대한 비용은 수급자 본인이 일부 부담한다.
④ 장기요양급여의 종류 등에 따라 본인부담의 수준을 달리 정할 수 있다.

> **TIP** ③ 급여의 범위 및 대상에 포함되지 아니하는 장기요양급여에 대한 비용은 수급자 본인이 전부 부담한다〈「노인장기요양보험법」 제40조 제3항 제1호〉.
> ① 「노인장기요양보험법」 제40조 제1항
> ② 「노인장기요양보험법」 제40조 제1항
> ④ 「노인장기요양보험법」 제40조 제1항

6 다음은 장기요양급여에 대한 비용을 수급자 본인이 전부 부담하는 것을 설명한 것이다. 옳지 않은 것은?

① 재가 및 시설 급여비용 수급자 중 생계가 곤란한 자
② 급여의 범위 및 대상에 포함되지 아니하는 장기요양급여
③ 수급자가 장기요양인정서에 기재된 장기요양급여의 종류 및 내용과 다르게 선택하여 장기요양급여를 받은 경우 그 차액
④ 장기요양급여의 월 한도액을 초과하는 장기요양급여

> **TIP** ① 재가 및 시설 급여비용은 수급자가 일부 부담한다〈「노인장기요양보험법」 제40조 제1항〉.
> ②③④ 「노인장기요양보험법」 제40조 제3항

Answer 4.② 5.③ 6.①

07. 재가 및 시설 급여비용 등 ▮ 117

7 다음 중 본인부담금의 100분의 60의 범위에서 차등하여 감경할 수 있는 자가 아닌 것은?

① 천재지변 등 보건복지부령으로 정하는 사유로 인하여 생계가 곤란한 자

② 소득 · 재산 등이 보건복지부장관이 정하여 고시하는 일정 금액 이하인 자

③ 「의료급여법」에 따른 수급권자

④ 도서 · 벽지 · 농어촌 등의 지역에 거주하는 자로 사회복지공무원이 지정한 자

> **TIP** 본인부담금의 100분의 60의 범위에서 차등하여 감경할 수 있는 자〈「노인장기요양보험법」 제40조 제4항〉
> ㉠ 「의료급여법」의 규정에 따른 수급권자
> ㉡ 소득 · 재산 등이 보건복지부장관이 정하여 고시하는 일정 금액 이하인 자. 다만, 도서 · 벽지 · 농어촌 등의 지역에 거주하는 자에 대하여 따로 금액을 정할 수 있다.
> ㉢ 천재지변 등 보건복지부령으로 정하는 사유로 인하여 생계가 곤란한 자

8 다음 중 (   ) 안에 알맞은 내용은?

> 공단은 장기요양급여를 받은 금액의 총액이 보건복지부장관이 정하여 고시하는 금액 이하에 해당하는 수급자가 가족 등으로부터 방문요양에 상당한 장기요양을 받은 경우 본인부담금의 (   )를(을) 감면하거나 이에 갈음하는 조치를 할 수 있다.

① 100분의 15

② 100분의 20

③ 전부

④ 일부

> **TIP** 가족 등의 장기요양에 대한 보상〈「노인장기요양보험법」 제41조 제1항〉… 공단은 장기요양급여를 받은 금액의 총액이 보건복지부장관이 정하여 고시하는 금액 이하에 해당하는 수급자가 가족 등으로부터 방문요양에 상당한 장기요양을 받은 경우 보건복지부령으로 정하는 바에 따라 본인부담금의 일부를 감면하거나 이에 갈음하는 조치를 할 수 있다.

9 다음 중 방문간호지시서 발급비용 및 지급절차에 관한 사항을 결정하는 자는?

① 대통령령   ② 보건복지부령

③ 공단이사회 회의   ④ 장기요양위원회 회의

> **TIP** 방문간호지시서 발급비용의 산정 등〈「노인장기요양보험법」제42조〉… 방문간호지시서를 발급하는데 사용되는 비용, 비용부담방법 및 비용 청구·지급절차 등에 관하여 필요한 사항은 보건복지부령으로 정한다.

10 다음은 부당이득의 징수에 대한 설명이다. 옳지 않은 것은?

① 공단은 거짓 보고 또는 증명에 의하거나 거짓 진단에 따라 장기요양급여가 제공된 때 거짓의 행위에 관여한 자에 대하여 장기요양급여를 받은 자와 연대하여 징수금을 납부하게 할 수 있다.

② 공단은 거짓이나 그 밖의 부정한 방법으로 장기요양급여를 받은 자와 같은 세대에 속한 자에 대하여 거짓이나 그 밖의 부정한 방법으로 장기요양급여를 받은 자와 연대하여 징수금을 납부하게 할 수 있다.

③ 공단은 장기요양기관이 수급자로부터 거짓이나 그 밖의 부정한 방법으로 장기요양급여비용을 받은 때 해당 장기요양기관으로부터 이를 징수하여 수급자에게 지체 없이 지급하여야 한다.

④ 공단은 장기요양기관으로부터 징수한 징수금을 수급자에게 지급할 경우 그 수급자가 납부하여야 하는 장기요양보험료등과 상계할 수 없다.

> **TIP** ④ 공단은 장기요양기관이나 의료기관이 수급자 또는 신청인으로부터 거짓이나 그 밖의 부정한 방법으로 장기요양급여비용 또는 의사소견서등 발급비용을 받은 때 해당 장기요양기관 또는 의료기관으로부터 이를 징수하여 수급자 또는 신청인에게 지체 없이 지급하여야 한다. 이 경우 공단은 수급자 또는 신청인에게 지급하여야 하는 금액을 그 수급자 또는 신청인이 납부하여야 하는 장기요양보험료등과 상계할 수 있다.〈「노인장기요양보험법」제43조 제4항〉
> ① 「노인장기요양보험법」제43조 제2항
> ② 「노인장기요양보험법」제43조 제3항
> ③ 「노인장기요양보험법」제43조 제4항

Answer   7.④   8.④   9.②   10.④

11 공단은 장기요양급여, 장기요양급여비용을 받은 자 또는 의사소견서·방문간호지시서 발급비용을 받은 자가 부당이득을 취했다고 볼 수 있는 경우 그 장기요양급여 또는 장기요양급여비용에 상당하는 금액을 징수할 수 있다. 다음 중 부당이득 행위에 해당하지 않는 경우는?

① 월 한도액 범위를 초과하여 장기요양급여를 받은 경우
② 등급판정위원회로부터 받은 등급판정 결과 등급이 하향 조정된 경우
③ 장기요양급여의 제한 등을 받을 자가 장기요양급여를 받은 경우
④ 노인장기요양보험법상의 원인 없이 공단으로부터 장기요양급여를 받거나 장기요양급여비용을 지급받은 경우

> **TIP** ① 「노인장기요양보험법」 제43조 제1항 제2호
> ③ 「노인장기요양보험법」 제43조 제1항 제3호
> ④ 「노인장기요양보험법」 제43조 제1항 제5호

12 다음에서 설명하는 조건에 해당하지 않는 경우는?

> 공단은 장기요양급여를 받은 자, 장기요양급여비용을 받은 자 또는 의사소견서·방문간호지시서 발급비용 조건에 해당하면 받은 장기요양급여, 장기요양급여비용 또는 의사소견서등 발급비용에 상당하는 금액을 징수할 수 있다.

① 등급판정 결과 본인의 위법행위에 기인하여 장기요양인정을 받은 경우에 해당하는 것으로 확인된 경우
② 장기요양급여의 제한 등을 받을 자가 장기요양급여를 받은 경우
③ 거짓이나 그 밖의 부정한 방법으로 재가 및 시설 급여비용을 청구하여 이를 지급받은 경우
④ 장기요양급여 제공 계획서의 작성 절차를 위반한 경우

> **TIP** 부당이득의 징수대상〈「노인장기요양보험법」 제43조 제1항〉
> ㉠ 등급판정 결과 제15조 제4항 각 호의 어느 하나에 해당하는 것으로 확인된 경우
> ㉡ 월 한도액 범위를 초과하여 장기요양급여를 받은 경우
> ㉢ 장기요양급여의 제한 등을 받을 자가 장기요양급여를 받은 경우
> ㉣ 거짓이나 그 밖의 부정한 방법으로 재가 및 시설 급여비용을 청구하여 이를 지급받은 경우
> ㉤ 거짓이나 그 밖의 부정한 방법으로 의사소견서등 발급비용을 청구하여 이를 지급받은 경우

ⓗ 그 밖에 이 법상의 원인 없이 공단으로부터 장기요양급여를 받거나 장기요양급여비용을 지급받은 경우

※ 등급판정 결과 부당이득금을 징수해야 하는 경우〈「노인장기요양보험법」 제15조 제4항〉
ⓖ 거짓이나 그 밖의 부정한 방법으로 장기요양인정을 받은 경우
ⓛ 고의로 사고를 발생하도록 하는 경우
ⓒ 본인의 위법행위에 기인하여 장기요양인정을 받은 경우

13 다음에서 설명하고 있는 것은 무엇인가?

> 공단은 제3자의 행위로 인한 장기요양급여의 제공사유가 발생하여 수급자에게 장기요양급여를 행한 때 그 급여에 사용된 비용의 한도 안에서 그 제3자에 대한 손해배상의 권리를 얻는다.

① 구상권
② 행사권
③ 청구권
④ 수급권

TIP 구상권〈「노인장기요양보험법」 제44조〉
ⓖ 공단은 제3자의 행위로 인한 장기요양급여의 제공사유가 발생하여 수급자에게 장기요양급여를 행한 때 그 급여에 사용된 비용의 한도 안에서 그 제3자에 대한 손해배상의 권리를 얻는다.
ⓛ 공단은 ⓖ의 경우 장기요양급여를 받은 자가 제3자로부터 이미 손해배상을 받은 때 그 손해배상액의 한도 안에서 장기요양급여를 행하지 아니한다.

Answer 11.② 12.④ 13.①

Chapter 08 장기요양위원회

1 장기요양위원회의 설치 및 기능(제45조)

① **장기요양위원회 설치** : 보건복지부장관 소속으로 장기요양위원회를 둔다.

② **장기요양위원회 심의사항**

　㉠ 장기요양보험료율

　㉡ 가족요양비, 특례요양비 및 요양병원간병비의 지급기준

　㉢ 재가 및 시설 급여비용

　㉣ 그 밖에 대통령령으로 정하는 주요 사항

2 장기요양위원회의 구성(제46조)

① **장기요양위원회의 구성** : 장기요양위원회는 위원장 1인, 부위원장 1인을 포함한 16인 이상 22인 이하의 위원으로 구성한다.

② **위원의 구성** : 위원장이 아닌 위원은 다음의 자 중에서 보건복지부장관이 임명 또는 위촉한 자로 하고, 다음에 해당하는 자를 각각 동수로 구성하여야 한다.

　㉠ 근로자단체, 사용자단체, 시민단체(「비영리민간단체 지원법」 제2조에 따른 비영리민간단체를 말한다), 노인단체, 농어업인단체 또는 자영자단체를 대표하는 자

　㉡ 장기요양기관 또는 의료계를 대표하는 자

　㉢ 대통령령으로 정하는 관계 중앙행정기관의 고위공무원단 소속 공무원, 장기요양에 관한 학계 또는 연구계를 대표하는 자, 공단 이사장이 추천하는 자

③ **위원장 및 부위원장**

　㉠ **위원장** : 위원장은 보건복지부차관이 된다.

　㉡ **부위원장** : 부위원장은 위원 중에서 위원장이 지명한다.

④ **위원의 임기** : 장기요양위원회 위원의 임기는 3년으로 한다. 다만, 공무원인 위원의 임기는 재임기간으로 한다.

3 장기요양위원회의 운영(제47조)

① **장기요양위원회 회의** : 장기요양위원회 회의는 구성원 과반수의 출석으로 개의하고 출석위원 과반수의 찬성으로 의결한다.

② **실무위원회** : 장기요양위원회의 효율적 운영을 위하여 분야별로 실무위원회를 둘 수 있다.

③ **장기요양위원회의 구성·운영** : 이 법에서 정한 것 외에 장기요양위원회의 구성·운영, 그 밖에 필요한 사항은 대통령령으로 정한다.

4 장기요양요원지원센터의 설치 등(제47조의2)

① **장기요양요원지원센터 설치·운영** : 국가와 지방자치단체는 장기요양요원의 권리를 보호하기 위하여 장기요양요원지원센터를 설치·운영할 수 있다.

② **장기요양요원지원센터의 업무** : 장기요양요원지원센터는 다음의 업무를 수행한다.
  ㉠ 장기요양요원의 권리 침해에 관한 상담 및 지원
  ㉡ 장기요양요원의 역량강화를 위한 교육지원
  ㉢ 장기요양요원에 대한 건강검진 등 건강관리를 위한 사업
  ㉣ 그 밖에 장기요양요원의 업무 등에 필요하여 대통령령으로 정하는 사항

③ **설치·운영 등 필요 사항** : 장기요양요원지원센터의 설치·운영 등에 필요한 사항은 보건복지부령으로 정하는 바에 따라 해당 지방자치단체의 조례로 정한다.

08.장기요양위원회

1 다음 중 장기요양위원회의에 대한 설명으로 옳지 않은 것은?

① 보건복지부장관 소속으로 장기요양위원회를 둔다.

② 장기요양위원회는 위원장 1인, 부위원장 1인을 포함한 16인 이상 22인 이하의 위원으로 구성한다.

③ 위원장은 보건복지부장관이 된다.

④ 장기요양위원회의 효율적 운영을 위하여 분야별로 실무위원회를 둘 수 있다.

> **TIP** ③ 위원장은 보건복지부차관이 된다〈「노인장기요양보험법」 제46조 제3항〉.
> ① 「노인장기요양보험법」 제45조
> ② 「노인장기요양보험법」 제46조 제1항
> ④ 「노인장기요양보험법」 제47조 제2항

2 다음 중 장기요양위원회의 심의사항에 대한 설명으로 바르지 못한 것은?

① 장기요양보험료율

② 노인성질환예방사업

③ 가족요양비, 특례요양비 및 요양병원간병비의 지급기준

④ 재가 및 시설 급여비용

> **TIP** ② 공단이 관장하는 업무이다〈「노인장기요양보험법」 제48조 제2항 제11호〉.
> ※ 장기요양위원회의 심의사항〈「노인장기요양보험법」 제45조〉
> ㉠ 장기요양보험료율
> ㉡ 가족요양비, 특례요양비 및 요양병원간병비의 지급기준
> ㉢ 재가 및 시설 급여비용
> ㉣ 그 밖에 대통령령으로 정하는 주요 사항

3 다음 중 장기요양위원회의 구성에 대하여 설명한 것으로 옳지 않은 것은?

① 장기요양위원회는 위원장 1인, 부위원장 1인을 포함한 16인 이상 22인 이하의 위원으로 구성한다.

② 위원장이 아닌 위원은 장기요양기관 또는 의료계를 대표하는 자 중 보건복지부장관이 임명 또는 위촉한 자로 한다.

③ 위원장은 보건복지부차관이 되고, 부위원장은 위원 중에서 보건복지부장관이 지명한다.

④ 장기요양위원회 위원의 임기는 3년으로 한다.

> **TIP** ③ 장기요양위원회 위원장은 보건복지부차관이 되고, 부위원장은 위원 중에서 위원장이 지명한다〈「노인장기요양보험법」 제46조 제3항〉.
> ① 「노인장기요양보험법」 제46조 제1항
> ② 「노인장기요양보험법」 제46조 제2항
> ④ 「노인장기요양보험법」 제46조 제4항

4 다음 중 장기요양위원회 위원의 자격으로 적절하지 않는 사람은?

① 보건복지부장관이 추천하는 자

② 의료계를 대표하는 자

③ 자영자단체를 대표하는 자

④ 사용자단체를 대표하는 자

> **TIP** ① 공단 이사장이 추천하는 자 중에서 보건복지부장관이 임명 또는 위촉한다〈「노인장기요양보험법」 제46조 제2항 제3호〉.
> ※ 장기요양위원회 위원의 구성〈「노인장기요양보험법」 제46조 제2항〉 … 위원은 다음의 자 중에서 보건복지부장관이 임명 또는 위촉한 자로 하고, 다음에 해당하는 자를 각각 동수로 구성하여야 한다.
> ㉠ 근로자단체, 사용자단체, 시민단체(비영리민간단체를 말한다), 노인단체, 농어업인단체 또는 자영자단체를 대표하는 자
> ㉡ 장기요양기관 또는 의료계를 대표하는 자
> ㉢ 대통령령으로 정하는 관계 중앙행정기관의 고위공무원단 소속 공무원, 장기요양에 관한 학계 또는 연구계를 대표하는 자, 공단 이사장이 추천하는 자

Answer 1.③ 2.② 3.③ 4.①

5 다음 중 장기요양위원회의 운영에 대한 설명으로 옳지 않은 것은?

① 장기요양위원회 회의는 구성원 과반수의 출석으로 개의한다.
② 장기요양위원회 회의 의결은 출석위원 과반수의 찬성으로 한다.
③ 장기요양위원회의 효율적 운영을 위하여 분야별로 실무위원회를 둘 수 있다.
④ 장기요양위원회의 구성 · 운영에 필요한 사항은 보건복지부령으로 정한다.

> **TIP** ④ 노인장기요양보험법에서 정한 것 외에 장기요양위원회의 구성 · 운영, 그 밖에 필요한 사항은 대통령령으로 정한다〈「노인장기요양보험법」 제47조 제3항〉.

6 다음 중 장기요양요원의 권리를 보호하기 위하여 장기요양요원지원센터를 설치 · 운영할 수 있는 기관은?

① 국회
② 지방자치단체
③ 국민건강보험공단
④ 장기요양기관

> **TIP** 장기요양요원지원센터 설치 · 운영〈「노인장기요양보험법」 제47조의2 제1항〉 … 국가와 지방자치단체는 장기요양요원의 권리를 보호하기 위하여 장기요양요원지원센터를 설치 · 운영할 수 있다.

7 다음 중 장기요양요원지원센터가 수행하는 업무로 적절하지 않은 것은?

① 장기요양요원에 대한 건강검진 등 건강관리를 위한 사업
② 장기요양요원의 역량강화를 위한 교육지원
③ 장기요양요원의 보험료의 부과 및 징수
④ 장기요양요원의 권리 침해에 관한 상담 및 지원

> **TIP** 장기요양요원지원센터의 업무〈「노인장기요양보험법」 제47조의2 제2항〉
> ㉠ 장기요양요원의 권리 침해에 관한 상담 및 지원
> ㉡ 장기요양요원의 역량강화를 위한 교육지원
> ㉢ 장기요양요원에 대한 건강검진 등 건강관리를 위한 사업
> ㉣ 그 밖에 장기요양요원의 업무 등에 필요하여 대통령령으로 정하는 사항

Answer 5.④ 6.② 7.③

관리운영기관

1 관리운영기관 등(제48조)

① **관리운영기관** : 장기요양사업의 관리운영기관은 공단으로 한다.

② **공단의 업무** : 공단은 다음의 업무를 관장한다.

    ㉠ 장기요양보험가입자 및 그 피부양자와 의료급여수급권자의 자격관리

    ㉡ 장기요양보험료의 부과 · 징수

    ㉢ 신청인에 대한 조사

    ㉣ 등급판정위원회의 운영 및 장기요양등급 판정

    ㉤ 장기요양인정서의 작성 및 개인별장기요양이용계획서의 제공

    ㉥ 장기요양급여의 관리 및 평가

    ㉦ 수급자 및 그 가족에 대한 정보제공 · 안내 · 상담 등 장기요양급여 관련 이용지원에 관한 사항

    ㉧ 재가 및 시설 급여비용의 심사 및 지급과 특별현금급여의 지급

    ㉨ 장기요양급여 제공내용 확인

    ㉩ 장기요양사업에 관한 조사 · 연구, 국제협력 및 홍보

    ㉪ 노인성질환예방사업

    ㉫ 이 법에 따른 부당이득금의 부과 · 징수 등

    ㉬ 장기요양급여의 제공기준을 개발하고 장기요양급여비용의 적정성을 검토하기 위한 장기요양기관의 설치 및 운영

    ㉭ 그 밖에 장기요양사업과 관련하여 보건복지부장관이 위탁한 업무

③ **장기요양기관 설치** : 공단은 장기요양기관을 설치할 때 노인인구 및 지역특성 등을 고려한 지역 간 불균형 해소를 고려하여야 하고, 설치 목적에 필요한 최소한의 범위에서 이를 설치 · 운영하여야 한다.

④ 공단의 정관 : 공단의 정관은 장기요양사업과 관련하여 다음의 사항을 포함 · 기재한다.

　　㉠ 장기요양보험료

　　㉡ 장기요양급여

　　㉢ 장기요양사업에 관한 예산 및 결산

　　㉣ 그 밖에 대통령령으로 정하는 사항

❷ 공단의 장기요양사업 조직 등(제49조)

① 조직의 구분 : 공단은 공단의 조직 등에 관한 규정을 정할 때 장기요양사업을 수행하기 위하여 두는 조직 등을 건강보험사업을 수행하는 조직 등과 구분하여 따로 두어야 한다.

② 예외사항 : 자격관리와 보험료 부과 · 징수업무는 그러하지 아니하다.

❸ 장기요양사업의 회계(제50조)

① 독립회계 설치 · 운영 : 공단은 장기요양사업에 대하여 독립회계를 설치 · 운영하여야 한다.

② 사업 재정 구분 운영

　　㉠ 공단은 장기요양사업 중 장기요양보험료를 재원으로 하는 사업과 국가 · 지방자치단체의 부담금을 재원으로 하는 사업의 재정을 구분하여 운영하여야 한다.

　　㉡ 다만, 관리운영에 필요한 재정은 구분하여 운영하지 아니할 수 있다.

❹ 권한의 위임 등에 관한 준용(제51조)

① 권한 위임 : 「국민건강보험법」 제32조(이사장 권한의 위임) 및 제38조(준비금)는 이 법에 따른 이사장의 권한의 위임 및 준비금에 관하여 준용한다.

② 이 경우 "보험급여"는 "장기요양급여"로 본다.

5 등급판정위원회의 설치(제52조)

① **등급판정위원회의 설치** : 장기요양인정 및 장기요양등급 판정 등을 심의하기 위하여 공단에 장기요양등급판정위원회를 둔다.

② **지방자치단체별로 설치** : 등급판정위원회는 특별자치시·특별자치도·시·군·구 단위로 설치한다. 다만, 인구 수 등을 고려하여 하나의 특별자치시·특별자치도·시·군·구에 2 이상의 등급판정위원회를 설치하거나 2 이상의 특별자치시·특별자치도·시·군·구를 통합하여 하나의 등급판정위원회를 설치할 수 있다.

③ **등급판정위원회의 구성** : 등급판정위원회는 위원장 1인을 포함하여 15인의 위원으로 구성한다.

④ **등급판정위원회 위원** : 등급판정위원회 위원은 다음 사람 중에서 공단 이사장이 위촉한다. 이 경우 특별자치시장·특별자치도지사·시장·군수·구청장이 추천한 위원은 7인, 의사 또는 한의사가 1인 이상 각각 포함되어야 한다.

  ㉠ 의료인

  ㉡ 사회복지사

  ㉢ 특별자치시·특별자치도·시·군·구 소속 공무원

  ㉣ 그 밖에 법학 또는 장기요양에 관한 학식과 경험이 풍부한 자

⑤ **위원의 임기** : 등급판정위원회 위원의 임기는 3년으로 하되, 한 차례만 연임할 수 있다. 다만, 공무원인 위원의 임기는 재임기간으로 한다.

6 등급판정위원회의 운영(제53조)

① **위원장 위촉**

  ㉠ 등급판정위원회 위원장은 위원 중에서 특별자치시장·특별자치도지사·시장·군수·구청장이 위촉한다.

  ㉡ 2 이상의 특별자치시·특별자치도·시·군·구를 통합하여 하나의 등급판정위원회를 설치하는 때 해당 특별자치시장·특별자치도지사·시장·군수·구청장이 공동으로 위촉한다.

② **개의 및 의결** : 등급판정위원회 회의는 구성원 과반수의 출석으로 개의하고 출석위원 과반수의 찬성으로 의결한다.

③ **등급판정위원회의 구성·운영 등** : 이 법에 정한 것 외에 등급판정위원회의 구성·운영, 그 밖에 필요한 사항은 대통령령으로 정한다.

7 장기요양급여심사위원회의 설치(제53조의2)

① **장기요양급여심사위원회 설치** : 다음의 사항을 심의하기 위하여 공단에 장기요양급여심사위원회(이하 "급여심사위원회"라 한다)를 둔다.

　　㉠ 장기요양급여 제공 기준의 세부사항 설정 및 보완에 관한 사항

　　㉡ 장기요양급여비용 및 산정방법의 세부사항 설정 및 보완에 관한 사항

　　㉢ 장기요양급여비용 심사기준 개발 및 심사조정에 관한 사항

　　㉣ 그 밖에 공단 이사장이 필요하다고 인정한 사항

② **급여심사위원회 위원** : 급여심사위원회는 위원장 1명을 포함하여 10명 이하의 위원으로 구성한다.

③ 이 법에서 정한 것 외에 급여심사위원회의 구성·운영, 그 밖에 필요한 사항은 대통령령으로 정한다.

8 장기요양급여의 관리·평가(제54조)

① **장기요양급여 내용 관리·평가** : 공단은 장기요양기관이 제공하는 장기요양급여 내용을 지속적으로 관리·평가하여 장기요양급여의 수준이 향상되도록 노력하여야 한다.

② **장기요양급여 제공 평가** : 공단은 장기요양기관이 장기요양급여의 제공 기준·절차·방법 등에 따라 적정하게 장기요양급여를 제공하였는지 평가를 실시하고 그 결과를 공단의 홈페이지 등에 공표하는 등 필요한 조치를 할 수 있다.

③ **장기요양급여 제공내용의 평가 방법 등** : 장기요양급여 제공내용의 평가 방법 및 평가 결과의 공표 방법, 그 밖에 필요한 사항은 보건복지부령으로 정한다.

09.관리운영기관

1 다음 중 장기요양사업의 관리운영기관은?

① 보건복지부
② 국민건강보험공단
③ 건강보험심사평가원
④ 장기요양기관

TIP 장기요양사업의 관리운영기관은 공단으로 한다〈「노인장기요양보험법」 제48조 제1항〉.

2 다음 중 관리운영기관 등에 대한 설명으로 옳지 않은 것은?

① 관리운영기관은 장기요양보험가입자 및 그 피부양자와 의료급여수급권자의 자격관리 업무 등을 관장한다.
② 관리운영기관은 장기요양기관으로 한다.
③ 공단은 장기요양기관을 설치할 때 노인인구 및 지역특성 등을 고려한 지역 간 불균형 해소를 고려하여야 한다.
④ 공단의 정관에는 장기요양사업과 관련하여 장기요양보험료 및 장기요양급여 등의 사항을 포함ㆍ기재한다.

TIP ② 관리운영기관은 공단으로 한다〈「노인장기요양보험법」 제48조 제1항〉.
　　① 「노인장기요양보험법」 제48조 제2항 제1호
　　③ 「노인장기요양보험법」 제48조 제3항
　　④ 「노인장기요양보험법」 제48조 제4항 제1호 및 제2호

Answer 1.② 2.②

3 다음 중 공단이 관장하는 업무만을 모아 놓은 것은?

> ㉠ 장기요양급여의 관리 및 평가
> ㉡ 장기요양보험가입자 및 그 피부양자와 의료급여수급권자의 자격관리
> ㉢ 장기요양기관의 운영계획
> ㉣ 신청인에 대한 조사
> ㉤ 장기요양급여 제공내용 확인
> ㉥ 장기요양기관의 인권교육 실시

① ㉠㉡㉢㉣
② ㉠㉡㉣㉤
③ ㉡㉢㉣㉤
④ ㉡㉣㉤㉥

TIP ㉢ 「노인장기요양보험법」 제31조 제3항 제3호
    ㉥ 「노인장기요양보험법」 제35조3 제2항

4 다음 중 공단의 정관에 장기요양사업과 관련하여 포함·기재해야 할 사항으로 옳지 않은 것은?

① 장기요양보험료
② 장기요양사업에 관한 예산 및 결산
③ 재정운영위원회에 관한 사항
④ 장기요양급여

TIP 공단 정관에 장기요양사업과 관련하여 포함·기재해야 할 사항〈「노인장기요양보험법」 제48조 제4항〉
    ㉠ 장기요양보험료
    ㉡ 장기요양급여
    ㉢ 장기요양사업에 관한 예산 및 결산
    ㉣ 그 밖에 대통령령으로 정하는 사항

5 다음 중 공단이 관장하는 업무로 옳지 않은 것은?

① 해당 지역의 노인인구 수, 치매 등 노인성질환 환자 수 및 장기요양급여 수요 등 지역 특성 분석

② 재가 및 시설 급여비용의 심사 및 지급과 특별현금급여의 지급

③ 장기요양급여의 제공기준을 개발하고 장기요양급여비용의 적정성을 검토하기 위한 장기요양기관의 설치 및 운영

④ 등급판정위원회의 운영 및 장기요양등급 판정

TIP ① 「노인장기요양보험법」 제31조(장기요양기관의 지정) 제3항 제4호에 관한 내용이다.

※ 공단이 관장하는 업무〈「노인장기요양보험법」 제48조 제2항〉

㉠ 장기요양보험가입자 및 그 피부양자와 의료급여수급권자의 자격관리

㉡ 장기요양보험료의 부과·징수

㉢ 신청인에 대한 조사

㉣ 등급판정위원회의 운영 및 장기요양등급 판정

㉤ 장기요양인정서의 작성 및 개인별장기요양이용계획서의 제공

㉥ 장기요양급여의 관리 및 평가

㉦ 수급자 및 그 가족에 대한 정보제공·안내·상담 등 장기요양급여 관련 이용지원에 관한 사항

㉧ 재가 및 시설 급여비용의 심사 및 지급과 특별현금급여의 지급

㉨ 장기요양급여 제공내용 확인

㉩ 장기요양사업에 관한 조사·연구, 국제협력 및 홍보

㉪ 노인성질환예방사업

㉫ 이 법에 따른 부당이득금의 부과·징수 등

㉬ 장기요양급여의 제공기준을 개발하고 장기요양급여비용의 적정성을 검토하기 위한 장기요양기관의 설치 및 운영

㉭ 그 밖에 장기요양사업과 관련하여 보건복지부장관이 위탁한 업무

Answer 3.② 4.③ 5.①

6 다음은 공단의 장기요양사업 조직과 장기요양사업의 회계에 관한 설명이다. 다음 중 옳지 않은 것은?

① 공단은 공단의 조직 등에 관한 규정을 정할 때 장기요양사업을 수행하기 위하여 두는 조직 등을 건강보험사업을 수행하는 조직 등과 구분하여 따로 두어야 한다.

② 공단은 장기요양사업에 대하여 독립회계를 설치·운영하여야 한다.

③ 장기요양사업의 회계에서 관리운영에 필요한 재정은 구분하여 운영하여야 한다.

④ 공단은 장기요양사업 중 장기요양보험료를 재원으로 하는 사업과 국가·지방자치단체의 부담금을 재원으로 하는 사업의 재정을 구분하여 운영하여야 한다.

TIP ③ 공단은 장기요양사업 중 장기요양보험료를 재원으로 하는 사업과 국가·지방자치단체의 부담금을 재원으로 하는 사업의 재정을 구분하여 운영하여야 한다. 다만, 관리운영에 필요한 재정은 구분하여 운영하지 아니할 수 있다〈「노인장기요양보험법」 제50조 제2항〉.
① 「노인장기요양보험법」 제49조 제1항
② 「노인장기요양보험법」 제50조 제1항
④ 「노인장기요양보험법」 제50조 제2항

7 다음 중 장기요양인정 및 장기요양등급 판정 등을 심의하기 위한 장기요양등급판정위원회의 운영기관은?

① 보건복지부
② 국민건강보험공단
③ 건강보험심사평가원
④ 장기요양기관

TIP 등급판정위원회〈「노인장기요양보험법」 제52조 제1항〉 … 장기요양인정 및 장기요양등급 판정 등을 심의하기 위하여 공단에 장기요양등급판정위원회를 둔다.

8 다음 중 등급판정위원회에 대한 설명으로 옳지 않은 것은?

① 등급판정위원회는 특별자치시·특별자치도·시·군·구 단위로 설치한다.

② 인구 수 등을 고려하여 하나의 특별자치시·특별자치도·시·군·구에 2 이상의 등급판정위원회를 설치하거나 2 이상의 특별자치시·특별자치도·시·군·구를 통합하여 하나의 등급판정위원회를 설치할 수 있다.

③ 법학 또는 장기요양에 관한 학식과 경험이 풍부한 자는 등급판정위원회 위원이 될 수 있다.

④ 등급판정위원회는 위원장 1인을 포함하여 16인 이상 22인 이하의 위원으로 구성한다.

> **TIP** ④ 등급판정위원회는 위원장 1인을 포함하여 15인의 위원으로 구성한다〈「노인장기요양보험법」 제52조 제3항〉.
> ①② 「노인장기요양보험법」 제52조 제2항
> ③ 「노인장기요양보험법」 제52조 제4항 제4호

9 다음 중 등급판정위원회 위원에 대한 설명으로 옳지 않은 것은?

① 등급판정위원회 위원은 공단 이사장이 위촉한다.

② 특별자치시장·특별자치도지사·시장·군수·구청장이 추천한 위원은 7인, 의사 또는 한의사가 1인 이상 각각 포함되어야 한다.

③ 등급판정위원회 위원의 임기는 3년으로 하되, 한 차례만 연임할 수 있다.

④ 공무원인 위원의 임기는 3년으로 하고 연임할 수 없다.

> **TIP** ④ 공무원인 위원의 임기는 재임기간으로 한다〈「노인장기요양보험법」 제52조 제5항〉.
> ①② 「노인장기요양보험법」 제52조 제4항
> ③ 「노인장기요양보험법」 제52조 제5항

Answer 6.③ 7.② 8.④ 9.④

10 다음 중 등급판정위원회 위원이 될 수 없는 사람은?

① 의료인
② 장기요양기관을 대표하는 자
③ 사회복지사
④ 특별자치시 · 특별자치도 · 시 · 군 · 구 소속 공무원

> **TIP** 등급판정위원회 위원의 자격〈「노인장기요양보험법」 제52조 제4항〉 … 등급판정위원회 위원은 다음의 자 중에서 공단 이사장이 위촉한다. 이 경우 특별자치시장 · 특별자치도지사 · 시장 · 군수 · 구청장이 추천한 위원은 7인, 의사 또는 한의사가 1인 이상 각각 포함되어야 한다.
> ㉠ 의료인
> ㉡ 사회복지사
> ㉢ 특별자치시 · 특별자치도 · 시 · 군 · 구 소속 공무원
> ㉣ 그 밖에 법학 또는 장기요양에 관한 학식과 경험이 풍부한 자

11 다음은 등급판정위원회의 운영에 대하여 설명한 것이다. 옳지 않은 것은?

① 등급판정위원회 위원장은 위원 중에서 공단 이사장이 위촉한다.
② 등급판정위원회 회의는 구성원 과반수의 출석으로 개의할 수 있다.
③ 등급판정위원회 회의는 출석위원 과반수의 찬성으로 의결한다.
④ 등급판정위원회의 구성 · 운영, 그 밖에 필요한 사항은 대통령령으로 정한다.

> **TIP** ① 등급판정위원회 위원장은 위원 중에서 특별자치시장 · 특별자치도지사 · 시장 · 군수 · 구청장이 위촉한다. 이 경우 2 이상의 특별자치시 · 특별자치도 · 시 · 군 · 구를 통합하여 하나의 등급판정위원회를 설치하는 때 해당 특별자치시장 · 특별자치도지사 · 시장 · 군수 · 구청장이 공동으로 위촉한다〈「노인장기요양보험법」 제53조 제1항〉.
> ②③ 「노인장기요양보험법」 제53조 제2항
> ④ 「노인장기요양보험법」 제53조 제3항

Answer

12 다음 중 장기요양급여심사위원회가 심의하는 사항으로 옳지 않은 것은?

① 장기요양급여 제공 기준의 세부사항 설정 및 보완에 관한 사항
② 장기요양급여비용 및 산정방법의 세부사항 설정 및 보완에 관한 사항
③ 장기요양급여비용 심사기준 개발 및 심사조정에 관한 사항
④ 그 밖에 보건복지부장관이 필요하다고 인정한 사항

TIP 장기요양급여심사위원회의 설치〈「노인장기요양보험법」제53조의2 제1항〉 … 다음의 사항을 심의하기 위하여 공단에 장기요양급여심사위원회(이하 "급여심사위원회"라 한다)를 둔다.
ⓐ 장기요양급여 제공 기준의 세부사항 설정 및 보완에 관한 사항
ⓑ 장기요양급여비용 및 산정방법의 세부사항 설정 및 보완에 관한 사항
ⓒ 장기요양급여비용 심사기준 개발 및 심사조정에 관한 사항
ⓓ 그 밖에 공단 이사장이 필요하다고 인정한 사항

13 장기요양급여의 관리·평가에 대한 설명으로 바르지 않은 것은?

① 공단은 장기요양기관이 제공하는 장기요양급여 내용을 지속적으로 관리·평가하여 장기요양급여의 수준이 향상되도록 노력하여야 한다.
② 공단은 장기요양기관이 장기요양급여의 제공 기준·절차·방법 등에 따라 적정하게 장기요양급여를 제공하였는지 평가를 실시하여야 한다.
③ 공단은 장기요양급여의 관리·평가 결과를 매년 장기요양기관에 통보하여야 하고 필요한 조치를 할 수 있다.
④ 장기요양급여 제공내용의 평가 방법 및 평가 결과의 공표 방법, 그 밖에 필요한 사항은 보건복지부령으로 정한다.

TIP ②③ 공단은 장기요양기관이 장기요양급여의 제공 기준·절차·방법 등에 따라 적정하게 장기요양급여를 제공하였는지 평가를 실시하고 그 결과를 공단의 홈페이지 등에 공표하는 등 필요한 조치를 할 수 있다〈「노인장기요양보험법」제54조 제2항〉.
① 「노인장기요양보험법」제54조 제1항
④ 「노인장기요양보험법」제54조 제3항

Answer 10.② 11.① 12.④ 13.③

Chapter 10

심사청구 및 재심사청구

① 심사청구(제55조)

① **심사청구**: 장기요양인정 · 장기요양등급 · 장기요양급여 · 부당이득 · 장기요양급여비용 또는 장기요양보험료 등에 관한 공단의 처분에 이의가 있는 자는 공단에 심사청구를 할 수 있다.

② **심사청구 기한**
   ㉠ 심사청구는 그 처분이 있음을 안 날부터 90일 이내에 문서(「전자정부법」에 따른 전자문서를 포함한다)로 하여야 하며, 처분이 있은 날부터 180일을 경과하면 이를 제기하지 못한다.
   ㉡ 다만, 정당한 사유로 그 기간에 심사청구를 할 수 없었음을 증명하면 그 기간이 지난 후에도 심사청구를 할 수 있다.

③ **심사청구 심사**: 심사청구 사항을 심사하기 위하여 공단에 장기요양심사위원회(이하 "심사위원회"라 한다)를 둔다.

④ **심사위원회 의원**: 심사위원회는 위원장 1명을 포함한 50명 이내의 위원으로 구성한다.

⑤ **심사위원회의 구성 · 운영**: 심사위원회의 구성 · 운영, 그 밖에 필요한 사항은 대통령령으로 정한다.

② 재심사청구(제56조)

① **재심사 청구**: 심사청구에 대한 결정에 불복하는 사람은 그 결정통지를 받은 날부터 90일 이내에 장기요양재심사위원회(이하 "재심사위원회"라 한다)에 재심사를 청구할 수 있다.

② **재심사위원회의 구성**: 재심사위원회는 보건복지부장관 소속으로 두고, 위원장 1인을 포함한 20인 이내의 위원으로 구성한다.

③ 재심사위원회의 위원

　　㉠ 재심사위원회의 위원은 관계 공무원, 법학, 그 밖에 장기요양사업 분야의 학식과 경험이 풍부한 자 중에서 보건복지부장관이 임명 또는 위촉한다.

　　㉡ 재심사위원회의 위원은 공무원이 아닌 위원이 전체 위원의 과반수가 되도록 하여야 한다.

④ 재심사위원회의 구성·운영 : 재심사위원회의 구성·운영, 그 밖에 필요한 사항은 대통령령으로 정한다.

3 행정심판과의 관계(제56조의2)

① **행정심판법 준용** : 재심사위원회의 재심사에 관한 절차에 관하여는 「행정심판법」을 준용한다.

② **재심사 거친 경우** : 재심사청구 사항에 대한 재심사위원회의 재심사를 거친 경우에는 「행정심판법」에 따른 행정심판을 청구할 수 없다.

4 행정소송(제57조)

공단의 처분에 이의가 있는 자와 심사청구 또는 재심사청구에 대한 결정에 불복하는 자는 「행정소송법」으로 정하는 바에 따라 행정소송을 제기할 수 있다.

10.심사청구 및 재심사청구

1 다음 중 심사청구에 대한 설명으로 옳지 않은 것은?

① 장기요양인정·장기요양등급·장기요양급여·부당이득 등에 관한 공단의 처분에 이의가 있는 자는 심사청구를 할 수 있다.

② 심사청구는 장기요양심사위원회에 한다.

③ 공단에 심사청구 사항을 심사하기 위하여 장기요양심사위원회를 둔다.

④ 심사위원회는 위원장 1명을 포함한 50명 이내의 위원으로 구성한다.

> **TIP** ①② 장기요양인정·장기요양등급·장기요양급여·부당이득·장기요양급여비용 또는 장기요양보험료 등에 관한 공단의 처분에 이의가 있는 자는 공단에 심사청구를 할 수 있다〈「노인장기요양보험법」 제55조 제1항〉.
> ③ 「노인장기요양보험법」 제55조 제3항
> ④ 「노인장기요양보험법」 제55조 제4항

2 다음은 심사청구 신청에 관한 내용이다. ( ) 안에 알맞은 심사청구 신청 기일은?

> • 심사청구는 그 처분이 있음을 안 날부터 ( ) 이내에 문서로 하여야 하며, 처분이 있은 날부터 ( )을 경과하면 이를 제기하지 못한다.
> • 정당한 사유로 그 기간에 심사청구를 할 수 없었음을 증명하면 그 기간이 지난 후에도 심사청구를 할 수 있다

① 60일, 90일   ② 60일, 180일

③ 90일, 90일   ④ 90일, 180일

> **TIP** 심사청구 신청 기일〈「노인장기요양보험법」 제55조 제2항〉 … 심사청구는 그 처분이 있음을 안 날부터 90일 이내에 문서(전자문서를 포함)로 하여야 하며, 처분이 있은 날부터 180일을 경과하면 이를 제기하지 못한다. 다만, 정당한 사유로 그 기간에 심사청구를 할 수 없었음을 증명하면 그 기간이 지난 후에도 심사청구를 할 수 있다.

3 심사청구에 대한 결정에 불복하는 사람은 장기요양재심사위원회에 재심사를 청구할 수 있다. 이 때 재심사 청구는 결정통지를 받은 날부터 며칠 이내에 할 수 있는가?

① 30일

② 60일

③ 90일

④ 120일

> **TIP** 심사청구에 대한 결정에 불복하는 사람은 그 결정통지를 받은 날부터 90일 이내에 장기요양재심사위원회에 재심사를 청구할 수 있다〈「노인장기요양보험법」 제56조 제1항〉.

4 다음 중 재심사위원회에 대한 설명으로 옳지 않은 것은?

① 재심사위원회는 보건복지부장관 소속으로 둔다.

② 위원장 1인을 포함한 15인 이내의 위원으로 구성한다.

③ 재심사위원회의 위원은 관계 공무원, 법학, 그 밖에 장기요양사업 분야의 학식과 경험이 풍부한 자 중에서 보건복지부장관이 임명 또는 위촉한다.

④ 재심사위원회의 위원은 공무원이 아닌 위원이 전체 위원의 과반수가 되도록 하여야 한다.

> **TIP** ①② 재심사위원회는 보건복지부장관 소속으로 두고, 위원장 1인을 포함한 20인 이내의 위원으로 구성한다〈「노인장기요양보험법」 제56조 제2항〉.
> ③④ 「노인장기요양보험법」 제56조 제3항

Answer 1.② 2.④ 3.③ 4.②

5   다음은 행정심판과의 관계 및 행정소송에 관한 설명이다. 옳지 않은 것은?

① 재심사위원회의 재심사에 관한 절차에 관하여는 「행정심판법」을 준용한다.

② 재심사청구 사항에 대한 재심사위원회의 재심사를 거친 이후 이의가 있는 자는 행정심판을 청구할 수 있다.

③ 공단의 처분에 이의가 있는 자는 「행정소송법」으로 정하는 바에 따라 행정소송을 제기할 수 있다.

④ 심사청구 또는 재심사청구에 대한 결정에 불복하는 자는 행정소송을 제기할 수 있다.

> **TIP** ② 재심사청구 사항에 대한 재심사위원회의 재심사를 거친 경우에는 「행정심판법」에 따른 행정심판을 청구할 수 없다〈「노인장기요양보험법」 제56조의2 제2항〉.
> ① 「노인장기요양보험법」 제56조의2 제1항
> ③④ 「노인장기요양보험법」 제57조

Chapter 11 보칙

1 국가의 부담(제58조)

① **국가 지원** : 국가는 매년 예산의 범위 안에서 해당 연도 장기요양보험료 예상수입액의 100분의 20에 상당하는 금액을 공단에 지원한다.

② **국가와 지방자치단체 부담** : 국가와 지방자치단체는 대통령령으로 정하는 바에 따라 의료급여수급권자의 장기요양급여비용, 의사소견서 발급비용, 방문간호지시서 발급비용 중 공단이 부담하여야 할 비용(면제 및 감경됨으로 인하여 공단이 부담하게 되는 비용을 포함한다) 및 관리운영비의 전액을 부담한다.

③ **지방자치단체 부담 금액** : 지방자치단체가 부담하는 금액은 보건복지부령으로 정하는 바에 따라 특별시 · 광역시 · 특별자치시 · 도 · 특별자치도와 시 · 군 · 구가 분담한다.

④ **지방자치단체의 부담액 부과 등** : 지방자치단체의 부담액 부과, 징수 및 재원관리, 그 밖에 필요한 사항은 대통령령으로 정한다.

2 전자문서의 사용(제59조)

① **전자문서 사용** : 장기요양사업에 관련된 각종 서류의 기록, 관리 및 보관은 보건복지부령으로 정하는 바에 따라 전자문서로 한다.

② **전자문서교환방식 이용** : 공단 및 장기요양기관은 장기요양기관의 지정신청, 재가 · 시설 급여비용의 청구 및 지급, 장기요양기관의 재무 · 회계정보 처리 등에 대하여 전산매체 또는 전자문서교환방식을 이용하여야 한다.

③ **전자문서교환방식 이용 예외** : 정보통신망 및 정보통신서비스 시설이 열악한 지역 등 보건복지부장관이 정하는 지역의 경우 전자문서 · 전산매체 또는 전자문서교환방식을 이용하지 아니할 수 있다.

11. 보칙 ▌143

③ 자료의 제출 등(제60조)

① **자료 제출 요구** : 공단은 장기요양급여 제공내용 확인, 장기요양급여의 관리·평가 및 장기요양보험료 산정 등 장기요양사업 수행에 필요하다고 인정할 때 다음의 어느 하나에 해당하는 자에게 자료의 제출을 요구할 수 있다.

　㉠ 장기요양보험가입자 또는 그 피부양자 및 의료급여수급권자

　㉡ 수급자, 장기요양기관 및 의료기관

② **자료 제출** : 자료의 제출을 요구받은 자는 성실히 이에 응하여야 한다.

④ 보고 및 검사(제61조)

① **보고 및 자료 제출 요구** : 보건복지부장관, 특별시장·광역시장·도지사 또는 특별자치시장·특별자치도지사·시장·군수·구청장은 다음의 어느 하나에 해당하는 자에게 보수·소득이나 그 밖에 보건복지부령으로 정하는 사항의 보고 또는 자료의 제출을 명하거나 소속 공무원으로 하여금 관계인에게 질문을 하게 하거나 관계 서류를 검사하게 할 수 있다.

　㉠ 장기요양보험가입자

　㉡ 피부양자

　㉢ 의료급여수급권자

② **장기요양급여 관련 자료 제출 요구** : 보건복지부장관, 특별시장·광역시장·도지사 또는 특별자치시장·특별자치도지사·시장·군수·구청장은 다음의 어느 하나에 해당하는 자에게 장기요양급여의 제공 명세, 재무·회계에 관한 사항 등 장기요양급여에 관련된 자료의 제출을 명하거나 소속 공무원으로 하여금 관계인에게 질문을 하게 하거나 관계 서류를 검사하게 할 수 있다.

　㉠ 장기요양기관 및 의료기관

　㉡ 장기요양급여를 받은 자

③ **행정응원 요청** : 보건복지부장관, 특별시장·광역시장·도지사 또는 특별자치시장·특별자치도지사·시장·군수·구청장은 보고 또는 자료제출 명령이나 질문 또는 검사 업무를 효율적으로 수행하기 위하여 필요한 경우에는 공단에 행정응원(行政應援)을 요청할 수 있다. 이 경우 공단은 특별한 사유가 없으면 이에 따라야 한다.

④ 증표 및 조사 관련 서류 제시 : 소속 공무원은 그 권한을 표시하는 증표 및 조사기간, 조사범위, 조사담당자, 관계 법령 등 보건복지부령으로 정하는 사항이 기재된 서류를 지니고 이를 관계인에게 내보여야 한다.

⑤ 질문 또는 검사의 절차 · 방법 : 질문 또는 검사의 절차 · 방법 등에 관하여는 이 법에서 정하는 사항을 제외하고는 「행정조사기본법」에서 정하는 바에 따른다.

⑥ 행정응원의 절차 · 방법 : 행정응원의 절차 · 방법 등에 관하여 필요한 사항은 대통령령으로 정한다.

5 비밀누설금지(제62조)

다음에 해당하는 자는 업무수행 중 알게 된 비밀을 누설하여서는 아니 된다.
- ㉠ 특별자치시 · 특별자치도 · 시 · 군 · 구, 공단, 등급판정위원회, 장기요양위원회, 공표심의위원회, 심사위원회, 재심사위원회 및 장기요양기관에 종사하고 있거나 종사한 자
- ㉡ 가족요양비 · 특례요양비 및 요양병원간병비와 관련된 급여를 제공한 자

6 유사명칭의 사용금지(제62조의2)

이 법에 따른 장기요양보험 사업을 수행하는 자가 아닌 자는 보험계약 또는 보험계약의 명칭에 노인장기요양보험 또는 이와 유사한 용어를 사용하지 못한다.

7 청문(제63조)

특별자치시장 · 특별자치도지사 · 시장 · 군수 · 구청장은 다음의 어느 하나에 해당하는 처분 또는 공표를 하려는 경우에는 청문을 하여야 한다.
- ㉠ 장기요양기관 지정취소 또는 업무정지명령
- ㉡ 위반사실 등의 공표
- ㉢ 장기요양급여 제공의 제한 처분

⑧ 시효 등에 관한 준용(제64조)

「국민건강보험법」 제91조, 제92조, 제96조, 제103조, 제104조, 제107조, 제111조 및 제112조는 시효, 기간의 계산, 자료의 제공, 공단 등에 대한 감독, 권한의 위임 및 위탁, 업무의 위탁, 단수처리 등에 관하여 준용한다. 이 경우 "보험료"를 "장기요양보험료"로, "보험급여"를 "장기요양급여"로, "요양기관"을 "장기요양기관"으로, "건강보험사업"을 "장기요양사업"으로 본다.

⑨ 다른 법률에 따른 소득 등의 의제금지(제65조)

이 법에 따른 장기요양급여로 지급된 현금 등은 「국민기초생활 보장법」 제2조제9호의 소득 또는 재산으로 보지 아니한다.

⑩ 수급권의 보호(제66조)

① **담보 제공금지** : 장기요양급여를 받을 권리는 양도 또는 압류하거나 담보로 제공할 수 없다.

② **압류금지** : 특별현금급여수급계좌의 예금에 관한 채권은 압류할 수 없다.

⑪ 벌칙 적용에서 공무원 의제(제66조의2)

등급판정위원회, 장기요양위원회, 공표심의위원회, 심사위원회 및 재심사위원회 위원 중 공무원이 아닌 사람은 「형법」의 규정을 적용할 때에는 공무원으로 본다.

⑫ 소액 처리(제66조의3)

① **소액 처리 대상** : 공단은 징수 또는 반환하여야 할 금액이 1건당 1,000원 미만인 경우(각각 상계할 수 있는 지급금 및 장기요양보험료등은 제외한다)에는 징수 또는 반환하지 아니한다.

② **소액 처리 대상 제외** : 국민건강보험법에 따른 소액 처리 대상에서 제외되는 건강보험료와 통합하여 징수 또는 반환되는 장기요양보험료의 경우에는 그러하지 아니하다.

11.보칙

1 다음 중 장기요양보험료 국가의 부담에 대한 설명으로 옳지 않은 것은?

① 국가는 매년 예산의 범위 안에서 해당 연도 장기요양보험료 예상수입액의 일부 금액을 공단에 지원한다.

② 국가와 지방자치단체는 대통령령으로 정하는 바에 따라 의료급여수급권자의 장기요양급여비용, 의사소견서 발급비용, 방문간호지시서 발급비용 중 공단이 부담하여야 할 비용 및 관리운영비의 전액을 부담한다.

③ 지방자치단체가 부담하는 금액은 보건복지부령으로 정하는 바에 따라 특별시 · 광역시 · 특별자치시 · 도 · 특별자치도와 시 · 군 · 구가 분담한다.

④ 지방자치단체의 부담액 부과, 징수 및 재원관리, 그 밖에 필요한 사항은 보건복지부령으로 정한다.

> **TIP** ④ 지방자치단체의 부담액 부과, 징수 및 재원관리, 그 밖에 필요한 사항은 대통령령으로 정한다〈「노인장기요양보험법」 제58조 제4항〉.
> ① 「노인장기요양보험법」 제58조 제1항
> ② 「노인장기요양보험법」 제58조 제2항
> ③ 「노인장기요양보험법」 제58조 제3항

2 국가는 매년 예산의 범위 안에서 해당 연도 장기요양보험료 예상수입액의 일정 비율에 상당하는 금액을 공단에 지원한다. 이 때 지원하는 비율은?

① 100분의 10 　　　　　　　　② 100분의 15
③ 100분의 20 　　　　　　　　④ 100분의 25

> **TIP** 국가는 매년 예산의 범위 안에서 해당 연도 장기요양보험료 예상수입액의 100분의 20에 상당하는 금액을 공단에 지원한다〈「노인장기요양보험법」 제58조 제1항〉.

Answer 1.④ 2.③

3 다음 중 ( ) 안에 포함되지 않는 것은?

> 국가와 지방자치단체는 의료급여수급권자의 ( ) 중 공단이 부
> 담하여야 할 비용 및 관리운영비의 전액을 부담한다.

① 의사소견서 발급비용
② 장기요양급여비용
③ 중증환자이송비용
④ 방문간호지시서 발급비용

> **TIP** 국가의 부담〈「노인장기요양보험법」제58조 제2항〉… 국가와 지방자치단체는 대통령령으로 정하는 바
> 에 따라 의료급여수급권자의 장기요양급여비용, 의사소견서 발급비용, 방문간호지시서 발급비용 중
> 공단이 부담하여야 할 비용(면제 및 감경됨으로 인하여 공단이 부담하게 되는 비용을 포함한다) 및 관
> 리운영비의 전액을 부담한다.

4 다음 중 전자문서의 사용에 대한 설명으로 옳지 않은 것은?

① 장기요양사업에 관련된 각종 서류의 기록, 관리 및 보관은 보건복지부령으로 정하는 바에
따라 전자문서로 한다.
② 공단 및 장기요양기관은 장기요양기관의 지정신청, 재가·시설 급여비용의 청구 및 지급 등
에 대하여 전산매체 또는 전자문서교환방식을 이용하여야 한다.
③ 정보통신망 및 정보통신서비스 시설이 열악한 지역의 경우 장기요양기관의 재무·회계정보
처리 등에 대해서는 전자문서·전산매체 또는 전자문서교환방식을 이용하여야 한다.
④ 장기요양기관의 재무·회계정보 처리 등에 대하여 전산매체 또는 전자문서교환방식을 이용
하여야 한다.

> **TIP** ③ 정보통신망 및 정보통신서비스 시설이 열악한 지역 등 보건복지부장관이 정하는 지역의 경우 전자
> 문서·전산매체 또는 전자문서교환방식을 이용하지 아니할 수 있다〈「노인장기요양보험법」제59조
> 제3항〉.
> ① 「노인장기요양보험법」제59조 제1항
> ②④ 「노인장기요양보험법」제59조 제2항

5 다음 중 공단이 자료의 제출 등을 요구할 수 있는 자로 볼 수 없는 사람은?

① 장기요양요원
② 장기요양보험가입자
③ 의료급여수급권자
④ 수급자

TIP 자료의 제출 등〈「노인장기요양보험법」 제60조 제1항〉 … 공단은 장기요양급여 제공내용 확인, 장기요양 급여의 관리·평가 및 장기요양보험료 산정 등 장기요양사업 수행에 필요하다고 인정할 때 다음의 어느 하나에 해당하는 자에게 자료의 제출을 요구할 수 있다.
　　㉠ 장기요양보험가입자 또는 그 피부양자 및 의료급여수급권자
　　㉡ 수급자, 장기요양기관 및 의료기관

6 다음 중 보고 및 검사를 명할 수 있는 기관장이 아닌 사람은?

① 보건복지부장관
② 특별시장·광역시장·도지사
③ 시장·군수·구청장
④ 공단 심사위원회 위원장

TIP 보고 및 검사를 할 수 있는 기관장〈「노인장기요양보험법」 제61조 제1항〉 … 보건복지부장관, 특별시장·광역시장·도지사 또는 특별자치시장·특별자치도지사·시장·군수·구청장이다.

Answer 3.③ 4.③ 5.① 6.④

7 보건복지부장관은 보고 및 검사 대상에 해당하는 자에게 보수·소득이나 그 밖에 보건복지부령으로 정하는 사항의 보고 또는 자료의 제출을 명하거나 소속 공무원으로 하여금 관계인에게 질문을 하게 하거나 관계 서류를 검사하게 할 수 있다. 다음 중 보고 및 검사 대상에 해당하는 사람으로만 바르게 짝지어진 것은?

> ㉠ 장기요양보험가입자　　　　　　㉡ 장기요양기관 담당자
> ㉢ 피부양자　　　　　　　　　　　㉣ 의료급여수급권자

① ㉠㉡㉢　　　　　　　　　　　　② ㉠㉢㉣
③ ㉠㉡㉣　　　　　　　　　　　　④ ㉡㉢㉣

> **TIP** 보고 및 검사〈「노인장기요양보험법」 제61조 제1항〉 ··· 보건복지부장관, 특별시장·광역시장·도지사 또는 특별자치시장·특별자치도지사·시장·군수·구청장은 다음의 어느 하나에 해당하는 자에게 보수·소득이나 그 밖에 보건복지부령으로 정하는 사항의 보고 또는 자료의 제출을 명하거나 소속 공무원으로 하여금 관계인에게 질문을 하게 하거나 관계 서류를 검사하게 할 수 있다.
> ㉠ 장기요양보험가입자
> ㉡ 피부양자
> ㉢ 의료급여수급권자

8 시장·군수·구청장이 장기요양급여의 제공 명세, 재무·회계에 관한 사항 등 장기요양급여에 관련된 자료의 제출을 명할 수 있는 사람은?

① 장기요양기관　　　　　　　　　② 의료급여수급권자
③ 피부양자　　　　　　　　　　　④ 건강보험 가입자

> **TIP** 장기요양급여의 제공 명세, 재무·회계에 관한 사항 보고 및 검사〈「노인장기요양보험법」 제61조 제2항〉 ··· 보건복지부장관, 특별시장·광역시장·도지사 또는 특별자치시장·특별자치도지사·시장·군수·구청장은 다음의 어느 하나에 해당하는 자에게 장기요양급여의 제공 명세, 재무·회계에 관한 사항 등 장기요양급여에 관련된 자료의 제출을 명하거나 소속 공무원으로 하여금 관계인에게 질문을 하게 하거나 관계 서류를 검사하게 할 수 있다.
> ㉠ 장기요양기관 및 의료기관
> ㉡ 장기요양급여를 받은 자

9 다음 중 공단에 행정응원을 요청할 수 있는 사람은?

① 등급판정위원장
② 장기요양위원장
③ 건강보험심사평가원장
④ 시장 · 군수 · 구청장

> **TIP** 행정응원(行政應援) 요청〈「노인장기요양보험법」 제61조 제3항〉… 보건복지부장관, 특별시장 · 광역시장 · 도지사 또는 특별자치시장 · 특별자치도지사 · 시장 · 군수 · 구청장은 보고 또는 자료제출 명령이나 질문 또는 검사 업무를 효율적으로 수행하기 위하여 필요한 경우에는 공단에 행정응원(行政應援)을 요청할 수 있다. 이 경우 공단은 특별한 사유가 없으면 이에 따라야 한다.

10 다음 중 보고 및 검사에 대한 설명으로 바르지 못한 것은?

① 보건복지부장관이 행정응원을 요청할 경우 특별한 사유가 없으면 공단은 이에 따라야 한다.
② 특별시장 · 광역시장 · 도지사는 소속 공무원으로 하여금 관계인에게 질문을 하게 하거나 관계 서류를 검사하게 할 수 있다.
③ 질문 또는 검사의 절차 · 방법 등에 관하여는 이 법에서 정하는 사항을 제외하고는 「행정조사기본법」에서 정하는 바에 따른다.
④ 행정응원의 절차 · 방법 등에 관하여 필요한 사항은 보건복지부령으로 정한다.

> **TIP** ④ 행정응원의 절차 · 방법 등에 관하여 필요한 사항은 대통령령으로 정한다〈「노인장기요양보험법」 제61조 제6항〉.
> ① 「노인장기요양보험법」 제61조 제3항
> ② 「노인장기요양보험법」 제61조 제1항, 제2항
> ③ 「노인장기요양보험법」 제61조 제5항

Answer 7.② 8.① 9.④ 10.④

11 다음은 업무수행 중 알게 된 비밀을 누설하여서는 아니 되는 자를 나열한 것이다. 옳지 않은 것은?

① 특별자치시·특별자치도 및 시·군·구에 종사하고 있는 자
② 공단, 등급판정위원회, 장기요양위원회, 공표심의위원회, 심사위원회, 재심사위원회에 종사한 자
③ 장기요양기관에 종사하고 있거나 종사한 자
④ 의료급여수급권자, 요양병원간병비와 관련된 급여를 제공한 자

> **TIP** 비밀누설금지〈「노인장기요양보험법」 제62조〉 … 다음에 해당하는 자는 업무수행 중 알게 된 비밀을 누설하여서는 아니 된다.
> ㉠ 특별자치시·특별자치도·시·군·구, 공단, 등급판정위원회, 장기요양위원회, 공표심의위원회, 심사위원회, 재심사위원회 및 장기요양기관에 종사하고 있거나 종사한 자
> ㉡ 가족요양비·특례요양비 및 요양병원간병비와 관련된 급여를 제공한 자

12 다음 중 청문을 하여야 하는 경우가 아닌 것은?

① 장기요양기관 지정취소 또는 업무정지명령
② 업무수행 중 알게 된 비밀 누설
③ 위반사실 등의 공표
④ 장기요양급여 제공의 제한 처분

> **TIP** 청문〈「노인장기요양보험법」 제63조〉 … 특별자치시장·특별자치도지사·시장·군수·구청장은 다음의 어느 하나에 해당하는 처분 또는 공표를 하려는 경우에는 청문을 하여야 한다.
> ㉠ 장기요양기관 지정취소 또는 업무정지명령
> ㉡ 위반사실 등의 공표
> ㉢ 장기요양급여 제공의 제한 처분

13 다음은 수급권의 보호 및 소액 처리에 대한 설명이다. 옳지 않은 것은?

① 장기요양급여를 받을 권리는 양도 또는 압류하거나 담보로 제공할 수 없다.

② 특별현금급여수급계좌의 예금에 관한 채권은 압류할 수 없다.

③ 공단은 징수할 금액이 1건당 1,000원 미만인 경우에는 징수하지 아니한다.

④ 공단은 반환하여야 할 금액이 1건당 1,000원 미만인 경우에는 반환한다.

TIP ③④ 공단은 징수 또는 반환하여야 할 금액이 1건당 1,000원 미만인 경우(각각 상계할 수 있는 지급금 및 장기요양보험료등은 제외한다)에는 징수 또는 반환하지 아니한다. 다만, 소액 처리 대상에서 제외되는 건강보험료와 통합하여 징수 또는 반환되는 장기요양보험료의 경우에는 그러하지 아니하다〈「노인장기요양보험법」 제66조의3〉.
   ① 「노인장기요양보험법」 제66조 제1항
   ② 「노인장기요양보험법」 제66조 제2항

Chapter 12 벌칙

1 벌칙(제67조)

① **3년 이하의 징역 또는 3천만 원 이하의 벌금** : 다음의 어느 하나에 해당하는 자는 3년 이하의 징역 또는 3천만 원 이하의 벌금에 처한다.

ㄱ 거짓이나 그 밖의 부정한 방법으로 장기요양급여비용을 청구한 자

ㄴ 폐쇄회로 텔레비전의 설치 목적과 다른 목적으로 폐쇄회로 텔레비전을 임의로 조작하거나 다른 곳을 비추는 행위를 한 자

ㄷ 녹음기능을 사용하거나 보건복지부령으로 정하는 저장장치 이외의 장치 또는 기기에 영상정보를 저장한 자

② **2년 이하의 징역 또는 2천만 원 이하의 벌금** : 다음 어느 하나에 해당하는 자는 2년 이하의 징역 또는 2천만 원 이하의 벌금에 처한다.

ㄱ 지정받지 아니하고 장기요양기관을 운영하거나 거짓이나 그 밖의 부정한 방법으로 지정받은 자

ㄴ 안전성 확보에 필요한 조치를 하지 아니하여 영상정보를 분실·도난·유출·변조 또는 훼손당한 자

ㄷ 본인부담금을 면제 또는 감경하는 행위를 한 자

ㄹ 수급자를 소개, 알선 또는 유인하는 행위를 하거나 이를 조장한 자

ㅁ 업무수행 중 알게 된 비밀을 누설한 자

③ **1년 이하의 징역 또는 1천만 원 이하의 벌금** : 다음 어느 하나에 해당하는 자는 1년 이하의 징역 또는 1천만 원 이하의 벌금에 처한다.

ㄱ 정당한 사유 없이 장기요양급여의 제공을 거부한 자

ㄴ 거짓이나 그 밖의 부정한 방법으로 장기요양급여를 받거나 다른 사람으로 하여금 장기요양급여를 받게 한 자

ㄷ 정당한 사유 없이 권익보호조치를 하지 아니한 사람

ㄹ 수급자가 부담한 비용을 정산하지 아니한 자

④ **1천만 원 이하의 벌금** : 자료제출 명령에 따르지 아니하거나 거짓으로 자료제출을 한 장기요양기관 또는 의료기관이나 질문 또는 검사를 거부·방해 또는 기피하거나 거짓으로 답변한 장기요양기관 또는 의료기관은 1천만 원 이하의 벌금에 처한다.

2 양벌규정(제68조)

① **양벌규정 적용** : 법인의 대표자, 법인이나 개인의 대리인·사용인 및 그 밖의 종사자가 그 법인 또는 개인의 업무에 관하여 제67조(벌칙)에 해당하는 위반행위를 한 때에는 그 행위자를 벌하는 외에 그 법인 또는 개인에 대하여도 해당 조의 벌금형을 과한다.

② **적용 예외** : 법인 또는 개인이 그 위반행위를 방지하기 위하여 해당 업무에 관하여 상당한 주의와 감독을 게을리하지 아니한 경우에는 그러하지 아니하다.

3 과태료(제69조)

① **500만 원 이하의 과태료** : 정당한 사유 없이 다음의 어느 하나에 해당하는 자에게는 500만 원 이하의 과태료를 부과한다.

　㉠ 변경지정을 받지 아니하거나 변경신고를 하지 아니한 자 또는 거짓이나 그 밖의 부정한 방법으로 변경지정을 받거나 변경신고를 한 자

　㉡ 장기요양기관에 관한 정보를 게시하지 아니하거나 거짓으로 게시한 자

　㉢ 수급자에게 장기요양급여비용에 대한 명세서를 교부하지 아니하거나 거짓으로 교부한 자

　㉣ 장기요양급여 제공 자료를 기록·관리하지 아니하거나 거짓으로 작성한 사람

　㉤ 장기요양요원의 보호 규정에서 다음 행위를 위반한 자

　　• 장기요양요원에게 제28조의2제1항 각 호에 따른 급여외행위의 제공을 요구하는 행위

　　조문참고 법 제28조의2(급여외행위의 제공 금지) ① 수급자 또는 장기요양기관은 장기요양급여를 제공받거나 제공할 경우 다음 각 호의 행위(이하 "급여외행위"라 한다)를 요구하거나 제공하여서는 아니 된다.
　　　1. 수급자의 가족만을 위한 행위
　　　2. 수급자 또는 그 가족의 생업을 지원하는 행위
　　　3. 그 밖에 수급자의 일상생활에 지장이 없는 행위

　　• 수급자가 부담하여야 할 본인부담금의 전부 또는 일부를 부담하도록 요구하는 행위

　㉥ 장기요양요원의 보호 규정에서 적절한 조치를 하지 아니한 자

ⓐ 폐업·휴업 신고 또는 자료이관을 하지 아니하거나 거짓이나 그 밖의 부정한 방법으로 신고한 자

ⓞ 행정제재처분을 받았거나 그 절차가 진행 중인 사실을 양수인등에게 지체 없이 알리지 아니한 자

ⓩ 거짓이나 그 밖의 부정한 방법으로 수급자에게 장기요양급여비용을 부담하게 한 자

ⓩ 보고 또는 자료제출 요구·명령에 따르지 아니하거나 거짓으로 보고 또는 자료제출을 한 자나 질문 또는 검사를 거부·방해 또는 기피하거나 거짓으로 답변한 자

※ 장기요양기관 및 의료기관은 제외한다.

ⓣ 거짓이나 그 밖의 부정한 방법으로 장기요양급여비용 청구에 가담한 사람

ⓣ 노인장기요양보험 또는 이와 유사한 용어를 사용한 자

② **300만 원 이하의 과태료** : 다음의 어느 하나에 해당하는 자에게는 300만 원 이하의 과태료를 부과한다.

ㄱ 폐쇄회로 텔레비전을 설치하지 아니하거나 설치·관리의무를 위반한 자

ㄴ 영상정보 열람 요청에 응하지 아니한 자

③ **과태료 부과·징수** : 과태료는 대통령령으로 정하는 바에 따라 관할 특별자치시장·특별자치도지사·시장·군수·구청장이 부과·징수한다.

12.벌칙

1 다음 중 거짓이나 그 밖의 부정한 방법으로 장기요양급여비용을 청구한 자의 벌칙은?

① 1년 이하의 징역 또는 1천만 원 이하의 벌금에 처한다.
② 2년 이하의 징역 또는 2천만 원 이하의 벌금에 처한다.
③ 3년 이하의 징역 또는 3천만 원 이하의 벌금에 처한다.
④ 3년 이하의 징역 또는 5천만 원 이하의 벌금에 처한다.

TIP 거짓이나 그 밖의 부정한 방법으로 장기요양급여비용을 청구한 자는 3년 이하의 징역 또는 3천만 원 이하의 벌금에 처한다〈「노인장기요양보험법」 제67조 제1항 제1호〉.

2 다음 중 2년 이하의 징역 또는 2천만 원 이하의 벌금에 해당하지 않는 자는?

① 수급자를 소개, 알선 또는 유인하는 행위를 하거나 이를 조장한 자
② 업무수행 중 알게 된 비밀을 누설한 자
③ 지정받지 아니하고 장기요양기관을 운영하거나 거짓이나 그 밖의 부정한 방법으로 지정받은 자
④ 정당한 사유 없이 권익보호조치를 하지 아니한 사람

TIP 2년 이하의 징역 또는 2천만 원 이하의 벌금〈「노인장기요양보험법」 제67조 제2항〉
  ㉠ 지정받지 아니하고 장기요양기관을 운영하거나 거짓이나 그 밖의 부정한 방법으로 지정받은 자
  ㉡ 안전성 확보에 필요한 조치를 하지 아니하여 영상정보를 분실·도난·유출·변조 또는 훼손당한 자
  ㉢ 본인부담금을 면제 또는 감경하는 행위를 한 자
  ㉣ 수급자를 소개, 알선 또는 유인하는 행위를 하거나 이를 조장한 자
  ㉤ 업무수행 중 알게 된 비밀을 누설한 자

Answer 1.③ 2.④

3 다음 중 1년 이하의 징역 또는 1천만 원 이하의 벌금에 해당하지 않는 자는?

① 정당한 사유 없이 장기요양급여의 제공을 거부한 자

② 거짓이나 그 밖의 부정한 방법으로 장기요양급여를 받거나 다른 사람으로 하여금 장기요양급여를 받게 한 자

③ 본인부담금을 면제 또는 감경하는 행위를 한 자

④ 수급자가 부담한 비용을 정산하지 아니한 자

TIP 1년 이하의 징역 또는 1천만 원 이하의 벌금〈「노인장기요양보험법」 제67조 제3항〉
    ㉠ 정당한 사유 없이 장기요양급여의 제공을 거부한 자
    ㉡ 거짓이나 그 밖의 부정한 방법으로 장기요양급여를 받거나 다른 사람으로 하여금 장기요양급여를 받게 한 자
    ㉢ 정당한 사유 없이 권익보호조치를 하지 아니한 사람
    ㉣ 수급자가 부담한 비용을 정산하지 아니한 자

4 다음 중 징역형 또는 벌금액이 다른 하나는?

> ㉠ 거짓이나 그 밖의 부정한 방법으로 장기요양급여를 받거나 다른 사람으로 하여금 장기요양급여를 받게 한 자
> ㉡ 수급자를 소개, 알선 또는 유인하는 행위를 하거나 이를 조장한 자
> ㉢ 업무수행 중 알게 된 비밀을 누설한 자
> ㉣ 지정받지 아니하고 장기요양기관을 운영하거나 거짓이나 그 밖의 부정한 방법으로 지정받은 자

① ㉠   ② ㉡

③ ㉢   ④ ㉣

TIP ㉠ 1년 이하의 징역 또는 1천만 원 이하의 벌금이다〈「노인장기요양보험법」 제67조 제3항 제2호〉.
    ㉡㉢㉣ 2년 이하의 징역 또는 2천만 원 이하의 벌금이다〈「노인장기요양보험법」 제67조 제2항〉.

5 다음 중 자료제출 명령에 따르지 아니하거나 거짓으로 자료제출을 한 장기요양기관 또는 의료기관이나 질문 또는 검사를 거부·방해 또는 기피하거나 거짓으로 답변한 장기요양기관 또는 의료기관에 대한 벌금은?

① 5백만 원 이하의 벌금

② 1천만 원 이하의 벌금

③ 1천 5백만 원 이하의 벌금

④ 2천만 원 이하의 벌금

> **TIP** 1천만 원 이하의 벌금⟨「노인장기요양보험법」 제67조 제4항⟩ … 자료제출 명령에 따르지 아니하거나 거짓으로 자료제출을 한 장기요양기관 또는 의료기관이나 질문 또는 검사를 거부·방해 또는 기피하거나 거짓으로 답변한 장기요양기관 또는 의료기관은 1천만 원 이하의 벌금에 처한다.

6 다음 중 500만 원 이하의 과태료 부과대상이 아닌 자는?

① 장기요양기관에 관한 정보를 게시하지 아니하거나 거짓으로 게시한 자

② 거짓이나 그 밖의 부정한 방법으로 수급자에게 장기요양급여비용을 부담하게 한 자

③ 장기요양급여 제공 자료를 기록·관리하지 아니하거나 거짓으로 작성한 사람

④ 거짓이나 그 밖의 부정한 방법으로 장기요양급여를 받거나 다른 사람으로 하여금 장기요양급여를 받게 한 자

> **TIP** ④ 1년 이하의 징역 또는 1천만 원 이하의 벌금에 처한다⟨「노인장기요양보험법」 제67조 제3항 제2호⟩.
> ① 「노인장기요양보험법」 제69조 제1항 제2의2호
> ② 「노인장기요양보험법」 제69조 제1항 제6호
> ③ 「노인장기요양보험법」 제69조 제1항 제3호

Answer 3.③ 4.① 5.② 6.④

7 다음 중 500만 원 이하의 과태료 부과대상자로만 묶여진 것은?

㉠ 거짓이나 그 밖의 부정한 방법으로 장기요양급여를 받거나 다른 사람으로 하여금 장기요양급여를 받게 한 자

㉡ 거짓이나 그 밖의 부정한 방법으로 장기요양급여비용 청구에 가담한 사람

㉢ 노인장기요양보험 또는 이와 유사한 용어를 사용한 자

㉣ 업무수행 중 알게 된 비밀을 누설한 자

㉤ 폐업·휴업 신고 또는 자료이관을 하지 아니하거나 거짓이나 그 밖의 부정한 방법으로 신고한 자

---

① ㉠㉡㉢

② ㉠㉢㉤

③ ㉡㉢㉣

④ ㉡㉢㉤

TIP ㉠ 「노인장기요양보험법」 제67조 제3항 제2호
㉡ 「노인장기요양보험법」 제69조 제1항 제8호
㉢ 「노인장기요양보험법」 제69조 제1항 제9호
㉣ 「노인장기요양보험법」 제67조 제2항 제5호
㉤ 「노인장기요양보험법」 제69조 제1항 제4호

※ 500만 원 이하의 과태료 부과〈「노인장기요양보험법」 제69조 제1항〉
㉠ 변경지정을 받지 아니하거나 변경신고를 하지 아니한 자 또는 거짓이나 그 밖의 부정한 방법으로 변경지정을 받거나 변경신고를 한 자
㉡ 장기요양기관에 관한 정보를 게시하지 아니하거나 거짓으로 게시한 자
㉢ 수급자에게 장기요양급여비용에 대한 명세서를 교부하지 아니하거나 거짓으로 교부한 자
㉣ 장기요양급여 제공 자료를 기록·관리하지 아니하거나 거짓으로 작성한 사람
㉤ 장기요양요원의 보호 규정에서 다음 행위를 위반한 자
  • 장기요양요원에게 급여외행위의 제공을 요구하는 행위
  • 수급자가 부담하여야 할 본인부담금의 전부 또는 일부를 부담하도록 요구하는 행위
㉥ 장기요양요원의 보호 규정에서 적절한 조치를 하지 아니한 자
㉦ 폐업·휴업 신고 또는 자료이관을 하지 아니하거나 거짓이나 그 밖의 부정한 방법으로 신고한 자
㉧ 행정제재처분을 받았거나 그 절차가 진행 중인 사실을 양수인등에게 지체 없이 알리지 아니한 자
㉨ 거짓이나 그 밖의 부정한 방법으로 수급자에게 장기요양급여비용을 부담하게 한 자
㉩ 보고 또는 자료제출 요구·명령에 따르지 아니하거나 거짓으로 보고 또는 자료제출을 한 자나 질문 또는 검사를 거부·방해 또는 기피하거나 거짓으로 답변한 자
  ※ 장기요양기관 및 의료기관은 제외한다.
㉪ 거짓이나 그 밖의 부정한 방법으로 장기요양급여비용 청구에 가담한 사람
㉫ 노인장기요양보험 또는 이와 유사한 용어를 사용한 자

8　다음 중 과태료를 부과·징수할 수 있는 사람은?

① 보건복지부장관

② 특별자치시장·특별자치도지사

③ 공단 이사장

④ 장기요양기관장

> **TIP** 과태료 부과·징수〈「노인장기요양보험법」 제69조 제3항〉 ··· 과태료는 대통령령으로 정하는 바에 따라 관할 특별자치시장·특별자치도지사·시장·군수·구청장이 부과·징수한다.

Answer　7.④　8.②

PART

III

실전 모의고사

1 다음 (   ) 안에 알맞은 것은?

> 노인장기요양보험법은 고령이나 노인성 질병 등의 사유로 일상생활을 혼자서 수행하기 어려운
> (   )에게 제공하는 신체활동 또는 가사활동 지원 등의 장기요양급여에 관한 사항을 규정하여
> (   ) 및 생활안정을 도모하고 그 가족의 부담을 덜어줌으로써 국민의 삶의 질을 향상하도록
> 함을 목적으로 한다.

① 고령자 – 노인등의 건강관리
② 국민등 – 건전한 환경
③ 노인등 – 노후의 건강증진
④ 수급자 – 건강한 활동

2 다음 용어설명을 잘못 설명하고 있는 것은?
① 노인등 : 60세 이상으로 치매 · 뇌혈관성질환을 가진 노인을 말한다.
② 장기요양급여 : 6개월 이상 동안 혼자서 일상생활을 수행하기 어렵다고 인정되는 자에게 신
　체활동 · 가사활동의 지원 또는 간병 등의 서비스나 이에 갈음하여 지급하는 현금 등을 말
　한다.
③ 장기요양기관 : 장기요양기관의 지정을 받은 기관으로서 장기요양급여를 제공하는 기관을 말
　한다.
④ 장기요양요원 : 장기요양기관에 소속되어 노인등의 신체활동 또는 가사활동 지원 등의 업무
　를 수행하는 자를 말한다.

3 다음 중 국가 및 지방자치단체의 책무 등에 대한 설명으로 옳지 않은 것은?

① 국가 및 지방자치단체는 노인성질환예방사업을 실시하여야 한다.

② 국가는 노인성질환예방사업을 수행하는 지방자치단체와 공단에 대하여 소요되는 비용을 지원할 수 있다.

③ 지방자치단체는 지역의 특성에 맞는 장기요양사업의 표준을 개발·보급할 수 있다.

④ 지방자치단체는 장기요양급여가 원활히 제공될 수 있도록 요양기관에 필요한 재정적 지원을 할 수 있다.

1 노인장기요양보험법은 고령이나 노인성 질병 등의 사유로 일상생활을 혼자서 수행하기 어려운 노인등에게 제공하는 신체 활동 또는 가사활동 지원 등의 장기요양급여에 관한 사항을 규정하여 노후의 건강증진 및 생활안정을 도모하고 그 가족의 부담을 덜어줌으로써 국민의 삶의 질을 향상하도록 함을 목적으로 한다〈「노인장기요양보험법」 제1조〉.

2 ① 노인등 이란 65세 이상의 노인 또는 65세 미만의 자로서 치매·뇌혈관성질환 등 대통령령으로 정하는 노인성 질병을 가진 자를 말한다〈「노인장기요양보험법」 제2조 제1호〉.

3 ④ 국가 및 지방자치단체는 장기요양급여가 원활히 제공될 수 있도록 공단에 필요한 행정적 또는 재정적 지원을 할 수 있다〈「노인장기요양보험법」 제4조 제4항〉.
① 「노인장기요양보험법」 제4조 제1항
② 「노인장기요양보험법」 제4조 제2항
③ 「노인장기요양보험법」 제4조 제6항

TIP 1.③ 2.① 3.④

4   다음 설명 중 (   ) 안에 적절한 것은?

> 국가는 장기요양기본계획을 수립·시행함에 있어서 노인뿐만 아니라 (   ) 등 일상생활을 혼자
> 서 수행하기 어려운 모든 국민이 장기요양급여, (   ) 등을 제공받을 수 있도록 노력하고 나아
> 가 이들의 생활안정과 자립을 지원할 수 있는 시책을 강구하여야 한다.

① 독거인 – 사회보장급여
② 장애인 – 신체활동지원서비스
③ 노인성 치매질환 – 노인장기요양급여
④ 뇌혈관성질환 – 사회복지지원서비스

5   다음 중 장기요양기본계획에 대한 설명으로 옳지 않은 것은?

① 장기요양기본계획은 보건복지부장관이 수립·시행한다.
② 장기요양기본계획 5년 단위로 수립·시행하여야 한다.
③ 지방자치단체의 장이 세부시행계획을 수립한다.
④ 장기요양기본계획의 세부시행계획의 수립·시행에 관한 사항은 대통령령으로 정한다.

6   다음 중 장기요양인정의 신청에 대한 설명으로 옳지 않은 것은?

① 장기요양인정 신청인은 공단에 장기요양인정신청서를 제출하여야 한다.
② 장기요양인정을 신청할 때에는 신청서와 의사소견서를 함께 제출하여야 한다.
③ 공단은 신청서가 접수되면 신청인의 심신상태 등을 조사한다.
④ 거동이 현저하게 불편사람은 의사소견서를 제출하지 아니할 수 있다.

7 다음에서 장기요양인정에 대한 설명 중 옳은 것만 모두 고르면?

ⓐ 장기요양인정서는 등급판정위원회가 장기요양인정 및 등급판정의 심의를 완료한 경우에 공단이 수급자에게 송부하여야 한다.
ⓑ 장기요양인정의 유효기간은 최소 1년 이상으로 정한다.
ⓒ 장기요양인정의 갱신 신청은 유효기간이 만료되기 전 30일까지 완료하여야 한다.
ⓓ 장기요양급여를 받고 있는 수급자는 장기요양등급, 장기요양급여의 종류 또는 내용을 변경하여 장기요양급여를 받고자 하는 경우 공단에 변경신청을 하여야 한다.

---

① ㉠㉡
② ㉠㉡㉢
③ ㉡㉢㉣
④ ㉠㉡㉢㉣

---

4 **장기요양급여에 관한 국가정책방향** ··· 국가는 장기요양기본계획을 수립 · 시행함에 있어서 노인뿐만 아니라 장애인 등 일상생활을 혼자서 수행하기 어려운 모든 국민이 장기요양급여, 신체활동지원서비스 등을 제공받을 수 있도록 노력하고 나아가 이들의 생활안정과 자립을 지원할 수 있는 시책을 강구하여야 한다〈「노인장기요양보험법」 제5조〉.

5 ④ 지방자치단체의 장은 제1항에 따른 장기요양기본계획에 따라 세부시행계획을 수립 · 시행하여야 한다〈「노인장기요양보험법」 제6조 제2항〉.
①② 「노인장기요양보험법」 제6조 제1항
③ 「노인장기요양보험법」 제6조 제2항

6 ② 장기요양인정을 신청하는 자는 공단에 보건복지부령으로 정하는 바에 따라 장기요양인정신청서에 의사 또는 한의사가 발급하는 소견서(의사소견서)를 첨부하여 제출하여야 한다. 다만, 의사소견서는 공단이 등급판정위원회에 자료를 제출하기 전까지 제출할 수 있다〈「노인장기요양보험법」 제13조 제1항〉.
① 「노인장기요양보험법」 제13조 제1항
③ 「노인장기요양보험법」 제14조 제1항
④ 「노인장기요양보험법」 제13조 제2항

7 ㉠ 「노인장기요양보험법」 제17조 제1항
㉡ 「노인장기요양보험법」 제19조 제1항
③ 「노인장기요양보험법」 제20조 제2항
④ 「노인장기요양보험법」 제21조 제1항

TIP 4.② 5.④ 6.② 7.④

8 다음에서 설명하고 있는 장기요양급여는?

> 수급자를 하루 중 일정한 시간 동안 장기요양기관에 보호하여 신체활동 지원 및 심신기능의 유지 · 향상을 위한 교육 · 훈련 등을 제공하는 장기요양급여를 말한다.

① 시설급여
② 단기보호급여
③ 방문간호급여
④ 주 · 야간보호급여

9 다음은 장기요양급여의 제한에 관한 설명이다. ( ) 안에 알맞은 것은?

> 공단은 장기요양급여를 받고 있거나 받을 수 있는 자가 장기요양기관이 거짓이나 그 밖의 부정한 방법으로 장기요양급여비용을 받는 데에 가담한 경우 장기요양급여를 중단하거나 ( )의 범위에서 장기요양급여의 횟수 또는 제공 기간을 제한할 수 있다.

① 3개월
② 6개월
③ 1년
④ 3년

10 다음에서 장기요양기관 지정시 결격사유에 해당하는 것을 모두 고르면?

㉠ 피한정후견인
㉡ 파산선고를 받고 복권되지 아니한 사람
㉢ 미성년자, 피성년후견인
㉣ 금고 이상의 실형을 선고받고 그 집행이 면제된 날부터 2년이 경과되지 아니한 사람
㉤ 금고 이상의 형의 집행유예를 선고받고 그 유예기간 중에 있는 사람

---

① ㉠㉡㉢
② ㉠㉡㉢㉤
③ ㉡㉣㉤㉥
④ ㉠㉡㉢㉣㉤

---

8 ① **시설급여** : 장기요양기관에 장기간 입소한 수급자에게 신체활동 지원 및 심신기능의 유지·향상을 위한 교육·훈련 등을 제공하는 장기요양급여를 말한다〈「노인장기요양보험법」 제23조 제1항 제2호〉.
  ② **단기보호급여** : 수급자를 보건복지부령으로 정하는 범위 안에서 일정 기간 동안 장기요양기관에 보호하여 신체활동 지원 및 심신기능의 유지·향상을 위한 교육·훈련 등을 제공하는 장기요양급여를 말한다〈「노인장기요양보험법」 제23조 제1항 제1호 마목〉.
  ③ **방문간호급여** : 장기요양요원인 간호사 등이 의사, 한의사 또는 치과의사의 방문간호지시서에 따라 수급자의 가정 등을 방문하여 간호, 진료의 보조, 요양에 관한 상담 또는 구강위생 등을 제공하는 장기요양급여를 말한다〈「노인장기요양보험법」 제23조 제1항 제1호 다목〉.

9 공단은 장기요양급여를 받고 있거나 받을 수 있는 자가 장기요양기관이 거짓이나 그 밖의 부정한 방법으로 장기요양급여비용을 받는 데에 가담한 경우 장기요양급여를 중단하거나 1년의 범위에서 장기요양급여의 횟수 또는 제공 기간을 제한할 수 있다〈「노인장기요양보험법」 제29조 제2항〉.

10 **장기요양기관 결격사유**〈「노인장기요양보험법」 제32조의2〉
  ㉠ 미성년자, 피성년후견인 또는 피한정후견인
  ㉡ 정신질환자
  ㉢ 마약류에 중독된 사람
  ㉣ 파산선고를 받고 복권되지 아니한 사람
  ㉤ 금고 이상의 실형을 선고받고 그 집행이 종료(집행이 종료된 것으로 보는 경우를 포함)되거나 집행이 면제된 날부터 5년이 경과되지 아니한 사람
  ㉥ 금고 이상의 형의 집행유예를 선고받고 그 유예기간 중에 있는 사람
  ㉦ 대표자가 ㉠~㉥까지의 규정 중 어느 하나에 해당하는 법인

TIP 8.④ 9.③ 10.②

제1회 실전 모의고사 ▌169

11 폐쇄회로 텔레비전을 설치·관리하는 자가 정보주체의 권리가 침해되지 아니하도록 준수하여야
하는 사항으로 옳지 않은 것은?

① 노인학대 방지 등 수급자의 안전과 장기요양기관의 보안을 위하여 필요시 목적 외의 용도
로 활용하여 사용할 것
② 노인학대 방지 등 수급자의 안전과 장기요양기관의 보안을 위하여 최소한의 영상정보만을
적법하고 정당하게 수집 할 것
③ 수급자 및 장기요양기관 종사자 등 정보주체의 권리가 침해받을 가능성과 그 위험 정도를
고려하여 영상정보를 안전하게 관리할 것
④ 수급자 및 장기요양기관 종사자 등 정보주체의 사생활 침해를 최소화하는 방법으로 영상정
보를 처리할 것

12 다음 중 장기요양기관이 폐업을 하려고 한다면 폐업 예정일 전 며칠까지 신고해야 하는가?

① 7일
② 15일
③ 30일
④ 90일

13 다음 중 재가 및 시설 급여비용의 청구 및 지급 등에 대한 설명으로 옳지 않은 것은?

① 장기요양기관은 수급자에게 재가급여나 시설급여를 제공한 경우 공단에 장기요양급여비용
을 청구하여야 한다.
② 공단은 장기요양기관의 장기요양급여평가 결과에 따라 장기요양급여비용을 가산하거나 감
액조정하여 지급할 수 있다.
③ 공단은 수급자에게 지급할 금액과 수급자가 납부할 징수금과 상계(相計)할 수 없다.
④ 재가 및 시설 급여비용의 심사기준, 장기요양급여비용의 가감지급의 기준, 청구절차, 지급
방법 및 지급 보류의 절차·방법 등에 관한 사항은 보건복지부령으로 정한다.

14 다음 중 장기요양위원회에 대한 설명으로 옳지 않은 것은?

① 장기요양위원회는 보건복지부장관 소속이다.
② 장기요양보험료율 등을 심의한다.
③ 위원장 1인, 부위원장 1인을 포함한 15인의 위원으로 구성한다.
④ 장기요양위원회 회의는 구성원 과반수의 출석으로 개의하고 출석위원 과반수의 찬성으로 의결한다.

---

11 폐쇄회로 텔레비전의 설치 등⟨「노인장기요양보험법」 제33조의2 제2항⟩ ⋯ 폐쇄회로 텔레비전을 설치·관리하는 자는 수급자 및 장기요양기관 종사자 등 정보주체의 권리가 침해되지 아니하도록 다음의 사항을 준수하여야 한다.
  ㉠ 노인학대 방지 등 수급자의 안전과 장기요양기관의 보안을 위하여 최소한의 영상정보만을 적법하고 정당하게 수집하고, 목적 외의 용도로 활용하지 아니하도록 할 것
  ㉡ 수급자 및 장기요양기관 종사자 등 정보주체의 권리가 침해받을 가능성과 그 위험 정도를 고려하여 영상정보를 안전하게 관리할 것
  ㉢ 수급자 및 장기요양기관 종사자 등 정보주체의 사생활 침해를 최소화하는 방법으로 영상정보를 처리할 것

12 장기요양기관의 폐업 등의 신고 등 ⋯ ① 장기요양기관의 장은 폐업하거나 휴업하고자 하는 경우 폐업이나 휴업 예정일 전 30일까지 특별자치시장·특별자치도지사·시장·군수·구청장에게 신고하여야 한다⟨「노인장기요양보험법」 제36조 제1항⟩.

13 ③ 공단은 수급자에게 지급하여야 하는 금액을 그 수급자가 납부하여야 하는 장기요양보험료 및 그 밖에 이 법에 따른 징수금과 상계(相計)할 수 있다⟨「노인장기요양보험법」 제38조 제5항⟩.
  ① 「노인장기요양보험법」 제38조 제1항
  ② 「노인장기요양보험법」 제38조 제3항
  ④ 「노인장기요양보험법」 제38조 제8항

14 ③ 장기요양위원회의 구성 ⋯ 장기요양위원회는 위원장 1인, 부위원장 1인을 포함한 16인 이상 22인 이하의 위원으로 구성한다⟨「노인장기요양보험법」 제46조 제1항⟩.
  ①② 「노인장기요양보험법」 제45조
  ④ 「노인장기요양보험법」 제47조 제1항

TIP 11.① 12.③ 13.③ 14.③

15 다음 중 장기요양위원회의 위원으로 임명 또는 위촉할 수 없는 사람은?

① 의료계를 대표하는 사람   ② 장기요양기관을 대표하는 사람
③ 약업계를 대표하는 단체   ④ 근로자단체를 대표하는 사람

16 다음 중 공단이 관장하는 업무로 옳지 않은 것은?

① 등급판정위원회의 운영 및 장기요양등급 판정
② 장기요양기관을 운영하려는 자의 장기요양급여 제공 이력
③ 장기요양인정서의 작성 및 개인별장기요양이용계획서의 제공
④ 재가 및 시설 급여비용의 심사 및 지급과 특별현금급여의 지급

17 다음 중 국민건강보험법의 공단 정관에 장기요양사업과 관련하여 포함·기재할 사항이 아닌 것
    은?

① 장기요양보험료   ② 장기요양급여
③ 장기요양사업에 관한 예산 및 결산   ④ 장기요양급여비용의 심사

18 공단은 다음에 해당하는 자에게 자료 제출을 요구할 수 있다. 다음 중 요구할 수 있는 자료가 아
    닌 것은?

┌───┐
│ ㉠ 장기요양보험가입자 또는 그 피부양자 및 의료급여수급권자   │
│ ㉡ 수급자, 장기요양기관 및 의료기관   │
└───┘

① 장기요양보험 수급자의 자격 관리
② 장기요양급여의 관리·평가
③ 장기요양보험료 산정
④ 장기요양급여 제공내용 확인

15 장기요양위원회 위원의 구성〈「노인장기요양보험법」 제46조 제2항〉… 위원장이 아닌 위원은 다음의 사람 중에서 보건복지부장관이 임명 또는 위촉한 자로 하고, 다음에 해당하는 자를 각각 동수로 구성하여야 한다.

㉠ 근로자단체, 사용자단체, 시민단체(「비영리민간단체 지원법」 제2조에 따른 비영리민간단체를 말한다), 노인단체, 농어업인단체 또는 자영자단체를 대표하는 자

㉡ 장기요양기관 또는 의료계를 대표하는 자

㉢ 대통령령으로 정하는 관계 중앙행정기관의 고위공무원단 소속 공무원, 장기요양에 관한 학계 또는 연구계를 대표하는 자, 공단 이사장이 추천하는 자

16 ② 「노인장기요양보험법」 제31조(장기요양기관의 지정) 제3항 제1호에 관한 내용이다.

※ 관리운영기관 등〈「노인장기요양보험법」 제48조 제2항〉

㉠ 장기요양보험가입자 및 그 피부양자와 의료급여수급권자의 자격관리

㉡ 장기요양보험료의 부과 · 징수

㉢ 신청인에 대한 조사

㉣ 등급판정위원회의 운영 및 장기요양등급 판정

㉤ 장기요양인정서의 작성 및 개인별장기요양이용계획서의 제공

㉥ 장기요양급여의 관리 및 평가

㉦ 수급자 및 그 가족에 대한 정보제공 · 안내 · 상담 등 장기요양급여 관련 이용지원에 관한 사항

㉧ 재가 및 시설 급여비용의 심사 및 지급과 특별현금급여의 지급

㉨ 장기요양급여 제공내용 확인

㉩ 장기요양사업에 관한 조사 · 연구, 국제협력 및 홍보

㉪ 노인성질환예방사업

㉫ 이 법에 따른 부당이득금의 부과 · 징수 등

㉬ 장기요양급여의 제공기준을 개발하고 장기요양급여비용의 적정성을 검토하기 위한 장기요양기관의 설치 및 운영

㉭ 그 밖에 장기요양사업과 관련하여 보건복지부장관이 위탁한 업무

17 정관에 포함 기재할 사항〈「노인장기요양보험법」 제48조 제4항〉… 국민건강보험법 제17조에 따른 공단의 정관은 장기요양사업과 관련하여 다음 사항을 포함 · 기재한다.

㉠ 장기요양보험료

㉡ 장기요양급여

㉢ 장기요양사업에 관한 예산 및 결산

㉣ 그 밖에 대통령령으로 정하는 사항

18 자료의 제출 등〈「노인장기요양보험법」 제60조 제1항〉… 공단은 장기요양급여 제공내용 확인, 장기요양급여의 관리 · 평가 및 장기요양보험료 산정 등 장기요양사업 수행에 필요하다고 인정할 때 다음 각 호의 어느 하나에 해당하는 자에게 자료의 제출을 요구할 수 있다.

㉠ 장기요양보험가입자 또는 그 피부양자 및 의료급여수급권자

㉡ 수급자, 장기요양기관 및 의료기관

📢 **TIP** 15.③ 16.② 17.④ 18.①

19 다음 중 청문을 해야 하는 경우가 아닌 것은?

① 장기요양기관 업무정지명령
② 위반사실 등의 공표
③ 과태료 부과 처분
④ 장기요양급여 제공의 제한 처분

20 다음 중 1년 이하의 징역 또는 1천만 원 이하의 벌금에 처해지는 행위가 아닌 것은?

① 업무수행 중 알게 된 비밀을 누설하였다.
② 정당한 사유 없이 장기요양급여의 제공을 거부하였다.
③ 정당한 사유 없이 권익보호조치를 하지 않았다.
④ 다른 사람으로 하여금 장기요양급여를 받게 하였다.

19 청문〈「노인장기요양보험법」 제63조〉… 특별자치시장·특별자치도지사·시장·군수·구청장은 다음의 어느 하나에 해당하는 처분 또는 공표를 하려는 경우에는 청문을 하여야 한다.
　ⓐ 장기요양기관 지정취소 또는 업무정지명령
　ⓑ 위반사실 등의 공표
　ⓒ 장기요양급여 제공의 제한 처분

20 ⓐ은 2년 이하의 징역 또는 2천만 원 이하의 벌금이다〈「노인장기요양보험법」 제67조 제2항〉.
　※ 1년 이하의 징역 또는 1천만 원 이하의 벌금〈「노인장기요양보험법」 제67조 제3항〉
　　ⓐ 정당한 사유 없이 장기요양급여의 제공을 거부한 자
　　ⓑ 거짓이나 그 밖의 부정한 방법으로 장기요양급여를 받거나 다른 사람으로 하여금 장기요양급여를 받게 한 자
　　ⓒ 정당한 사유 없이 권익보호조치를 하지 아니한 자
　　ⓓ 수급자가 부담한 비용을 정산하지 아니한 자

🛈 **TIP**　19.③　20.①

1 다음 중 노인장기요양보험법에서 사용하는 용어를 설명한 것으로 옳은 것은?

① 노인등이란 63세 이상의 노인 또는 치매 · 뇌혈관성질환 등 노인성 질병을 가진 자를 말한다.
② 장기요양급여란 3개월 이상 혼자서 일상생활을 수행하기 어렵다고 인정되는 사람에게 간병 등에 지급하는 현금 등을 말한다.
③ 장기요양사업이란 장기요양보험료 등을 재원으로 하여 노인등에게 장기요양급여를 제공하는 사업을 말한다.
④ 장기요양기관이란 장기요양사업 신고를 한 기관으로서 장기요양급여를 제공하는 기관을 말한다.

2 다음에서 장기요양급여 제공의 기본원칙으로 적절한 것을 모두 고르면?

┌───┐
│ ㉠ 노인등의 심신상태 · 생활환경과 노인등 및 그 가족의 욕구 · 선택을 종합적으로 고려하여 필 │
│   요한 범위 안에서 이를 적정하게 제공하여야 한다.   │
│ ㉡ 노인등이 자신의 의사와 능력에 따라 최대한 자립적으로 일상생활을 수행할 수 있도록 제공 │
│   하여야 한다.   │
│ ㉢ 노인등의 심신상태나 건강 등이 악화되지 아니하도록 의료서비스와 연계하여 이를 제공하여 │
│   야 한다.   │
│ ㉣ 노인등이 가족과 함께 생활하면서 가정에서 장기요양을 받는 재가급여를 우선적으로 제공하 │
│   여야 한다.   │
└───┘

① ㉠㉡
② ㉠㉡㉢
③ ㉡㉢㉣
④ ㉠㉡㉢㉣

3　다음 중 장기요양기본계획에 포함되어야 할 사항이 아닌 것은?

① 연도별 장기요양급여 대상인원 및 재원조달 계획
② 연도별 장기요양기관 및 장기요양전문인력 관리 방안
③ 요양급여비용에 관한 사항
④ 장기요양요원의 처우에 관한 사항

1　① 노인등이란 65세 이상의 노인 또는 65세 미만의 자로서 치매·뇌혈관성질환 등 대통령령으로 정하는 노인성 질병을
　　가진 자를 말한다〈「노인장기요양보험법」 제2조 제1호〉.
　② 장기요양급여란 6개월 이상 동안 혼자서 일상생활을 수행하기 어렵다고 인정되는 자에게 신체활동·가사활동의 지원
　　또는 간병 등의 서비스나 이에 갈음하여 지급하는 현금 등을 말한다〈「노인장기요양보험법」 제2조 제2호〉.
　④ 장기요양기관이란 장기요양기관의 지정을 받은 기관으로서 장기요양급여를 제공하는 기관을 말한다〈「노인장기요양보
　　험법」 제2조 제4호〉.

2　장기요양급여 제공의 기본원칙〈「노인장기요양보험법」 제3조〉
　㉠ 장기요양급여는 노인등이 자신의 의사와 능력에 따라 최대한 자립적으로 일상생활을 수행할 수 있도록 제공하여야
　　한다.
　㉡ 장기요양급여는 노인등의 심신상태·생활환경과 노인등 및 그 가족의 욕구·선택을 종합적으로 고려하여 필요한 범
　　위 안에서 이를 적정하게 제공하여야 한다.
　㉢ 장기요양급여는 노인등이 가족과 함께 생활하면서 가정에서 장기요양을 받는 재가급여를 우선적으로 제공하여야 한
　　다.
　㉣ 장기요양급여는 노인등의 심신상태나 건강 등이 악화되지 아니하도록 의료서비스와 연계하여 이를 제공하여야 한다.

3　③은 국민건강보험종합계획의 수립시 포함 사항이다.
　①「노인장기요양보험법」 제6조 제1항 제1호
　②「노인장기요양보험법」 제6조 제1항 제2호
　④「노인장기요양보험법」 제6조 제1항 제3호

TIP　1.③　2.④　3.③

4   다음 중 장기요양보험료의 징수에 대한 설명으로 옳지 않은 것은?

① 장기요양보험료는 건강보험료와 통합하여 징수한다.
② 장기요양보험료는 공단이 징수한다.
③ 장기요양보험료와 건강보험료를 구분하여 고지하여야 한다.
④ 공단은 통합 징수한 장기요양보험료와 건강보험료를 동일회계로 관리한다.

5   다음 중 피부양자에 될 수 없는 사람은?

① 직장가입자의 직계비속과 그 배우자
② 지장가입자의 방계혈족
③ 직장가입자의 형제와 자매
④ 직장가입자의 직계존속

6   다음 중 장기요양인정 신청서를 접수했을 때 공단이 조사할 사항이 아닌 것은?

① 신청인의 심신상태
② 신청인에게 필요한 장기요양급여의 종류
③ 신청인의 가족관계
④ 신청인에게 필요한 장기요양급여의 내용

7   다음 중 자격의 변동 시기에 대한 설명으로 옳은 것은?

① 지역가입자가 다른 세대로 전입한 날
② 지역가입자가 근로자 · 공무원 또는 교직원으로 사용된 다음 날
③ 직장가입자가 다른 적용대상사업장의 사용자로 된 다음 날
④ 직장가입자인 근로자등이 그 사용관계가 끝난 날

4 ④ 공단은 통합 징수한 장기요양보험료와 건강보험료를 각각의 독립회계로 관리하여야 한다〈「노인장기요양보험법」제8조 제3항〉.
①③「노인장기요양보험법」제8조 제2항
②「노인장기요양보험법」제8조 제1항

5 적용 대상 등〈「국민건강보험법」제5조 제2항〉…피부양자는 다음에 해당하는 사람 중 직장가입자에게 주로 생계를 의존하는 사람으로서 소득 및 재산이 보건복지부령으로 정하는 기준 이하에 해당하는 사람을 말한다.
㉠ 직장가입자의 배우자
㉡ 직장가입자의 직계존속(배우자의 직계존속을 포함한다)
㉢ 직장가입자의 직계비속(배우자의 직계비속을 포함한다)과 그 배우자
㉣ 직장가입자의 형제·자매

장기요양보험가입 자격 등에 관한 준용…「국민건강보험법」제5조, 제6조, 제8조부터 제11조까지, 제69조제1항부터 제3항까지, 제76조부터 제86조까지, 제109조제1항부터 제9항까지 및 제110조는 장기요양보험가입자·피부양자의 자격취득·상실, 장기요양보험료 등의 납부·징수 및 결손처분 등에 관하여 이를 준용한다. 이 경우 "보험료"는 "장기요양보험료"로, "건강보험"은 "장기요양보험"으로, "가입자"는 "장기요양보험가입자"로 본다〈「노인장기요양보험법」제11조〉.

6 장기요양인정 신청의 조사〈「노인장기요양보험법」제14조 제1항〉
㉠ 신청인의 심신상태
㉡ 신청인에게 필요한 장기요양급여의 종류 및 내용
㉢ 그 밖에 장기요양에 관하여 필요한 사항으로서 보건복지부령으로 정하는 사항

7 자격의 변동 시기〈「국민건강보험법」제9조 제1항〉
㉠ 지역가입자가 적용대상사업장의 사용자로 되거나, 근로자·공무원 또는 교직원으로 사용된 날
㉡ 직장가입자가 다른 적용대상사업장의 사용자로 되거나 근로자등으로 사용된 날
㉢ 직장가입자인 근로자등이 그 사용관계가 끝난 날의 다음 날
㉣ 적용대상사업장에 제7조(사업장의 신고) 제2호에 따른 사유가 발생한 날의 다음 날
㉤ 지역가입자가 다른 세대로 전입한 날

장기요양보험가입 자격 등에 관한 준용〈「노인장기요양보험법」제11조〉…「국민건강보험법」제9조

🔊 **TIP** 4.④ 5.② 6.③ 7.①

8   다음에서 장기요양인정 신청 등에 대하여 대리할 수 있는 사람을 모두 고르면?

> ㉠ 수급자 본인의 가족이나 친족
> ㉡ 사회복지전담공무원
> ㉢ 치매안심센터의 장
> ㉣ 특별자치시장·특별자치도지사·시장·군수·구청장이 지정하는 자
> ㉤ 보건복지부 조사공무원
> ㉥ 수급자의 이해관계인

① ㉠㉡㉢㉣
② ㉠㉡㉣㉤㉥
③ ㉠㉡㉢㉣㉥
④ ㉠㉡㉢㉣㉤㉥

9   다음에서 설명하고 있는 요양비는?

> 공단은 수급자가 장기요양기관이 아닌 노인요양시설 등의 기관 또는 시설에서 재가급여 또는 시설급여에 상당한 장기요양급여를 받은 경우 대통령령으로 정하는 기준에 따라 해당 장기요양급여비용의 일부를 해당 수급자에게 지급할 수 있다.

① 가족요양비
② 특례요양비
③ 요양병원간병비
④ 단기보호간병비

10 다음 중 장기요양기관에 대한 설명으로 옳지 않은 것은?

① 장기요양기관을 운영하려는 자는 공단으로부터 지정을 받아야 한다.

② 피성년후견인 또는 피한정후견인은 장기요양기관으로 지정받을 수 없다.

③ 공단은 장기요양기관이 전문인 배상책임보험에 가입하지 않은 경우 장기요양기관에 지급하는 장기요양급여비용의 일부를 감액할 수 있다.

④ 거짓이나 그 밖의 부정한 방법으로 지정을 받은 경우 지정을 취소하거나 업무정지를 명할 수 있다.

8　㉠㉤「노인장기요양보험법」제22조 제1항
　　㉢㉣「노인장기요양보험법」제22조 제2항
　　㉣「노인장기요양보험법」제22조 제3항
　　※ 장기요양인정 신청 등에 대하여 대리할 수 있는 사람〈「노인장기요양보험법」제22조〉
　　　㉠ 수급자 본인의 가족이나 친족, 그 밖의 이해관계인
　　　㉡ 사회복지전담공무원
　　　㉢ 치매안심센터의 장
　　　㉣ 특별자치시장·특별자치도지사·시장·군수·구청장이 지정하는 자

9　특례요양비 … 공단은 수급자가 장기요양기관이 아닌 노인요양시설 등의 기관 또는 시설에서 재가급여 또는 시설급여에 상당한 장기요양급여를 받은 경우 대통령령으로 정하는 기준에 따라 해당 장기요양급여비용의 일부를 해당 수급자에게 특례요양비로 지급할 수 있다〈「노인장기요양보험법」제25조 제1항〉.

10　① 재가급여 또는 시설급여를 제공하는 장기요양기관을 운영하려는 자는 보건복지부령으로 정하는 장기요양에 필요한 시설 및 인력을 갖추어 소재지를 관할 구역으로 하는 특별자치시장·특별자치도지사·시장·군수·구청장으로부터 지정을 받아야 한다〈「노인장기요양보험법」제31조 제1항〉.
　　② 「노인장기요양보험법」제32조의2 제1호
　　③ 「노인장기요양보험법」제35조의5 제2항
　　④ 「노인장기요양보험법」제37조 제1항

TIP　8.③　9.②　10.①

11 장기요양기관 지정의 유효기간은?

① 1년
② 3년
③ 5년
④ 6년

12 다음에 해당하는 장기요양기관에게 업무정지를 명할 경우 업무정지의 최대 기간은?

ㄱ 요양기관의 지정기준에 적합하지 아니한 경우
ㄴ 장기요양급여를 거부한 경우
ㄷ 수급자를 소개, 알선 또는 유인하는 행위 및 이를 조장하는 행위를 한 경우

① 3개월
② 6개월
③ 9개월
④ 12개월

13 다음 중 업무정지명령을 갈음하여 부과되는 과징금의 최대 금액은?

① 1천만 원 이하
② 5천만 원 이하
③ 1억 원 이하
④ 2억 원 이하

14 다음 ( ) 안에 알맞은 것은?

> ### 장기요양급여 제공의 제한
>
> 특별자치시장·특별자치도지사·시장·군수·구청장은 장기요양기관의 종사자가 거짓이나 그 밖의 부정한 방법으로 재가급여비용 또는 시설급여비용을 청구하는 행위에 가담한 경우 해당 종사자가 장기요양급여를 제공하는 것을 ( )의 범위에서 제한하는 처분을 할 수 있다.

① 3개월

② 6개월

③ 9개월

④ 1년

---

11 장기요양기관 지정의 유효기간 ··· 장기요양기관 지정의 유효기간은 지정을 받은 날부터 6년으로 한다〈「노인장기요양보험법」 제32조의3〉.

12 장기요양기관 지정의 취소등 ··· 장기요양기관이 위에 해당하는 경우 특별자치시장·특별자치도지사·시장·군수·구청장은 장기요양기관의 지정을 취소하거나 6개월의 범위에서 업무정지를 명할 수 있다〈「노인장기요양보험법」 제37조 제1항〉.

13 과징금의 부과 ··· 특별자치시장·특별자치도지사·시장·군수·구청장은 업무정지명령을 하여야 하는 경우로서 그 업무정지가 해당 장기요양기관을 이용하는 수급자에게 심한 불편을 줄 우려가 있는 등 보건복지부장관이 정하는 특별한 사유가 있다고 인정되는 경우에는 업무정지명령을 갈음하여 2억 원 이하의 과징금을 부과할 수 있다〈「노인장기요양보험법」 제37조의2 제1항〉.

14 장기요양급여 제공의 제한 ··· 특별자치시장·특별자치도지사·시장·군수·구청장은 장기요양기관의 종사자가 거짓이나 그 밖의 부정한 방법으로 재가급여비용 또는 시설급여비용을 청구하는 행위에 가담한 경우 해당 종사자가 장기요양급여를 제공하는 것을 1년의 범위에서 제한하는 처분을 할 수 있다〈「노인장기요양보험법」 제37조의5 제1항〉.

TIP 11.④ 12.② 13.④ 14.④

15 다음 중 본인부담금 비율이 다른 하나는?

① 천재지변 등 보건복지부령으로 정하는 사유로 인하여 생계가 곤란한 자
② 장기요양급여의 월 한도액을 초과하는 장기요양급여
③ 의료급여법 제3조제1항제2호부터 제9호까지의 규정에 따른 수급권자
④ 소득 · 재산 등이 보건복지부장관이 정하여 고시하는 일정 금액 이하인 자

16 다음 중 공단이 관장하는 업무가 아닌 것은?

① 장기요양보험료의 부과 · 징수
② 신청인에 대한 조사
③ 장기요양급여의 관리 및 평가
④ 건강보험에 관한 조사연구 및 국제협력

17 다음은 등급판정위원회에 대한 설명이다. 옳지 않은 것은?

① 등급판정위원회는 장기요양인정 및 장기요양등급 판정 등을 심의한다.
② 등급판정위원회 위원장은 복지부장관이 위촉한다.
③ 등급판정위원회는 특별자치시 · 특별자치도 · 시 · 군 · 구 단위로 설치한다.
④ 등급판정위원회는 위원장 1인을 포함하여 15인의 위원으로 구성한다.

18 다음 중 심사청구에 대한 설명으로 옳지 않은 것은?

① 공단의 처분에 이의가 있는 사람은 공단에 심사청구를 하여야 한다.
② 심사청구는 장기요양인정 · 장기요양등급 · 장기요양급여 · 부당이득 · 장기요양급여비용 또는
   장기요양보험료 등에 이의가 있는 경우에 할 수 있다.
③ 심사청구는 그 처분이 있음을 안 날부터 90일 이내에 문서로 하여야 한다.
④ 심사위원회는 위원장 1명을 포함한 50명 이내의 의원으로 구성한다.

15 ②의 장기요양급여에 대한 비용은 수급자 본인이 전부 부담한다〈「노인장기요양보험법」제40조 제3항〉.

①③④에 해당하는 자에 대해서는 본인부담금의 100분의 60의 범위에서 보건복지부장관이 정하는 바에 따라 차등하여 감경할 수 있다〈「노인장기요양보험법」제40조 제4항〉.

16 ④는 국민건강보험법상 공단의 업무이다.

※ **공단이 관장하는 장기요양사업 업무**〈「노인장기요양보험법」제48조 제2항〉

㉠ 장기요양보험가입자 및 그 피부양자와 의료급여수급권자의 자격관리

㉡ 장기요양보험료의 부과 · 징수

㉢ 신청인에 대한 조사

㉣ 등급판정위원회의 운영 및 장기요양등급 판정

㉤ 장기요양인정서의 작성 및 개인별장기요양이용계획서의 제공

㉥ 장기요양급여의 관리 및 평가

㉦ 수급자 및 그 가족에 대한 정보제공 · 안내 · 상담 등 장기요양급여 관련 이용지원에 관한 사항

㉧ 재가 및 시설 급여비용의 심사 및 지급과 특별현금급여의 지급

㉨ 장기요양급여 제공내용 확인

㉩ 장기요양사업에 관한 조사 · 연구 및 홍보

㉪ 노인성질환예방사업

㉫ 이 법에 따른 부당이득금의 부과 · 징수 등

㉬ 장기요양급여의 제공기준을 개발하고 장기요양급여비용의 적정성을 검토하기 위한 장기요양기관의 설치 및 운영

㉭ 그 밖에 장기요양사업과 관련하여 보건복지부장관이 위탁한 업무

17 ② 등급판정위원회 위원장은 위원 중에서 특별자치시장 · 특별자치도지사 · 시장 · 군수 · 구청장이 위촉한다〈「노인장기요양보험법」제53조 제1항〉.

① 「노인장기요양보험법」제52조 제1항

③ 「노인장기요양보험법」제52조 제2항

④ 「노인장기요양보험법」제52조 제3항

18 ③ 심사청구는 그 처분이 있음을 안 날부터 90일 이내에 문서(전자문서 포함)로 하여야 하며, 처분이 있은 날부터 180일을 경과하면 이를 제기하지 못한다. 다만, 정당한 사유로 그 기간에 심사청구를 할 수 없었음을 증명하면 그 기간이 지난 후에도 심사청구를 할 수 있다〈「노인장기요양보험법」제55조 제2항〉.

①② 「노인장기요양보험법」제55조 제1항

④ 「노인장기요양보험법」제55조 제4항

TIP **15.**② **16.**④ **17.**② **18.**③

19 다음 설명에서 (   ) 안에 알맞은 것은?

> 노인장기요양보험법 제58조 국가의 부담
> 국가는 매년 예산의 범위 안에서 해당 연도 장기요양보험료 예상수입액의 (   )에 상당하는 금액을 공단에 지원한다.

① 100분의 5
② 100분의 10
③ 100분의 15
④ 100분의 20

20 다음 중에서 거짓이나 그 밖의 부정한 방법으로 장기요양급여비용을 청구한 자의 벌칙은?

① 1년 이하의 징역 또는 1천만 원 이하의 벌금
② 2년 이하의 징역 또는 2천만 원 이하의 벌금
③ 3년 이하의 징역 또는 3천만 원 이하의 벌금
④ 5년 이하의 징역 또는 5천만 원 이하의 벌금

19 **국가의 부담** … 국가는 매년 예산의 범위 안에서 해당 연도 장기요양보험료 예상수입액의 100분의 20에 상당하는 금액을 공단에 지원한다〈「노인장기요양보험법」 제58조 제1항〉.

20 ③ 거짓이나 그 밖의 부정한 방법으로 장기요양급여비용을 청구한 자는 3년 이하의 징역 또는 3천만 원 이하의 벌금에 처한다〈「노인장기요양보험법」 제67조 제1항〉.

TIP 19.④ 20.③

1 다음은 노인장기요양보험법의 용어를 설명한 것이다. 옳은 것은?

> 장기요양기관에 소속되어 노인등의 신체활동 또는 가사활동 지원 등의 업무를 수행하는 사람을 말한다.

① 요양보호사
② 요양병원간병인
③ 노인요양보호사
④ 장기요양요원

2 보건복지부장관이 장기요양사업의 실태를 파악하기 위하여 조사하여야 할 사항이 아닌 것은?

① 장기요양기관에 관한 사항
② 장기요양요원의 근로조건 및 급여에 관한 사항
③ 장기요양인정에 관한 사항
④ 장기요양요원의 처우 및 규모에 관한 사항

3   다음 중 장기요양보험료에 대한 설명으로 옳지 않은 것은?

① 장기요양보험의 가입자는 국민건강보험법에 따른 가입자로 한다.
② 장기요양사업에 사용되는 비용을 충당하기 위한 장기요양보험료는 공단에서 징수한다.
③ 장기요양보험료율은 장기요양위원회의 심의를 공단이 정한다.
④ 공단은 장애인이 장기요양보험가입자인 경우 장기요양보험료의 일부를 감면할 수 있다.

---

1   ④ 장기요양요원이란 장기요양기관에 소속되어 노인등의 신체활동 또는 가사활동 지원 등의 업무를 수행하는 자를 말한다〈「노인장기요양보험법」 제2조 제4호〉.

2   보건복지부장관이 실태조사를 하여야 할 사항〈「노인장기요양보험법」 제6조의2 제1항〉
    ㉠ 장기요양인정에 관한 사항
    ㉡ 장기요양등급판정위원회의 판정에 따라 장기요양급여를 받을 사람(수급자)의 규모, 그 급여의 수준 및 만족도에 관한 사항
    ㉢ 장기요양기관에 관한 사항
    ㉣ 장기요양요원의 근로조건, 처우 및 규모에 관한 사항
    ㉤ 그 밖에 장기요양사업에 관한 사항으로서 보건복지부령으로 정하는 사항

3   ③ 장기요양보험료율은 장기요양위원회의 심의를 거쳐 대통령령으로 정한다〈「노인장기요양보험법」 제9조 제2항〉.
    ① 「노인장기요양보험법」 제7조 제3항
    ② 「노인장기요양보험법」 제8조 제1항
    ④ 「노인장기요양보험법」 제10조

🔊 TIP   1.④ 2.② 3.③

4   다음 중 가입자의 자격 상실 시기로 옳지 않은 것은?

① 국내에 거주하지 아니하게 된 날
② 국적을 잃은 날의 다음 날
③ 직장가입자의 피부양자가 된 날
④ 수급권자가 된 날

5   다음은 보험료에 대한 설명이다. 옳지 않은 것은?

① 공단은 건강보험사업에 드는 비용에 충당하기 위하여 보험료의 납부의무자로부터 보험료를 징수한다.
② 보험료는 가입자의 자격을 취득한 날이 속하는 달의 다음 달부터 가입자의 자격을 잃은 날의 전날이 속하는 달까지 징수한다.
③ 가입자의 자격을 매월 1일에 취득한 경우에는 취득한 달의 다음 달 1일부터 징수한다.
④ 보험료를 징수할 때 가입자의 자격이 변동된 경우에는 변동된 날이 속하는 달의 장기요양 보험료는 변동되기 전의 자격을 기준으로 징수한다.

6   다음은 등급판정에 대한 설명이다. 틀린 내용은?

① 공단은 신청서에 대한 조사가 완료된 때 조사결과서, 신청서, 의사소견서 등을 등급판정위원회에 제출하여야 한다.
② 등급판정위원회는 신청인이 신청자격요건을 충족하고 6개월 이상 동안 혼자서 일상생활을 수행하기 어렵다고 인정하는 경우 등급판정기준에 따라 수급자로 판정한다.
③ 등급판정위원회는 신청인이 신청서를 제출한 날부터 15일 이내에 장기요양등급판정을 완료하여야 한다.
④ 등급판정위원회는 제출된 조사 결과를 토대로 다시 수급자 등급을 조정하고 수급자 여부를 판정할 수 있다.

4 자격의 상실 시기 등〈「국민건강보험법」 제10조 제1항〉 ··· 가입자는 다음의 어느 하나에 해당하게 된 날에 그 자격을 잃는다.

ⓐ 사망한 날의 다음 날
ⓑ 국적을 잃은 날의 다음 날
ⓒ 국내에 거주하지 아니하게 된 날의 다음 날
ⓓ 직장가입자의 피부양자가 된 날
ⓔ 수급권자가 된 날
ⓕ 건강보험을 적용받고 있던 사람이 유공자등 의료보호대상자가 되어 건강보험의 적용배제신청을 한 날

  장기요양보험가입 자격 등에 관한 준용〈「노인장기요양보험법」 제11조〉 ··· 「국민건강보험법」 제10조

5 ③ 보험료는 가입자의 자격을 취득한 날이 속하는 달의 다음 달부터 가입자의 자격을 잃은 날의 전날이 속하는 달까지 징수한다. 다만, 가입자의 자격을 매월 1일에 취득한 경우에는 그 달부터 징수한다〈「국민건강보험법」 제69조 제2항〉.
  ① 「국민건강보험법」 제69조 제1항
  ② 「국민건강보험법」 제69조 제2항
  ④ 「국민건강보험법」 제69조 제3항

  장기요양보험가입 자격 등에 관한 준용〈「노인장기요양보험법」 제11조〉 ··· 「국민건강보험법」 제69조제1항부터 제3항까지

6 ③ 등급판정위원회는 신청인이 신청서를 제출한 날부터 30일 이내에 장기요양등급판정을 완료하여야 한다. 다만, 신청인에 대한 정밀조사가 필요한 경우 등 기간 이내에 등급판정을 완료할 수 없는 부득이한 사유가 있는 경우 30일 이내의 범위에서 이를 연장할 수 있다〈「노인장기요양보험법」 제16조 제1항〉.
  ① 「노인장기요양보험법」 제15조 제1항
  ② 「노인장기요양보험법」 제15조 제2항
  ④ 「노인장기요양보험법」 제15조 제5항

TIP 4.① 5.③ 6.③

7   다음 중 보험료 납부의무에 대한 설명으로 옳지 않은 것은?

① 지역가입자의 보험료는 그 가입자가 속한 세대의 지역가입자 전원이 연대하여 납부한다.
② 직장가입자의 보수월액보험료와 보수 외 소득월액보험료는 사용자가 납부한다.
③ 사용자는 보수월액보험료 중 직장가입자가 부담하여야 하는 그 달의 보험료액을 그 보수에서 공제하여 납부하여야 한다.
④ 소득이나 재산이 없는 미성년자는 납부의무를 부담하지 않는다.

8   다음에서 장기요양급여를 모두 고르면?

> ㉠ 재가급여
> ㉡ 특별현금급여
> ㉢ 시설급여
> ㉣ 단기보호
> ㉤ 특례요양비

① ㉠㉡㉢
② ㉠㉣㉤
③ ㉡㉢㉣㉤
④ ㉠㉡㉢㉣㉤

9   다음 중 가족요양비의 지급 대상으로 볼 수 없는 경우는?

① 도서·벽지 등 장기요양기관이 현저히 부족한 지역에 거주하는 경우
② 천재지변 등의 사유로 장기요양급여를 이용하기가 어렵다고 인정되는 경우
③ 노인요양시설에서 시설급여에 상당한 장기요양급여를 받은 경우
④ 신체·정신적인 사유로 가족 등으로부터 장기요양을 받아야 하는 경우

10 다음 중 장기요양기관의 지정권자는?

① 보건복지부

② 공단

③ 시장 · 군수 · 구청장

④ 관할 보건소

---

7 ② 보수월액보험료는 사용자가 납부하고 보수 외 소득월액보험료는 직장가입자가 납부한다.

①④ 「국민건강보험법」 제77조 제2항

③ 「국민건강보험법」 제77조 제3항

※ **보험료 납부의무**〈「국민건강보험법」 제77조 제1항〉

　　㉠ 보수월액보험료 : 사용자가 납부한다(사업장의 사용자가 2명 이상인 때에는 그 사업장의 사용자는 해당 직장가입자의 보험료를 연대하여 납부한다.)

　　㉡ 소득월액보험료 : 직장가입자가 납부한다.

> 장기요양보험가입 자격 등에 관한 준용〈「노인장기요양보험법」 제11조〉 … 「국민건강보험법」 제77조

8 장기요양급여의 종류〈「노인장기요양보험법」 제23조 제1항〉

　㉠ **재가급여** : 방문요양, 방문목욕, 방문간호, 주 · 야간보호, 단기보호, 기타재가급여

　㉡ **시설급여**

　㉢ **특별현금급여** : 가족요양비, 특례요양비, 요양병원간병비

9 가족요양비〈「노인장기요양보험법」 제24조 제1항〉 … 공단은 다음 어느 하나에 해당하는 수급자가 가족 등으로부터 방문요양에 상당한 장기요양급여를 받은 때 대통령령으로 정하는 기준에 따라 해당 수급자에게 가족요양비를 지급할 수 있다.

　㉠ 도서 · 벽지 등 장기요양기관이 현저히 부족한 지역으로서 보건복지부장관이 정하여 고시하는 지역에 거주하는 자

　㉡ 천재지변이나 그 밖에 이와 유사한 사유로 인하여 장기요양기관이 제공하는 장기요양급여를 이용하기가 어렵다고 보건복지부장관이 인정하는 자

　㉢ 신체 · 정신 또는 성격 등 대통령령으로 정하는 사유로 인하여 가족 등으로부터 장기요양을 받아야 하는 자

10 장기요양기관의 지정 … 재가급여 시설급여를 제공하는 장기요양기관을 운영하려는 자는 보건복지부령으로 정하는 장기요양에 필요한 시설 및 인력을 갖추어 소재지를 관할 구역으로 하는 특별자치시장 · 특별자치도지사 · 시장 · 군수 · 구청장으로부터 지정을 받아야 한다〈「노인장기요양보험법」 제31조 제1항〉.

TIP 7.② 8.④ 9.③ 10.③

11 폐쇄회로 텔레비전을 설치·관리하는 자가 영상정보를 열람할 수 있는 경우로 옳지 않은 것은?

① 수급자가 자신의 생명·신체·재산상의 이익을 위하여 본인과 관련된 사항을 확인할 목적으로 열람 시기·절차 및 방법 등 보건복지부령으로 정하는 바에 따라 요청하는 경우
② 수급자의 보호자가 수급자의 안전을 확인할 목적으로 열람 시기·절차 및 방법 등 보건복지부령으로 정하는 바에 따라 요청하는 경우
③ 「개인정보 보호법」에 따른 공공기관이 「노인복지법」 등 법령에서 정하는 보호자의 안전업무 수행을 위하여 요청하는 경우
④ 범죄의 수사와 공소의 제기 및 유지, 법원의 재판업무 수행을 위하여 필요한 경우

12 장기요양요원의 보호를 위해서 장기요양기관의 장은 장기요양요원이 고충 해소를 요청하는 경우 업무의 전환 등 적절한 조치를 취해야 하는데 그에 해당하는 경우가 아닌 것은?

① 수급자가 장기요양요원에게 폭언·폭행·상해를 하는 경우
② 수급자가 부담하여야 할 본인부담금의 일부를 부담하도록 요구하는 행위
③ 수급자가 장기요양요원에게 급여외행위의 제공을 요구하는 경우
④ 수급자 및 그 가족이 장기요양요원에게 성희롱·성폭력 행위를 하는 경우

13 다음으로 인하여 행정처분을 받은 장기요양기관의 위반사실을 공표하고자 할 때 공표할 사항이 아닌 것은?

> ㉠ 장기요양급여비용을 거짓으로 청구한 금액이 1천만 원 이상인 경우
> ㉡ 거짓으로 청구한 금액이 장기요양급여비용 총액의 100분의 10 이상인 경우

① 위반 사실
② 요양기관의 명칭·사업자등록번호
③ 장기요양기관 장의 성명
④ 처분 내용

14 다음 중 장기요양급여비용 등의 산정 등에 대한 설명으로 옳지 않은 것은?

① 보건복지부장관은 매년 급여종류 및 장기요양등급 등에 따라 장기요양위원회의 심의를 거쳐 다음 연도의 재가 및 시설 급여비용과 특별현금급여의 지급금액을 공단에 통지하여야 한다.

② 보건복지부장관은 재가 및 시설 급여비용을 정할 때 대통령령으로 정하는 바에 따른다.

③ 보건복지부장관은 국가 및 지방자치단체로부터 장기요양기관의 설립비용을 지원받았는지 여부 등을 고려할 수 있다.

④ 재가 및 시설 급여비용과 특별현금급여의 지급금액의 구체적인 산정방법 및 항목 등에 관하여 필요한 사항은 보건복지부령으로 정한다.

---

11 영상정보의 열람금지 등〈「노인장기요양보험법」 제33조의3 제1항〉··· 폐쇄회로 텔레비전을 설치·관리하는 자는 다음의 어느 하나에 해당하는 경우를 제외하고는 영상정보를 열람하게 하여서는 아니 된다.
  ㉠ 수급자가 자신의 생명·신체·재산상의 이익을 위하여 본인과 관련된 사항을 확인할 목적으로 열람 시기·절차 및 방법 등 보건복지부령으로 정하는 바에 따라 요청하는 경우
  ㉡ 수급자의 보호자가 수급자의 안전을 확인할 목적으로 열람 시기·절차 및 방법 등 보건복지부령으로 정하는 바에 따라 요청하는 경우
  ㉢ 「개인정보 보호법」 제2조제6호가목에 따른 공공기관이 「노인복지법」 제39조의11 등 법령에서 정하는 노인의 안전업무 수행을 위하여 요청하는 경우
  ㉣ 범죄의 수사와 공소의 제기 및 유지, 법원의 재판업무 수행을 위하여 필요한 경우
  ㉤ 그 밖에 노인 관련 안전업무를 수행하는 기관으로서 보건복지부령으로 정하는 자가 업무의 수행을 위하여 열람 시기·절차 및 방법 등 보건복지부령으로 정하는 바에 따라 요청하는 경우

12 ②는 장기요양기관의 장이 장기요양요원에 대한 금지행위이다〈「노인장기요양보험법」 제35조의4 제2항 제2호〉.
  ※ **장기요양요원의 보호**〈「노인장기요양보험법」 제35조의4 제1항〉··· 장기요양기관의 장은 장기요양요원이 다음 어느 하나에 해당하는 경우로 인한 고충의 해소를 요청하는 경우 업무의 전환 등 대통령령으로 정하는 바에 따라 적절한 조치를 하여야 한다.
    ㉠ 수급자 및 그 가족이 장기요양요원에게 폭언·폭행·상해 또는 성희롱·성폭력 행위를 하는 경우
    ㉡ 수급자 및 그 가족이 장기요양요원에게 제28조의2제1항 각 호에 따른 급여외행위의 제공을 요구하는 경우

13 위반사실의 공표 사항〈「노인장기요양보험법」 제37조의3 제1항〉
    ㉠ 위반사실
    ㉡ 처분내용
    ㉢ 장기요양기관의 명칭·주소
    ㉣ 장기요양기관의 장의 성명
    ㉤ 그 밖에 다른 장기요양기관과의 구별에 필요한 사항으로서 대통령령으로 정하는 사항

14 ① 보건복지부장관은 매년 급여종류 및 장기요양등급 등에 따라 제45조에 따른 장기요양위원회의 심의를 거쳐 다음 연도의 재가 및 시설 급여비용과 특별현금급여의 지급금액을 정하여 고시하여야 한다〈「노인장기요양보험법」 제39조 제1항〉.
    ②③ 「노인장기요양보험법」 제39조 제2항
    ④ 「노인장기요양보험법」 제39조 제3항

TIP 11.③ 12.② 13.② 14.①

15 다음에서 장기요양위원회의 심의사항을 모두 고르면?

> ㉠ 장기요양보험료율
> ㉡ 가족요양비 및 특례요양비의 지급기준
> ㉢ 장기요양급여의 종류 및 내용
> ㉣ 요양병원간병비의 지급기준
> ㉤ 재가 및 시설 급여비용

① ㉠㉡㉢
② ㉠㉡㉣㉤
③ ㉡㉢㉣㉤
④ ㉠㉡㉢㉣㉤

16 다음 중 등급판정위원회 위원으로 위촉할 수 없는 사람은?

① 의료인
② 사회복지사
③ 특별자치시·특별자치도·시·군·구 소속 공무원
④ 의료계를 대표하는 사람

17 장기요양급여비용의 재심사청구에 대한 설명으로 옳지 않은 것은?

① 재심사청구는 심사청구에 대한 결정에 불복하는 사람이 할 수 있다.
② 심사청구에 대한 결정통지를 받은 날부터 90일 이내에 할 수 있다.
③ 재심사의 청구는 재심사위원회에 하여야 한다.
④ 재심사위원회의 구성·운영 등에 필요한 사항은 보건복지부령으로 정한다.

18 다음 중 전산매체 또는 전자문서교환방식을 이용하지 않아도 되는 것은?

① 장기요양기관의 지정신청
② 재가 · 시설 급여비용의 청구 및 지급
③ 장기요양기관의 재무 · 회계정보 처리
④ 의사소견서

---

15 장기요양위원회의 심의 사항〈「노인장기요양보험법」 제45조〉
   ㉠ 장기요양보험료율
   ㉡ 가족요양비, 특례요양비 및 요양병원간병비의 지급기준
   ㉢ 재가 및 시설 급여비용
   ㉣ 그 밖에 대통령령으로 정하는 주요 사항

16 등급판정위원회 위원 위촉〈「노인장기요양보험법」 제52조 제4항〉… 다음의 사람 중에서 특별자치시장 · 특별자치도지사 · 시장 · 군수 · 구청장이 추천한 위원은 7인, 의사 또는 한의사가 1인 이상 각각 포함되어야 한다.
   ㉠ 의료인
   ㉡ 사회복지사
   ㉢ 특별자치시 · 특별자치도 · 시 · 군 · 구 소속 공무원
   ㉣ 그 밖에 법학 또는 장기요양에 관한 학식과 경험이 풍부한 자

17 ④ 재심사위원회의 구성 · 운영, 그 밖에 필요한 사항은 대통령령으로 정한다〈「노인장기요양보험법」 제56조 제4항〉.
   ①②③ 「노인장기요양보험법」 제56조 제1항

18 전자문서의 사용 … 공단 및 장기요양기관은 장기요양기관의 지정신청, 재가 · 시설 급여비용의 청구 및 지급, 장기요양기관의 재무 · 회계정보 처리 등에 대하여 전산매체 또는 전자문서교환방식을 이용하여야 한다〈「노인장기요양보험법」 제59조 제2항〉.
   ※ 정보통신망 및 정보통신서비스 시설이 열악한 지역 등 보건복지부장관이 정하는 지역의 경우 전자문서 · 전산매체 또는 전자문서교환방식을 이용하지 아니할 수 있다〈「노인장기요양보험법」 제59조 제3항〉.

TIP 15.② 16.④ 17.④ 18.④

19 다음 중 장기요양급여의 제공 명세 및 재무·회계에 관한 사항 등의 자료 제출을 명할 수 있는
    사람은?

　　① 장기요양보험가입자

　　② 피부양자

　　③ 장기요양급여를 받은 자

　　④ 의료급여수급권자

20 다음 중 과태료 부과권자는?

　　① 보건복지부

　　② 지방자치단체장

　　③ 공단

　　④ 관할 보건소

19 ③은 장기요양급여의 제공 명세, 재무·회계에 관한 사항 등 장기요양급여에 관련된 자료의 제출을 명하거나 소속 공무원으로 하여금 관계인에게 질문을 하게 하거나 관계 서류를 검사하게 할 수 있다〈「노인장기요양보험법」 제61조 제2항〉.

   ※ ①②④에 해당하는 자에게 보수·소득이나 그 밖에 보건복지부령으로 정하는 사항의 보고 또는 자료의 제출을 명하거나 소속 공무원으로 하여금 관계인에게 질문을 하게 하거나 관계 서류를 검사하게 할 수 있다〈「노인장기요양보험법」 제61조 제1항〉.

20 **과태료 부과·징수** … 과태료는 대통령령으로 정하는 바에 따라 관할 특별자치시장·특별자치도지사·시장·군수·구청장이 부과·징수한다〈「노인장기요양보험법」 제69조 제3항〉.

TIP 19.③ 20.②

1 다음 중 노인장기요양보험법에 대한 설명으로 옳지 않은 것은?

① 노인장기요양보험법은 고령이나 노인성 질병 등의 사유로 일상생활을 혼자서 수행하기 어려운 노인등에게 제공하는 가사활동 지원 등의 장기요양급여에 관한 사항을 정한 법이다.

② 노인등이란 용어는 65세 이상의 노인 또는 65세 미만의 자로서 치매·뇌혈관성질환 등 대통령령으로 정하는 노인성 질병을 가진 사람을 말한다.

③ 장기요양보험사업은 국민건강보험공단이 관장한다.

④ 국가 및 지방자치단체는 노인성질환예방사업을 실시하여야 한다.

2 다음에서 설명하는 조사는 몇 년마다 실시하여야 하는가?

> 보건복지부장관은 장기요양사업의 실태를 파악하기 위하여 법이 정하는 사항의 조사를 정기적으로 실시하고 그 결과를 공표하여야 한다.

① 6개월

② 1년

③ 3년

④ 5년

3   다음 중 가입자와 피부양자에 대한 설명으로 틀린 것은?

① 사업장의 근로자와 사용자, 공무원, 교직원은 직장가입자가 된다.

② 가입자는 직장가입자와 지역가입자로 구분한다.

③ 고용 기간이 1개월 미만인 일용근로자도 직장가입자에 포함된다.

④ 국내에 거주하는 국민은 건강보험의 가입자 또는 피부양자가 된다.

4   다음 중 자격 변동 신고를 해야 하는 주체가 다른 하나는?

① 지역가입자가 적용대상사업장의 사용자로 된 경우

② 지역가입자가 공무원 또는 교직원으로 사용된 경우

③ 직장가입자가 다른 적용대상사업장의 사용자로 된 경우

④ 직장가입자인 근로자등이 그 사용관계가 끝난 경우

---

1   ③ 장기요양보험사업은 보건복지부장관이 관장한다. 장기요양요원이란 장기요양기관에 소속되어 노인등의 신체활동 또는 가사활동 지원 등의 업무를 수행하는 자를 말한다〈「노인장기요양보험법」 제7조 제1항〉.

2   보건복지부장관은 장기요양사업의 실태를 파악하기 위하여 3년마다 법이 정한 사항에 관한 조사를 정기적으로 실시하고 그 결과를 공표하여야 한다〈「노인장기요양보험법」 제6조의2 제1항〉.

3   가입자의 종류〈「국민건강보험법」 제6조〉
   ㉠ 가입자는 직장가입자와 지역가입자로 구분한다.
   ㉡ 모든 사업장의 근로자 및 사용자와 공무원 및 교직원은 직장가입자가 된다.
   ㉢ 지역가입자는 직장가입자와 그 피부양자를 제외한 가입자를 말한다.

   장기요양보험가입 자격 등에 관한 준용〈「노인장기요양보험법」 제11조〉 … 「국민건강보험법」 제6조

4   ①②③ 직장가입자의 사용자가 변동신고를 해야 한다.
   ④ 지역가입자의 세대주가 변동신고를 해야 한다.
   ※ 자격이 변동된 경우 직장가입자의 사용자와 지역가입자의 세대주는 다음의 구분에 따라 그 명세를 보건복지부령으로 정하는 바에 따라 자격이 변동된 날부터 14일 이내에 보험자에게 신고하여야 한다〈「국민건강보험법」 제9조 제2항〉.

   장기요양보험가입 자격 등에 관한 준용〈「노인장기요양보험법」 제11조〉 … 「국민건강보험법」 제9조9

🔊 TIP   1.③   2.③   3.③   4.④

5   그 달의 보험료에 대하여 그 다음 달에 보험료를 납부하여야 한다. 이 때 그 다음달 보험료 납부
     기한은?

   ① 5일   ② 10일
   ③ 15일   ④ 25일

6   다음은 장기요양인정에 관하여 설명한 것이다. 옳지 않은 것은?

   ① 장기요양인정을 받으려면 공단에 신청하여야 한다.
   ② 장기요양인정 신청을 하면 심사위원회는 등급판정기준에 따라 수급자 여부를 판정한다.
   ③ 공단은 등급판정위원회가 장기요양인정 및 등급판정의 심의를 완료한 경우 장기요양인정서
      를 수급자에게 송부하여야 한다.
   ④ 장기요양인정의 유효기간은 최소 1년 이상으로 한다.

7   다음 중 장기요양인정서에 포함되는 내용이 아닌 것은?

   ① 장기요양등급
   ② 장기요양급여의 종류
   ③ 장기요양급여의 보험급여 범위
   ④ 장기요양급여의 내용

8   다음 중 장기요양인정서를 작성할 경우 고려사항으로 적절하지 않은 것은?

   ① 수급자의 장기요양등급 및 생활환경
   ② 시설급여를 제공하는 경우 장기요양기관이 운영하는 시설 현황
   ③ 수급자와 그 가족의 욕구 및 선택
   ④ 장기요양기관이 운영하는 시설 및 장기요양요원 현황

9 다음 중 장기요양급여의 제공에 대한 설명으로 옳지 않은 것은?

① 수급자는 장기요양인정서와 개인별장기요양이용계획서가 도달한 날부터 장기요양급여를 받을 수 있다.

② 수급자는 장기요양인정서가 도달되기 전에는 장기요양급여를 받을 수 없다.

③ 수급자가 장기요양급여를 받으려면 장기요양기관에 장기요양인정서와 개인별장기요양이용계획서를 제시하여야 한다.

④ 장기요양기관이 공단에 전화나 인터넷 등을 통하여 수급자의 자격 등을 확인하면 장기요양급여를 받을 수 있다.

---

5 보험료의 납부기한 … 보험료 납부의무가 있는 자는 가입자에 대한 그 달의 보험료를 그 다음 달 10일까지 납부하여야 한다. 다만, 직장가입자의 보수 외 소득월액보험료 및 지역가입자의 보험료는 보건복지부령으로 정하는 바에 따라 분기별로 납부할 수 있다〈「국민건강보험법」 제78조 제1항〉.

　　장기요양보험가입 자격 등에 관한 준용〈「노인장기요양보험법」 제11조〉 … 「국민건강보험법」 제78조

6 ② 등급판정위원회는 신청인이 신청자격요건을 충족하고 6개월 이상 동안 혼자서 일상생활을 수행하기 어렵다고 인정하는 경우 심신상태 및 장기요양이 필요한 정도 등 대통령령으로 정하는 등급판정기준에 따라 수급자로 판정한다〈「노인장기요양보험법」 제15조 제2항〉.
　① 「노인장기요양보험법」 제13조 제1항
　③ 「노인장기요양보험법」 제17조 제1항
　④ 「노인장기요양보험법」 제19조 제1항

7 장기요양인정서의 기재사항〈「노인장기요양보험법」 제17조 제1항〉
　㉠ 장기요양등급
　㉡ 장기요양급여의 종류 및 내용
　㉢ 그 밖에 장기요양급여에 관한 사항으로서 보건복지부령으로 정하는 사항

8 장기요양인정서를 작성할 경우 고려사항〈「노인장기요양보험법」 제18조〉
　㉠ 수급자의 장기요양등급 및 생활환경
　㉡ 수급자와 그 가족의 욕구 및 선택
　㉢ 시설급여를 제공하는 경우 장기요양기관이 운영하는 시설 현황

9 ② 수급자는 돌볼 가족이 없는 경우 등 대통령령으로 정하는 사유가 있는 경우 신청서를 제출한 날부터 장기요양인정서가 도달되는 날까지의 기간 중에도 장기요양급여를 받을 수 있다〈「노인장기요양보험법」 제27조 제2항〉.
　① 「노인장기요양보험법」 제27조 제1항
　③④ 「노인장기요양보험법」 제27조 제3항

TIP 5.② 6.② 7.③ 8.④ 9.②

10 다음 중 장기요양기관을 지정하려는 경우 지정권자가 검토할 사항이 아닌 것은?

① 장기요양기관의 운영 계획
② 해당 지역의 장기요양보험 수급권자의 비율
③ 해당 지역의 노인인구 수
④ 치매 등 노인성질환 환자 수 및 장기요양급여 수요 등 지역 특성

11 다음 (   ) 안에 알맞은 기간은?

> 장기요양기관을 운영하는 자는 폐쇄회로 텔레비전에 기록된 영상정보를 (   ) 이상 보관하여야
> 한다.

① 15일
② 30일
③ 45일
④ 60일

12 다음 중 장기요양기관이 폐업 또는 휴업을 할 경우 신고해야 할 기관은?

① 보건복지부
② 지방자치단체
③ 공단
④ 관할 지역 보건소

13 다음 중 행정제재처분 효과의 승계 기간은 처분을 한 날로부터 언제까지 인가?

① 1년

② 3년

③ 5년

④ 7년

---

10 장기요양기관 지정시 검토사항〈「노인장기요양보험법」제31조 제3항〉

　㉠ 장기요양기관을 운영하려는 자의 장기요양급여 제공 이력

　㉡ 장기요양기관을 운영하려는 자 및 그 기관에 종사하려는 자가 노인장기요양보험법, 사회복지사업법 또는 노인복지법 등 장기요양기관의 운영과 관련된 법에 따라 받은 행정처분의 내용

　㉢ 장기요양기관의 운영 계획

　㉣ 해당 지역의 노인인구 수, 치매 등 노인성질환 환자 수 및 장기요양급여 수요 등 지역 특성

　㉤ 그 밖에 특별자치시장·특별자치도지사·시장·군수·구청장이 장기요양기관으로 지정하는 데 필요하다고 인정하여 정하는 사항

11 장기요양기관을 운영하는 자는 폐쇄회로 텔레비전에 기록된 영상정보를 60일 이상 보관하여야 한다.〈「노인장기요양보험법」제33조의2 제3항〉

12 장기요양기관의 폐업 등의 신고 등 … 장기요양기관의 장은 폐업하거나 휴업하고자 하는 경우 폐업이나 휴업 예정일 전 30일까지 특별자치시장·특별자치도지사·시장·군수·구청장에게 신고하여야 한다. 신고를 받은 특별자치시장·특별자치도지사·시장·군수·구청장은 지체 없이 신고 명세를 공단에 통보하여야 한다〈「노인장기요양보험법」제36조 제1항〉.

13 행정제재처분 과의 승계효 … 행정제재처분의 효과는 그 처분을 한 날부터 3년간 승계된다〈「노인장기요양보험법」제37조의4 제1항〉.

TIP　10.②　11.④　12.②　13.②

14 다음 중 장기요양위원회의 설치 및 기능에서 심의내용으로 옳지 않은 것은?

① 재가 및 시설 급여비용
② 장기요양보험료율
③ 보건복지부령으로 정하는 주요 사항
④ 가족요양비, 특례요양비 및 요양병원간병비의 지급 기준

15 다음 중 장기요양위원회의 구성에 대한 설명으로 옳지 않은 것은?

① 장기요양위원회는 위원장은 보건복지부차관이 된다.
② 위원은 보건복지부장관이 임명 또는 위촉한다.
③ 시민단체, 노인단체, 농어업인단체를 대표하는 자를 위원으로 임명할 수 있다.
④ 장기요양위원회 위원의 임기는 2년으로 한다.

16 다음 중 공단이 장기요양기관을 설치할 때의 고려사항이 아닌 것은?

① 지역특성
② 지역간 노인 수 비율
③ 노인인구
④ 지역 간 불균형 해소

17 다음 중 심사청구 및 재심사청구 대상이 아닌 것은?

① 장기요양인정
② 장기요양급여비용
③ 부당이득
④ 위반사실의 공표

18 다음 중 의료급여수급권자의 발급비용 중 공단이 부담하여야 할 비용이 아닌 것은?

① 의사소견서 발급비용
② 방문간호지시서 발급비용
③ 장기요양급여비용
④ 보험가입내역서 발급비용

---

14 장기요양위원회 설치 및 기능 … 다음 각 호의 사항을 심의하기 위하여 보건복지부장관 소속으로 장기요양위원회를 둔다〈「노인장기요양보험법」 제45조〉
   ㉠ 장기요양보험료율
   ㉡ 가족요양비, 특례요양비 및 요양병원간병비의 지급 기준
   ㉢ 재가 및 시설 급여 비용
   ㉣ 그 밖에 대통령령으로 정하는 주요 사항

15 ④ 장기요양위원회 위원의 임기는 3년으로 한다. 다만, 공무원인 위원의 임기는 재임기간으로 한다〈「노인장기요양보험법」 제46조 제4항〉.
   ① 「노인장기요양보험법」 제46조 제3항
   ② 「노인장기요양보험법」 제46조 제2항
   ③ 「노인장기요양보험법」 제46조 제2항 제1호

16 공단은 장기요양기관을 설치할 때 노인인구 및 지역특성 등을 고려한 지역 간 불균형 해소를 고려하여야 하고, 설치 목적에 필요한 최소한의 범위에서 이를 설치·운영하여야 한다〈「노인장기요양보험법」 제48조 제3항〉.

17 심사청구 … 장기요양인정·장기요양등급·장기요양급여·부당이득·장기요양급여비용 또는 장기요양보험료 등에 관한 공단의 처분에 이의가 있는 자는 공단에 심사청구를 할 수 있다〈「노인장기요양보험법」 제55조 제1항〉.

18 국가의 부담 … 국가와 지방자치단체는 대통령령으로 정하는 바에 따라 의료급여수급권자의 장기요양급여비용, 의사소견서 발급비용, 방문간호지시서 발급비용 중 공단이 부담하여야 할 비용 및 관리운영비의 전액을 부담한다〈「노인장기요양보험법」 제58조 제2항〉.

🔊 **TIP** 14.③ 15.④ 16.② 17.④ 18.④

19 다음 중 보고 또는 자료의 제출을 명하거나 소속 공무원으로 하여금 서류를 검사하게 할 수 있는 기관이 아닌 곳은?

① 보건복지부장관
② 특별시장 · 광역시장 · 도지사
③ 시장 · 군수 · 구청장
④ 공단

20 다음 중 범칙금이 같은 것으로 묶인 것은?

┌───┐
│ ㉠ 정당한 사유 없이 장기요양급여의 제공을 거부한 자   │
│ ㉡ 정당한 사유 없이 권익보호조치를 하지 아니한 사람   │
│ ㉢ 본인부담금을 면제 또는 감경하는 행위를 한 자   │
│ ㉣ 수급자가 부담한 비용을 정산하지 아니한 자   │
└───┘

① ㉠㉢
② ㉠㉡㉢
③ ㉠㉡㉣
④ ㉠㉡㉢㉣

19 보고 및 검사…보건복지부장관, 특별시장·광역시장·도지사 또는 특별자치시장·특별자치도지사·시장·군수·구청장은 장기요양보험가입자 등에게 보건복지부령으로 정하는 사항의 보고 또는 자료의 제출을 명하거나 소속 공무원으로 하여금 관계인에게 질문을 하게 하거나 관계 서류를 검사하게 할 수 있다〈「노인장기요양보험법」제61조 제1항 제2항〉.

20 ㉠㉡㉢은 1년 이하의 징역 또는 1천만 원 이하의 벌금이다〈「노인장기요양보험법」제67조 제3항〉.
㉢은 2년 이하의 징역 또는 2천만 원 이하의 벌금이다〈「노인장기요양보험법」제67조 제2항〉.

TIP 19.④ 20.③

1   다음 중 장기요양급여 제공의 기본원칙에 대한 설명으로 옳지 않은 것은?

① 장기요양급여는 노인등이 자신의 의사와 능력에 따라 최대한 자립적으로 일상생활을 수행할 수 있도록 제공하여야 한다.

② 장기요양급여는 노인등이 요양병원에서 가족과 함께 생활할 수 있는 장기요양급여를 우선적으로 제공하여야 한다.

③ 장기요양급여는 노인등의 심신상태·생활환경과 노인등 및 그 가족의 욕구·선택을 종합적으로 고려하여 필요한 범위 안에서 이를 적정하게 제공하여야 한다.

④ 장기요양급여는 노인등의 심신상태나 건강 등이 악화되지 아니하도록 의료서비스와 연계하여 이를 제공하여야 한다.

2   다음 장기요양보험에 대한 설명 중 옳은 것은?

① 보건복지부장관이 장기요양보험사업의 보험자가 된다.
② 공단은 장기요양보험사업을 관장한다.
③ 외국인근로자등은 장기요양보험가입자에서 제외할 수 있다.
④ 장기요양보험 가입자는 국민건강보험법의 가입자와 다르다.

3   다음 중 자격의 취득 시기가 옳지 않은 것은?

① 수급권자이었던 사람은 그 대상자에서 제외된 날
② 국내에 거주하기로 확정한 날
③ 유공자등 의료보호대상자이었던 사람은 그 대상자에서 제외된 날
④ 직장가입자의 피부양자이었던 사람은 그 자격을 잃은 날

---

1   ② 장기요양급여는 노인등이 가족과 함께 생활하면서 가정에서 장기요양을 받는 재가급여를 우선적으로 제공하여야 한
   다〈「노인장기요양보험법」 제3조 제3항〉.

2   ③ 공단은 외국인근로자 등 대통령령으로 정하는 외국인이 신청하는 경우 보건복지부령으로 정하는 바에 따라 장기요양
   보험가입자에서 제외할 수 있다〈「노인장기요양보험법」 제7조 제4항〉.
   ① 장기요양보험사업의 보험자는 공단으로 한다〈「노인장기요양보험법」 제7조 제2항〉.
   ② 장기요양보험사업은 보건복지부장관이 관장한다〈「노인장기요양보험법」 제7조 제1항〉.
   ④ 장기요양보험 가입자는 「국민건강보험법」 제5조 및 제109조에 따른 가입자로 한다〈「노인장기요양보험법」 제7조 제3
   항〉.

3   ②는 국내에 거주하게 된 날에 직장가입자 또는 지역가입자의 자격을 얻는다.
   ※ 자격의 취득 시기 등〈「국민건강보험법」 제8조 제1항〉
      ㉠ 수급권자이었던 사람은 그 대상자에서 제외된 날
      ㉡ 직장가입자의 피부양자이었던 사람은 그 자격을 잃은 날
      ㉢ 유공자등 의료보호대상자이었던 사람은 그 대상자에서 제외된 날
      ㉣ 보험자에게 건강보험의 적용을 신청한 유공자등 의료보호대상자는 그 신청한 날
   장기요양보험가입 자격 등에 관한 준용〈「노인장기요양보험법」 제11조〉 … 「국민건강보험법」 제8조

TIP   1.② 2.③ 3.②

4   다음은 노인등으로서 장기요양인정의 신청자격이 있는 사람은?

> ㉠ 장기요양보험가입자
> ㉡ 장기요양보험가입자의 피부양자
> ㉢ 의료급여수급권자

① ㉠   ② ㉠㉡
③ ㉠㉢   ④ ㉠㉡㉢

5   다음 중 장기요양인정에 대한 설명으로 틀린 것은?

① 공단은 등급판정위원회가 장기요양인정 및 등급판정의 심의를 완료하면 즉시 장기요양인정
  서를 수급자에게 송부하여야 한다.
② 공단은 등급판정위원회가 장기요양인정 및 등급판정의 심의를 완료한 경우 수급자로 판정
  받지 못한 신청인에게 그 내용 및 사유를 통보하여야 한다.
③ 공단이 발급한 장기요양인정의 유효기간은 1년으로 한다.
④ 수급자는 장기요양인정의 유효기간이 만료된 후 장기요양급여를 계속하여 받고자 하는 경
  우 공단에 장기요양인정의 갱신을 신청하여야 한다.

6   다음 장기요양급여 중에서 재가급여를 모두 고르면?

> ㉠ 방문요양
> ㉡ 주·야간보호
> ㉢ 요양병원간병
> ㉣ 단기보호
> ㉤ 방문간호

① ㉠㉡㉢
② ㉠㉣㉤
③ ㉠㉡㉣㉤
④ ㉠㉢㉣㉤

7 다음에서 급여외행위의 제공 금지사항으로만 묶인 것은?

> ㉠ 수급자의 가족만을 위한 행위
> ㉡ 수급자의 생업을 지원하는 행위
> ㉢ 수급자 가족의 생업을 지원하는 행위
> ㉣ 수급자의 일상생활에 지장이 없는 행위

① ㉠㉡
② ㉡㉣㉤
③ ㉡㉢㉣
④ ㉠㉡㉢㉣

---

4 장기요양인정의 신청자격〈「노인장기요양보험법」 제12조〉… 장기요양인정을 신청할 수 있는 자는 노인등으로서 다음 어느 하나에 해당하는 자격을 갖추어야 한다.
㉠ 장기요양보험가입자 또는 그 피부양자
㉡ 의료급여법에 따른 수급권자(의료급여수급권자)

5 ③ 장기요양인정의 유효기간은 최소 1년 이상으로서 대통령령으로 정한다〈「노인장기요양보험법」 제19조 제1항〉.
① 「노인장기요양보험법」 제17조 제1항
② 「노인장기요양보험법」 제17조 제2항
④ 「노인장기요양보험법」 제20조 제1항

6 재가급여와 특별현금급여〈「노인장기요양보험법」 제23조 제1항 제1호, 제3호〉
㉠ 재가급여 : 방문요양, 방문목욕, 방문간호, 주·야간보호, 단기보호, 기타재가급여
㉡ 특별현금급여 : 가족요양비, 특례요양비, 요양병원간병비

7 급여외행위의 제공 금지〈「노인장기요양보험법」 제28조의2 제1항〉
㉠ 수급자의 가족만을 위한 행위
㉡ 수급자 또는 그 가족의 생업을 지원하는 행위
㉢ 그 밖에 수급자의 일상생활에 지장이 없는 행위

TIP 4.④ 5.③ 6.③ 7.④

8 다음 중 장기요양요원의 보호에 대한 설명으로 옳지 않은 것은?

① 장기요양기관의 장은 장기요양요원에게 급여외행위의 제공을 요구할 수 있다.

② 장기요양기관의 장은 보건복지부령으로 정하는 바에 따라 장기요양 수급자와 그 가족에게 장기요양요원의 업무 범위, 직무상 권리와 의무 등 권익보호를 위한 사항을 안내할 수 있다.

③ 장기요양요원은 장기요양기관의 장이 적절한 조치를 하지 아니한 경우에는 장기요양기관을 지정한 특별자치시장·특별자치도지사·시장·군수·구청장에게 그 시정을 신청할 수 있다.

④ 신청을 받은 특별자치시장·특별자치도지사·시장·군수·구청장은 장기요양요원의 고충에 대한 사실확인을 위한 조사를 실시한 후 필요하다고 인정되는 경우에는 장기요양기관의 장에게 적절한 조치를 하도록 통보하여야 한다.

9 다음에서 장기요양기관 지정을 반드시 취소하여야 하는 경우를 모두 고르면?

> ㉠ 거짓이나 그 밖의 부정한 방법으로 지정을 받은 경우
> ㉡ 본인부담금을 면제하거나 감경하는 행위를 한 경우
> ㉢ 폐업 또는 휴업 신고를 하지 아니하고 1년 이상 장기요양급여를 제공하지 아니한 경우
> ㉣ 업무정지기간 중에 장기요양급여를 제공한 경우
> ㉤ 장기요양급여를 거부한 경우

① ㉠㉡㉣

② ㉠㉢㉤

③ ㉠㉢㉣

④ ㉠㉡㉢㉣㉤

8 장기요양기관의 장은 장기요양요원에게 급여외행위의 제공을 요구하는 행위를 하여서는 아니 된다.〈「노인장기요양보험법」 제35조의4 제2항〉
② 「노인장기요양보험법」 제35조의4 제3항
③ 「노인장기요양보험법」 제35조의4 제4항
④ 「노인장기요양보험법」 제35조의4 제5항

9 장기요양기관 지정의 취소 대상〈「노인장기요양보험법」 제37조 제1항〉 ··· 특별자치시장·특별자치도지사·시장·군수·구청장은 장기요양기관이 다음 각 호의 어느 하나에 해당하는 경우 그 지정을 취소하거나 6개월의 범위에서 업무정지를 명할 수 있다. 다만, 제1호, 제2호의2, 제3호의5, 제7호, 또는 제8호에 해당하는 경우에는 지정을 취소하여야 한다.
　㉠ 장기요양기관 지정의 취소 또는 업무정지 대상
　• 거짓이나 그 밖의 부정한 방법으로 지정을 받은 경우
　• 급여외행위를 제공한 경우. 다만, 장기요양기관의 장이 그 위반행위를 방지하기 위하여 해당 업무에 관하여 상당한 주의와 감독을 게을리하지 아니한 경우는 제외한다.
　• 장기요양기관 지정기준에 적합하지 아니한 경우
　• 장기요양기관 결격사유에 해당하게 된 경우. 다만, 대표자가 장기요양기관 결격사유에 해당하게 된 법인의 경우 3개월 이내에 그 대표자를 변경하는 때에는 그러하지 아니하다.
　• 장기요양급여를 거부한 경우
　• 본인부담금을 면제하거나 감경하는 행위를 한 경우
　• 수급자를 소개, 알선 또는 유인하는 행위 및 이를 조장하는 행위를 한 경우
　• 장기요양요원의 보호조치 중 어느 하나를 위반한 경우
　• 폐업 또는 휴업 신고를 하지 아니하고 1년 이상 장기요양급여를 제공하지 아니한 경우
　• 시정명령을 이행하지 아니하거나 회계부정 행위가 있는 경우
　• 정당한 사유 없이 장기요양급여의 관리·평가를 거부·방해 또는 기피하는 경우
　• 거짓이나 그 밖의 부정한 방법으로 재가 및 시설 급여비용을 청구한 경우
　• 보고 및 검사 자료제출 명령에 따르지 아니하거나 거짓으로 자료제출을 한 경우나 질문 또는 검사를 거부·방해 또는 기피하거나 거짓으로 답변한 경우
　• 장기요양기관의 종사자 등이 다음의 어느 하나에 해당하는 행위를 한 경우. 다만, 장기요양기관의 장이 그 행위를 방지하기 위하여 해당 업무에 관하여 상당한 주의와 감독을 게을리하지 아니한 경우는 제외한다.
　－수급자의 신체에 폭행을 가하거나 상해를 입히는 행위
　－수급자에게 성적 수치심을 주는 성폭행, 성희롱 등의 행위
　－자신의 보호·감독을 받는 수급자를 유기하거나 의식주를 포함한 기본적 보호 및 치료를 소홀히 하는 방임행위
　－수급자를 위하여 증여 또는 급여된 금품을 그 목적 외의 용도에 사용하는 행위
　－폭언, 협박, 위협 등으로 수급자의 정신건강에 해를 끼치는 정서적 학대행위
　• 업무정지기간 중에 장기요양급여를 제공한 경우
　• 사업자등록이나 고유번호가 말소된 경우
　㉡ 장기요양기관 지정의 취소 대상
　• 거짓이나 그 밖의 부정한 방법으로 지정을 받은 경우
　• 장기요양기관 결격사유에 해당하게 된 경우. 다만, 대표자가 장기요양기관 결격사유에 해당하게 된 법인의 경우 3개월 이내에 그 대표자를 변경하는 때에는 그러하지 아니하다.
　• 폐업 또는 휴업 신고를 하지 아니하고 1년 이상 장기요양급여를 제공하지 아니한 경우
　• 업무정지기간 중에 장기요양급여를 제공한 경우
　• 사업자등록이나 고유번호가 말소된 경우

🔊 **TIP**　8.①　9.③

10 다음 중 장기요양기관 지정의 취소 등에 대한 설명으로 옳지 않은 것은?

① 장기요양기관 지정의 취소 및 업무정지는 특별자치시장·특별자치도지사·시장·군수·구청장이 할 수 있다.
② 업무정지기간 중에 장기요양급여를 제공한 장기요양기관은 경우에는 6개월의 업무정지를 명할 수 있다.
③ 시장·군수·구청장이 지정을 취소하거나 업무정지명령을 한 경우에는 관할 특별시장·광역시장 또는 도지사를 거쳐 보건복지부장관에게 통보하여야 한다.
④ 지정취소를 받은 후 3년이 지나지 않은 자는 장기요양기관으로 지정받을 수 없다.

11 다음 중 행정제재처분 효과의 승계 대상이 아닌 자는?

① 장기요양기관을 양도한 경우 양수인
② 법인이 합병된 경우 합병으로 신설된 법인
③ 법인이 합병 후 존속하는 법인
④ 행정제재처분을 알지 못하였음을 증명할 수 있는 양수인

12 다음은 부당이득의 징수에 관한 내용으로 옳지 않은 것은?

① 공단은 거짓 보고 또는 증명에 의하거나 거짓 진단에 따라 장기요양급여가 제공된 때 거짓의 행위에 관여한 자에 대하여 장기요양급여를 받은 자와 연대하여 징수금을 납부하게 할 수 없다
② 공단은 거짓이나 그 밖의 부정한 방법으로 장기요양급여를 받은 자와 같은 세대에 속한 자에 대하여 거짓이나 그 밖의 부정한 방법으로 장기요양급여를 받은 자와 연대하여 징수금을 납부하게 할 수 있다.
③ 공단은 장기요양기관이나 의료기관이 수급자 또는 신청인으로부터 거짓이나 그 밖의 부정한 방법으로 장기요양급여비용 또는 의사소견서등 발급비용을 받은 때 해당 장기요양기관 또는 의료기관으로부터 이를 징수하여 수급자 또는 신청인에게 지체 없이 지급하여야 한다.
④ 공단은 수급자 또는 신청인에게 지급하여야 하는 금액을 그 수급자 또는 신청인이 납부하여야 하는 장기요양보험료등과 상계할 수 있다.

13 다음 중 장기요양요원지원센터에 대한 설명으로 옳지 않은 것은?

① 장기요양요원지원센터는 지방자치단체에서 설치·운영할 수 있다.

② 장기요양요원의 역량강화를 위한 교육지원 등의 업무를 수행한다.

③ 설치 등에 필요한 사항은 보건복지부령으로 정한다.

④ 장기요양요원의 복지 및 운영 등에 필요한 사항은 공단이 정한다.

---

10 ② 업무정지기간 중에 장기요양급여를 제공한 장기요양기관은 지정을 취소하여야 한다〈「노인장기요양보험법」 제37조 제
　　　1항 제7호〉.
　　　① 「노인장기요양보험법」 제37조 제1항
　　　③ 「노인장기요양보험법」 제37조 제2항
　　　④ 「노인장기요양보험법」 제37조 제8항 제1호

11 행정제재처분 효과의 승계〈「노인장기요양보험법」 제37조의4 제1항〉
　　　㉠ 장기요양기관을 양도한 경우 양수인
　　　㉡ 법인이 합병된 경우 합병으로 신설되거나 합병 후 존속하는 법인
　　　㉢ 장기요양기관 폐업 후 같은 장소에서 장기요양기관을 운영하는 자 중 종전에 행정제재처분을 받은 자(법인인 경우 그
　　　　대표자를 포함)나 그 배우자 또는 직계혈족

12 ① 「노인장기요양보험법」 제43조 제2항
　　　② 「노인장기요양보험법」 제43조 제3항
　　　③ 「노인장기요양보험법」 제43조 제4항
　　　④ 「노인장기요양보험법」 제43조 제4항

13 ④ 장기요양요원지원센터의 설치·운영 등에 필요한 사항은 보건복지부령으로 정하는 바에 따라 해당 지방자치단체의 조
　　　례로 정한다〈「노인장기요양보험법」 제47조의2 제3항〉.
　　　① 「노인장기요양보험법」 제47조의2 제1항
　　　② 「노인장기요양보험법」 제47조의2 제2항 제2호
　　　③ 「노인장기요양보험법」 제47조의2 제3항

TIP　10.②　11.④　12.①　13.④

14 다음 중 장기요양요원지원센터의 업무에 해당하지 않는 것은?

① 장기요양요원의 권리 침해에 관한 상담 및 지원
② 장기요양요원의 급여외행위 제공에 관한 교육지원
③ 장기요양요원의 역량강화를 위한 교육지원
④ 장기요양요원에 대한 건강검진 등 건강관리를 위한 사업

15 다음에서 장기요양사업에 대한 공단이 관장하는 업무만을 모두 고르면?

⊙ 노인성질환예방사업
ⓛ 장기요양급여의 관리 및 평가
ⓒ 재가 및 시설 급여비용의 심사 및 지급과 특별현금급여의 지급
ⓔ 심사위원회 운영
ⓜ 신청인에 대한 조사

① ⊙ⓛⓒⓔ
② ⊙ⓛⓒⓜ
③ ⓛⓒⓜⓗ
④ ⊙ⓛⓒⓔⓜ

16 다음 중 등급판정위원회 운영에 관한 설명으로 옳지 않은 것은?

① 공무원이 아닌 위원의 임기는 3년이며, 연임할 수 없다.
② 등급판정위원회 회의는 구성원 과반수의 출석으로 개의하고 출석위원 과반수의 찬성으로
   의결한다.
③ 의사 또는 한의사가 등급판정위원회 위원을 추천할 수 있다.
④ 등급판정위원회의 구성·운영 등에 필요한 사항은 대통령령으로 정한다.

17 다음 중 재심사위원회에 대한 설명으로 옳지 않은 것은?

① 재심사위원회는 보건복지부장관 소속이다.

② 위원장 1인을 포함한 15인 이내의 위원으로 구성한다.

③ 위원은 보건복지부장관이 임명 또는 위촉한다.

④ 위원은 관계 공무원, 법학, 그 밖에 장기요양사업 분야의 학식과 경험이 풍부한 사람 중에서 임명 또는 위촉한다.

---

14 ② 장기요양요원의 보호조치에 해당한다〈「노인장기요양보험법」제35조의4 제1항 제2호〉.
　　※ **장기요양요원지원센터의 업무**〈「노인장기요양보험법」제47조의2 제2항〉
　　　㉠ 장기요양요원의 권리 침해에 관한 상담 및 지원
　　　㉡ 장기요양요원의 역량강화를 위한 교육지원
　　　㉢ 장기요양요원에 대한 건강검진 등 건강관리를 위한 사업
　　　㉣ 그 밖에 장기요양요원의 업무 등에 필요하여 대통령령으로 정하는 사항

15 ㉣은 심사평가원에 둔다〈「국민건강보험법」제66조 제1항〉.
　　※ **공단이 관장하는 장기요양사업 업무**〈「노인장기요양보험법」제48조 제2항〉
　　　㉠ 장기요양보험가입자 및 그 피부양자와 의료급여수급권자의 자격관리
　　　㉡ 장기요양보험료의 부과·징수
　　　㉢ 신청인에 대한 조사
　　　㉣ 등급판정위원회의 운영 및 장기요양등급 판정
　　　㉤ 장기요양인정서의 작성 및 개인별장기요양이용계획서의 제공
　　　㉥ 장기요양급여의 관리 및 평가
　　　㉦ 수급자 및 그 가족에 대한 정보제공·안내·상담 등 장기요양급여 관련 이용지원에 관한 사항
　　　㉧ 재가 및 시설 급여비용의 심사 및 지급과 특별현금급여의 지급
　　　㉨ 장기요양급여 제공내용 확인
　　　㉩ 장기요양사업에 관한 조사·연구 및 홍보
　　　㉪ 노인성질환예방사업
　　　㉫ 이 법에 따른 부당이득금의 부과·징수 등
　　　㉬ 장기요양급여의 제공기준을 개발하고 장기요양급여비용의 적정성을 검토하기 위한 장기요양기관의 설치 및 운영
　　　㉭ 그 밖에 장기요양사업과 관련하여 보건복지부장관이 위탁한 업무

16 ① 등급판정위원회 위원의 임기는 3년으로 하되, 한 차례만 연임할 수 있다. 다만, 공무원인 위원의 임기는 재임기간으로 한다〈「노인장기요양보험법」제52조 제5항〉.
　　② 「노인장기요양보험법」제53조 제2항
　　③ 「노인장기요양보험법」제52조 제4항
　　④ 「노인장기요양보험법」제53조 제3항

17 ①② 재심사위원회는 보건복지부장관 소속으로 두고, 위원장 1인을 포함한 20인 이내의 위원으로 구성한다〈「노인장기요양보험법」제56조 제2항〉.
　　③④ 「노인장기요양보험법」제56조 제3항

TIP　14.②　15.②　16.①　17.②

제5회 실전 모의고사 **219**

18 다음 중 결손처분을 취소하고 체납처분을 해야 하는 경우는?

① 해당 권리에 대한 소멸시효가 완성된 경우
② 체납처분이 끝나고 체납액에 충당될 배분금액이 그 체납액에 미치지 못하는 경우
③ 압류할 수 있는 다른 재산이 있는 것을 발견한 경우
④ 징수할 가능성이 없다고 인정되는 경우로서 대통령령으로 정하는 경우

19 다음은 외국인에 대한 특례를 설명한 것이다. 틀린 것은?

① 정부는 외국 정부가 사용자인 사업장의 근로자의 건강보험에 관하여는 외국 정부와 한 합의에 따라 이를 따로 정할 수 있다.
② 적용대상사업장의 근로자로 외국인등록을 한 사람은 직장가입자가 될 수 있다.
③ 직장가입자인 국내체류 외국인의 형제 · 자매는 공단에 신청하면 피부양자가 될 수 있다.
④ 국내체류 외국인에 해당하는 지역가입자의 보험료는 매월 10일까지 납부하여야 한다.

20 다음 중 과태료 부과 금액이 다른 하나는?

① 장기요양기관에 관한 정보를 게시하지 아니하거나 거짓으로 게시한 자
② 수급자가 부담한 비용을 정산하지 아니한 자
③ 거짓이나 그 밖의 부정한 방법으로 장기요양급여비용 청구에 가담한 사람
④ 노인장기요양보험 또는 이와 유사한 용어를 사용한 자

18 ③ 공단은 결손처분을 한 후 압류할 수 있는 다른 재산이 있는 것을 발견한 때에는 지체 없이 그 처분을 취소하고 체납 처분을 하여야 한다〈「국민건강보험법」 제84조 제2항〉.

※ **결손처분**〈「국민건강보험법」 제84조 제1항〉 … 공단은 다음 어느 하나에 해당하는 사유가 있으면 재정운영위원회의 의결을 받아 보험료등을 결손처분할 수 있다.

　　㉠ 체납처분이 끝나고 체납액에 충당될 배분금액이 그 체납액에 미치지 못하는 경우

　　㉡ 해당 권리에 대한 소멸시효가 완성된 경우

　　㉢ 그 밖에 징수할 가능성이 없다고 인정되는 경우로서 대통령령으로 정하는 경우

> **장기요양보험가입 자격 등에 관한 준용**〈「노인장기요양보험법」 제11조〉 … 「국민건강보험법」 제84조

19 ④ 국내체류 외국인등에 해당하는 지역가입자의 보험료는 그 직전 월 25일까지 납부하여야 한다〈「국민건강보험법」 제109조 제8항〉.

① 「국민건강보험법」 제109조 제1항

② 「국민건강보험법」 제109조 제2항

③ 「국민건강보험법」 제109조 제4항

> **장기요양보험가입 자격 등에 관한 준용**〈「노인장기요양보험법」 제11조〉 … 「국민건강보험법」 제109조제1항부터 제9항까지

20 ②는 1년 이하의 징역 또는 1천만 원 이하의 벌금이다〈「노인장기요양보험법」 제67조 제3항〉.

①③④는 500만 원 이하의 과태료가 부과된다〈「노인장기요양보험법」 제69조 제1항〉.

※ **500만 원 이하의 과태료 부과**〈「노인장기요양보험법」 제69조 제1항〉

　　㉠ 변경지정을 받지 아니하거나 변경신고를 하지 아니한 자 또는 거짓이나 그 밖의 부정한 방법으로 변경지정을 받거나 변경신고를 한 자

　　㉡ 장기요양기관에 관한 정보를 게시하지 아니하거나 거짓으로 게시한 자

　　㉢ 수급자에게 장기요양급여비용에 대한 명세서를 교부하지 아니하거나 거짓으로 교부한 자

　　㉣ 장기요양급여 제공 자료를 기록 · 관리하지 아니하거나 거짓으로 작성한 사람

　　㉤ 장기요양요원에게 급여외행위의 제공을 요구하는 행위

　　㉥ 수급자가 부담하여야 할 본인부담금의 전부 또는 일부를 부담하도록 요구하는 행위

　　㉦ 장기요양요원의 보호에 따른 적절한 조치를 하지 아니한 자

　　㉧ 폐업 · 휴업 신고 또는 자료이관을 하지 아니하거나 거짓이나 그 밖의 부정한 방법으로 신고한 자

　　㉨ 행정제재처분을 받았거나 그 절차가 진행 중인 사실을 양수인등에게 지체 없이 알리지 아니한 자

　　㉪ 거짓이나 그 밖의 부정한 방법으로 수급자에게 장기요양급여비용을 부담하게 한 자

　　㉫ 보고 또는 자료제출 요구 · 명령에 따르지 아니하거나 거짓으로 보고 또는 자료제출을 한 자나 질문 또는 검사를 거부 · 방해 또는 기피하거나 거짓으로 답변한 자

　　㉬ 거짓이나 그 밖의 부정한 방법으로 장기요양급여비용 청구에 가담한 사람

　　㉭ 노인장기요양보험 또는 이와 유사한 용어를 사용한 자

🔷 TIP　18.③　19.④　20.②

IV

부록
암기 필수기출요약집

♣ 노인장기요양보험법의 목적 및 관리운영기관〈법 제1조〉

① 목적 … 노인장기요양보험법은 고령이나 노인성 질병 등의 사유로 일상생활을 혼자서 수행하기 어려운 노인등에게 제공하는 신체활동 또는 가사활동 지원 등의 장기요양급여에 관한 사항을 규정하여 노후의 건강증진 및 생활안정을 도모하고 그 가족의 부담을 덜어줌으로써 국민의 삶의 질을 향상하도록 함을 목적으로 함

② 관리운영기관 … 장기요양사업의 관리운영기관은 공단으로 한다〈법 제48조 제1항〉.

♣ 용어정의〈법 제2조〉

① 노인등 … 65세 이상의 노인 또는 65세 미만의 자로서 치매 · 뇌혈관성질환 등 대통령령으로 정하는 노인성 질병을 가진 자

② 장기요양급여 … 6개월 이상 동안 혼자서 일상생활을 수행하기 어렵다고 인정되는 자에게 신체활동 · 가사활동의 지원 또는 간병 등의 서비스나 이에 갈음하여 지급하는 현금 등

③ 장기요양사업 … 장기요양보험료, 국가 및 지방자치단체의 부담금 등을 재원으로 하여 노인등에게 장기요양급여를 제공하는 사업

④ 장기요양기관 … 지정을 받은 기관으로서 장기요양급여를 제공하는 기관

⑤ 장기요양요원 … 장기요양기관에 소속되어 노인등의 신체활동 또는 가사활동 지원 등의 업무를 수행하는 자

♣ 장기요양급여 제공의 기본원칙〈법 제3조〉

① 노인등이 자신의 의사와 능력에 따라 최대한 자립적으로 일상생활을 수행할 수 있도록 제공

② 노인등의 심신상태 · 생활환경과 노인등 및 그 가족의 욕구 · 선택을 종합적으로 고려하여 필요한 범위 안에서 이를 적정하게 제공

③ 노인등이 가족과 함께 생활하면서 가정에서 장기요양을 받는 재가급여를 우선적으로 제공

④ 노인등의 심신상태나 건강 등이 악화되지 아니하도록 의료서비스와 연계하여 이를 제공

♣ 국가 및 지방자치단체의 책무 등〈법 제4조〉

① 국가 및 지방자치단체는 노인이 일상생활을 혼자서 수행할 수 있는 온전한 심신상태를 유지하는데 필요한 사업(노인성질환예방사업)을 실시하여야 함

② 국가는 노인성질환예방사업을 수행하는 지방자치단체 또는 「국민건강보험법」에 따른 국민건강보험공단에 대하여 이에 소요되는 비용을 지원할 수 있음

③ 국가 및 지방자치단체는 노인인구 및 지역특성 등을 고려하여 장기요양급여가 원활하게 제공될 수 있도록 적정한 수의 장기요양기관을 확충하고 장기요양기관의 설립을 지원하여야 함

④ 국가 및 지방자치단체는 국·공립 장기요양기관을 확충하기 위하여 노력하여야 함

⑤ 국가 및 지방자치단체는 장기요양급여가 원활히 제공될 수 있도록 공단에 필요한 행정적 또는 재정적 지원을 할 수 있음

⑥ 국가 및 지방자치단체는 장기요양요원의 처우를 개선하고 복지를 증진하며 지위를 향상시키기 위하여 적극적으로 노력하여야 함

⑦ 국가 및 지방자치단체는 지역의 특성에 맞는 장기요양사업의 표준을 개발·보급할 수 있음

♣ 장기요양급여에 관한 국가정책방향〈법 제5조〉

국가는 장기요양기본계획을 수립·시행함에 있어서 노인뿐만 아니라 장애인 등 일상생활을 혼자서 수행하기 어려운 모든 국민이 장기요양급여, 신체활동지원서비스 등을 제공받을 수 있도록 노력하고 나아가 이들의 생활안정과 자립을 지원할 수 있는 시책을 강구하여야 함

♣ 장기요양기본계획〈법 제6조〉

① 수립 및 시기
  ㉠ 목적 : 노인등에 대한 장기요양급여를 원활하게 제공하기 위하여
  ㉡ 수립·시행권자 : 보건복지부장관
  ㉢ 수립시기 : 5년 단위

② 장기요양기본계획시 포함 사항
  ㉠ 연도별 장기요양급여 대상인원 및 재원조달 계획
  ㉡ 연도별 장기요양기관 및 장기요양전문인력 관리 방안
  ㉢ 장기요양요원의 처우에 관한 사항
  ㉣ 그 밖에 노인등의 장기요양에 관한 사항으로서 대통령령으로 정하는 사항

③ 세부시행계획을 수립·시행… 지방자치단체의 장

♣ 장기요양사업 실태조사〈법 제6조의2〉

① 목적 및 조사시기
  ㉠ 목적 : 장기요양사업의 실태를 파악하기 위하여
  ㉡ 조사권자 : 보건복지부장관
  ㉢ 조사시기 : 3년마다 정기적으로 실시 후 결과 공표

② 조사할 사항
  ㉠ 장기요양인정에 관한 사항
  ㉡ 등급판정위원회의 판정에 따라 장기요양급여를 받을 사람(수급자)의 규모, 그 급여의 수준 및 만족도에 관한 사항
  ㉢ 장기요양기관에 관한 사항

② 장기요양요원의 근로조건, 처우 및 규모에 관한 사항
⑩ 그 밖에 장기요양사업에 관한 사항으로서 보건복지부령으로 정하는 사항

※ 실태조사의 방법과 내용 등에 필요한 사항은 보건복지부령으로 정한다.

♣ 장기요양보험〈법 제7조〉

① 장기요양보험사업의 관장 및 보험자
　　㉠ 관장 : 보건복지부장관
　　㉡ 보험자 : 공단

② 가입자〈국민건강보험법 제5조〉
　　㉠ 국내에 거주하는 국민
　　㉡ 유공자등 의료보호대상자 중 건강보험의 적용을 보험자에게 신청한 사람
　　㉢ 건강보험을 적용받고 있던 사람이 유공자등 의료보호대상자로 되었으나 건강보험의 적용배제신청을 보험자에게
　　　하지 아니한 사람

※ 가입자 제외 대상자
　　㉠ 의료급여를 받는 사람(수급권자)
　　㉡ 의료보호를 받는 사람(유공자등 의료보호대상자)

③ 피부양자〈국민건강보험법 제5조〉
　　㉠ 직장가입자의 배우자
　　㉡ 직장가입자의 직계존속(배우자의 직계존속을 포함한다)
　　㉢ 직장가입자의 직계비속(배우자의 직계비속을 포함한다)과 그 배우자
　　② 직장가입자의 형제 · 자매

※ 피부양자 자격의 인정 기준, 취득 · 상실시기 및 그 밖에 필요한 사항은 보건복지부령으로 정한다.

④ 외국인 가입자 … 국민건강보험법 제109조(외국인 등에 대한 특례) 따른 가입자

♣ 가입자의 종류〈국민건강보험법 제6조〉

① 직장가입자 … 모든 사업장의 근로자 및 사용자와 공무원 및 교직원

※ 직장가입자 제외 대상
　　㉠ 고용 기간이 1개월 미만인 일용근로자
　　㉡ 현역병(지원에 의하지 아니하고 임용된 하사를 포함한다), 전환 복무된 사람 및 군간부후보생
　　㉢ 선거에 당선되어 취임하는 공무원으로서 매월 보수 또는 보수에 준하는 급료를 받지 아니하는 사람
　　② 그 밖에 사업장의 특성, 고용 형태 및 사업의 종류 등을 고려하여 대통령령으로 정하는 사업장의 근로자 및 사용
　　　자와 공무원 및 교직원

② 지역가입자 … 직장가입자와 그 피부양자를 제외한 가입자

♣ 건강보험 가입자의 자격취득시기 · 변동시기 · 상실시기의 비교〈국민건강보험법〉

자격의 취득 시기〈법 제8조〉	자격의 변동 시기〈법 제9조 제1항〉	자격의 상실 시기〈법 제10조〉
㉠ 국내에 거주하게 된 날 ㉡ 수급권자이었던 사람은 그 대상자에서 제외된 날 ㉢ 직장가입자의 피부양자이었던 사람은 그 자격을 잃은 날 ㉣ 유공자등 의료보호대상자이었던 사람은 그 대상자에서 제외된 날 ㉤ 보험자에게 건강보험의 적용을 신청한 유공자등 의료보호대상자는 그 신청한 날	㉠ 지역가입자가 적용대상사업장의 사용자로 되거나, 근로자 · 공무원 또는 교직원(근로자등)으로 사용된 날 ㉡ 직장가입자가 다른 적용대상사업장의 사용자로 되거나 근로자등으로 사용된 날 ㉢ 직장가입자인 근로자등이 그 사용관계가 끝난 날의 다음 날 ㉣ 적용대상사업장에 제7조제2호에 따른 사유가 발생한 날의 다음 날 ㉤ 지역가입자가 다른 세대로 전입한 날	㉠ 사망한 날의 다음 날 ㉡ 국적을 잃은 날의 다음 날 ㉢ 국내에 거주하지 아니하게 된 날의 다음 날 ㉣ 직장가입자의 피부양자가 된 날 ㉤ 수급권자가 된 날 ㉥ 건강보험을 적용받고 있던 사람이 유공자등 의료보호대상자가 되어 건강보험의 적용배제신청을 한 날

※ 신고 … 직장가입자의 사용자 및 지역가입자의 세대주는 그 명세를 보건복지부령으로 정하는 바에 따라 자격을 취득한 날부터 14일 이내에 보험자에게 신고하여야 함

※ 법무부장관 및 국방부장관은 직장가입자나 지역가입자가 군입대 또는 교도소등에 수용되는 경우 보건복지부령으로 정하는 바에 따라 그 사유에 해당된 날부터 1개월 이내에 보험자에게 알려야 함

※ **자격취득 등의 확인**〈국민건강보험법 제11조〉
  ㉠ 가입자 자격의 취득 · 변동 및 상실의 시기로 소급하여 효력 발생(보험자는 그 사실을 확인할 수 있음)
  ㉡ 가입자나 가입자이었던 사람 또는 피부양자나 피부양자이었던 사람은 취득 · 변동 · 상실 시기의 확인을 청구할 수 있음

♣ 보험료〈국민건강보험법 제69조〉

① 징수
  ㉠ 가입자의 자격을 취득한 날이 속하는 달의 다음 달부터 가입자의 자격을 잃은 날의 전날이 속하는 달까지 징수
  ㉡ 가입자의 자격을 매월 1일에 취득한 경우 또는 건강보험 적용 신청으로 가입자의 자격을 취득하는 경우에는 그 달부터 징수

② 징수기준
  ㉠ 보험료를 징수할 때 가입자의 자격이 변동된 경우에는 변동된 날이 속하는 달의 보험료는 변동되기 전의 자격을 기준으로 징수
  ㉡ 가입자의 자격이 매월 1일에 변동된 경우에는 변동된 자격을 기준으로 징수

♣ 보험료의 부담〈국민건강보험법 제76조〉

① 직장가입자의 부담비율
  ㉠ 근로자인 경우
    • 근로자 : 50%
    • 근로자가 소속되어 있는 사업장의 사업주 : 50%
  ㉡ 공무원인 경우
    • 공무원 50%
    • 공무원이 소속되어 있는 국가 또는 지방자치단체 : 50%
  ㉢ 교직원(사립학교 근무하는 교원 제외)인 경우
    • 교직원 : 50%
    • 교직원이 소속되어 있는 사립학교 설립 · 운영하는 사용자 : 50%
  ㉣ 사립학교에 근무하는 교원인 경우
    • 교원 : 50%
    • 사립학교를 설립 · 운영하는 사용자 : 30%
    • 국가 : 20%

② 보험료의 부담
  ㉠ 직장가입자 보수 외 소득월액보험료 : 직장가입자가 부담
  ㉡ 지역가입자의 보험료 : 가입자가 속한 세대의 지역가입자 전원이 연대하여 부담

♣ 보험료 납부의무〈국민건강보험법 제77조〉

① 직장가입자의 보험료
  ㉠ 보수월액보험료 : 사용자
  ㉡ 보수 외 소득월액보험료 : 직장가입자

② 지역가입자
  ㉠ 가입자가 속한 세대의 지역가입자 전원이 연대하여 납부
  ㉡ 소득 및 재산이 없는 미성년자와 소득 및 재산 등을 고려하여 대통령령으로 정하는 기준에 해당하는 미성년자는 납부의무를 면제

> ※ **보험료의 납부기한**〈국민건강보험법 제78조〉
> ㉠ 그 달의 보험료를 그 다음 달 10일까지 납부
> ㉡ 납입 고지의 송달 지연 등 보건복지부령으로 정하는 사유가 있는 경우 납부의무자의 신청에 따라 납부기한부터 1개월의 범위에서 납부기한 연장 가능

♣ 보험료등의 납입 고지〈국민건강보험법 제79조〉

① 납입 고지 기재 사항
  ㉠ 징수하려는 보험료등의 종류
  ㉡ 납부해야 하는 금액
  ㉢ 납부기한 및 장소

♣ 고액 · 상습체납자의 인적사항 공개〈국민건강보험법 제83조〉

① 공개기준
   ㉠ 납부기한의 다음 날부터 1년이 경과한 보험료 체납자
   ㉡ 연체금과 체납처분비의 총액이 1천만 원 이상인 체납자가 납부능력이 있음에도 불구하고 체납한 경우

② 공개할 수 없는 경우
   ㉠ 체납된 보험료, 연체금과 체납처분비와 관련하여 이의신청, 심판청구가 제기되거나 행정소송이 계류 중인 경우
   ㉡ 체납된 금액의 일부 납부 등 대통령령으로 정하는 사유가 있는 경우

③ 공개순서
   ㉠ 보험료정보공개심의위원회의 심의
   ㉡ 공개대상자임에게 서면 통지
   ㉢ 소명 기회 부여
   ㉣ 통지일부터 6개월 경과 후 공개대상자 선정

④ 공개방법
   ㉠ 관보 게재
   ㉡ 공단 인터넷 홈페이지에 게시

♣ 결손처분〈국민건강보험법 제84조〉

① 결손처분 … 보험료등을 결손처분할 경우 재정운영위원회의 의결을 받아야 함

② 결손처분 사유
   ㉠ 체납처분이 끝나고 체납액에 충당될 배분금액이 그 체납액에 미치지 못하는 경우
   ㉡ 해당 권리에 대한 소멸시효가 완성된 경우

③ 결손처분의 취소 … 결손처분 후 압류할 수 있는 다른 재산이 있는 것을 발견한 때에는 처분을 취소하고 체납처분을 하여야 함

※ 보험료등의 징수 순위〈국민건강보험법 제85조〉
   ㉠ 국세와 지방세를 제외한 다른 채권에 우선하여 징수
   ㉡ 보험료등의 납부기한 전에 전세권 · 질권 · 저당권 또는 담보권의 설정을 등기 또는 등록한 경우에는 우선순위에서 예외로 함

♣ 이의신청 및 심판청구

① 이의신청〈국민건강보험법 제87조〉
　㉠ 공단에 이의신청 : 가입자 및 피부양자의 자격, 보험료 등, 보험급여, 보험급여 비용에 관한 공단의 처분에 이의가 있는 자는 공단에 이의신청
　㉡ 심사평가원에 이의신청 : 요양급여비용 및 요양급여의 적정성 평가 등에 관한 심사평가원의 처분에 이의가 있는 공단, 요양기관 또는 그 밖의 자는 심사평가원에 이의신청
　㉢ 이의신청 기간
　　• 처분이 있음을 안 날부터 90일 이내에 문서로 하여야 함
　　• 처분이 있은 날부터 180일을 지나면 이의신청 제기하지 못함
　　• 정당한 사유로 그 기간에 이의신청을 할 수 없었음을 소명한 경우에는 이의신청 가능
　　※ 심사평가원에 요양급여 대상 여부의 확인 등에 대하여 이의신청을 하려면 통보받은 날부터 30일 이내에 하여야 함

② 심판청구〈국민건강보험법 제88조〉
　㉠ 청구 : 이의신청에 대한 결정에 불복하는 자는 건강보험분쟁조정위원회에 심판청구
　㉡ 청구서 제출 : 심판청구를 하려는 자는 심판청구서를 이의신청 처분을 한 공단 또는 심사평가원에 제출하거나 건강보험분쟁조정위원회에 제출

♣ 장기요양보험료의 징수〈법 제8조〉

① 목적 및 징수기관
　㉠ 목적 : 장기요양사업에 사용되는 비용의 충당
　㉡ 징수기관 : 공단

② 징수 및 관리
　㉠ 징수 : 장기요양보험료와 건강보험료를 통합하여 징수
　㉡ 고지 : 장기요양보험료와 건강보험료를 구분하여 고지
　㉢ 관리 : 장기요양보험료와 건강보험료를 각각의 독립회계로 관리

※ 장애인 등에 대한 장기요양보험료의 감면 … 공단은 장애인 또는 이와 유사한 자로서 대통령령으로 정하는 자가 장기요양보험가입자 또는 그 피부양자인 경우 수급자로 결정되지 못한 때 대통령령으로 정하는 바에 따라 장기요양보험료의 전부 또는 일부를 감면할 수 있다〈법 제10조〉.

※ 장기요양보험가입 자격 등에 관한 준용 … 「국민건강보험법」 제5조, 제6조, 제8조부터 제11조까지, 제69조제1항부터 제3항까지, 제76조부터 제86조까지, 제109조제1항부터 제9항까지 및 제110조는 장기요양보험가입자 · 피부양자의 자격취득 · 상실, 장기요양보험료 등의 납부 · 징수 및 결손처분 등에 관하여 이를 준용한다. 이 경우 "보험료"는 "장기요양보험료"로, "건강보험"은 "장기요양보험"으로, "가입자"는 "장기요양보험가입자"로 본다〈법 제11조〉.

♣ 장기요양인정의 신청

① 신청자격〈법 제12조〉
　㉠ 노인등으로 장기요양보험가입자 또는 그 피부양자
　㉡ 의료급여수급권자

② 신청〈법 제13조〉
　　㉠ 신청기관 : 공단
　　㉡ 신청서류 : 신청서, 의사소견서

※ 의사소견서
　　㉠ 공단이 등급판정위원회에 자료를 제출하기 전까지 제출할 수 있다〈법 제13조 제1항〉.
　　㉡ 거동이 현저하게 불편하거나 도서·벽지 지역에 거주하여 의료기관을 방문하기 어려운 자 등 대통령령으로 정하는 자는 의사소견서를 제출하지 아니할 수 있다〈법 제13조 제2항〉.

※ 의사소견서의 발급비용·비용부담방법·발급자의 범위, 그 밖에 필요한 사항은 보건복지부령으로 정한다.

③ 신청의 조사〈법 제14조〉
　　㉠ 조사사항
　　　• 신청인의 심신상태
　　　• 신청인에게 필요한 장기요양급여의 종류 및 내용
　　　• 그 밖에 장기요양에 관하여 필요한 사항으로서 보건복지부령으로 정하는 사항
　　※ 지리적 사정 등으로 직접 조사하기 어려운 경우 또는 조사에 필요하다고 인정하는 경우 특별자치시·특별자치도·시·군·구(자치구)에 대하여 조사를 의뢰하거나 공동으로 조사할 것을 요청할 수 있다.
　　㉡ 조사직원
　　　• 2명 이상의 공단 소속 직원
　　　• 조사하는 자는 조사일시, 장소 및 조사를 담당하는 자의 인적사항 등을 미리 신청인에게 통보

♣ 등급판정〈법 제15조〉

① 등급판정 기관
　　㉠ 조사 완료 후 서류제출 기관 : 공단
　　㉡ 공단이 등급판정위원회에 제출 서류
　　　• 조사결과서
　　　• 신청서
　　　• 의사소견서
　　　• 그 밖에 심의에 필요한 자료

② 판정기준 … 대통령령으로 정하는 등급판정기준에 따라 수급자로 판정
　　㉠ 신청자격요건을 충족 여부
　　㉡ 6개월 이상 동안 혼자서 일상생활을 수행하기 어렵다고 인정하는 경우
　　㉢ 심신상태 및 장기요양이 필요한 정도 등
　　※ 등급판정위원회는 심의·판정을 하는 때 신청인과 그 가족, 의사소견서를 발급한 의사 등 관계인의 의견을 들을 수 있다.

③ 장기요양급여를 받고 있거나 받을 수 있는 자가 다음이 의심되는 경우 재조사
　　　㉠ 거짓이나 그 밖의 부정한 방법으로 장기요양인정을 받은 경우
　　　㉡ 고의로 사고를 발생하도록 하거나 본인의 위법행위에 기인하여 장기요양인정을 받은 경우
※ 등급판정위원회는 제출된 조사 결과를 토대로 다시 수급자 등급을 조정하고 수급자 여부를 판정할 수 있다.

④ 판정기간〈법 제16조〉
  ㉠ 판정기간 : 신청인이 신청서를 제출한 날부터 30일 이내에 완료
  ㉡ 연장여부 : 신청인에 대한 정밀조사가 필요한 경우 30일 이내에서 연장 가능

※ 공단은 등급판정위원회가 장기요양인정심의 및 등급판정기간을 연장하고자 하는 경우 신청인 및 대리인에게 그 내용·사유 및 기간을 통보하여야 한다.

♣ 장기요양인정서〈법 제17조〉

① 인정서 발급
  ㉠ 발급기관 : 공단
  ㉡ 인정서에 포함사항
    • 장기요양등급
    • 장기요양급여의 종류 및 내용
    • 그 밖에 장기요양급여에 관한 사항으로서 보건복지부령으로 정하는 사항

② 미발급 신청인에게 통보
  ㉠ 통보기관 : 공단
  ㉡ 통보내용 : 미발급의 내용 및 사유
  ※ 특별자치시장·특별자치도지사·시장·군수·구청장(자치구의 구청장)은 공단에 대하여 이를 통보하도록 요청할 수 있고, 요청을 받은 공단은 이에 응하여야 한다.

③ 개인별장기요양이용계획서 작성
  ㉠ 목적 : 장기요양급여를 원활히 이용할 수 있도록
  ㉡ 작성기관 : 공단
  ㉢ 작성범위 : 장기요양급여의 월 한도액 범위 내에서 작성

※ 장기요양인정서 및 개인별장기요양이용계획서의 작성방법에 관하여 필요한 사항은 보건복지부령으로 정한다.

④ 장기요양인정서를 작성할 경우 고려사항〈법 제18조〉
  ㉠ 수급자의 장기요양등급 및 생활환경
  ㉡ 수급자와 그 가족의 욕구 및 선택
  ㉢ 시설급여를 제공하는 경우 장기요양기관이 운영하는 시설 현황

♣ 장기요양인정의 유효기간 및 변경

① 유효기간〈법 제19조〉
  ㉠ 유효기간은 최소 1년 이상으로 대통령령으로 정함
  ㉡ 유효기간의 산정방법과 그 밖에 필요한 사항은 보건복지부령으로 정함

② 갱신〈법 제20조〉
  ㉠ 신청인 : 수급자
  ㉡ 목적 : 장기요양인정의 유효기간이 만료된 후 장기요양급여를 계속하여 받고자 하는 경우
  ㉢ 신청기관 : 공단
  ㉣ 신청 유효기간 : 인정 만료되기 전 30일까지

♣ 장기요양인정 신청 등에 대한 대리〈법 제22조〉

① 대리 신청 가능자
  ㉠ 장기요양급여를 받고자 하는 자
  ㉡ 수급자가 신체적·정신적인 사유로 이 법에 따른 장기요양인정의 신청, 장기요양인정의 갱신신청 또는 장기요양등급의 변경신청 등을 직접 수행할 수 없을 때

② 대리인
  ㉠ 본인의 가족이나 친족
  ㉡ 그 밖의 이해관계인

③ 가족 동의 후 대리
  ㉠ 사회복지전담공무원
  ㉡ 치매안심센터의 장
  ※ 장기요양급여를 받고자 하는 사람 또는 수급자가 경우로 한정한다.

④ 관공서 지정 대리 … 특별자치시장·특별자치도지사·시장·군수·구청장이 지정하는 자

※ 장기요양인정신청 등의 방법 및 절차 등에 관하여 필요한 사항은 보건복지부령으로 정한다.

♣ 장기요양급여의 종류〈법 제23조〉

① 재가급여
  ㉠ **방문요양** : 장기요양요원이 수급자의 가정 등을 방문하여 신체활동 및 가사활동 등을 지원하는 장기요양급여
  ㉡ **방문목욕** : 장기요양요원이 목욕설비를 갖춘 장비를 이용하여 수급자의 가정 등을 방문하여 목욕을 제공하는 장기요양급여
  ㉢ **방문간호** : 장기요양요원인 간호사 등이 의사, 한의사 또는 치과의사의 지시서(방문간호지시서)에 따라 수급자의 가정 등을 방문하여 간호, 진료의 보조, 요양에 관한 상담 또는 구강위생 등을 제공하는 장기요양급여
  ㉣ **주·야간보호** : 수급자를 하루 중 일정한 시간 동안 장기요양기관에 보호하여 신체활동 지원 및 심신기능의 유지·향상을 위한 교육·훈련 등을 제공하는 장기요양급여
  ㉤ **단기보호** : 수급자를 보건복지부령으로 정하는 범위 안에서 일정 기간 동안 장기요양기관에 보호하여 신체활동 지원 및 심신기능의 유지·향상을 위한 교육·훈련 등을 제공하는 장기요양급여
  ㉥ **기타재가급여** : 수급자의 일상생활·신체활동 지원 및 인지기능의 유지·향상에 필요한 용구(소프트웨어를 포함)를 제공하거나 가정을 방문하여 재활에 관한 지원 등을 제공하는 장기요양급여로서 대통령령으로 정하는 것

② **시설급여** … 장기요양기관에 장기간 입소한 수급자에게 신체활동 지원 및 심신기능의 유지·향상을 위한 교육·훈련 등을 제공하는 장기요양급여

③ **특별현금급여**
  ㉠ **가족요양비** : 가족장기요양급여
  ㉡ **특례요양비** : 특례장기요양급여
  ㉢ **요양병원간병비** : 요양병원장기요양급여

※ 장기요양급여를 제공할 수 있는 장기요양기관의 종류 및 기준과 장기요양급여 종류별 장기요양요원의 범위 · 업무 · 보수교육 등에 관하여 필요한 사항은 대통령령으로 정한다.
※ 장기요양기관은 ①의 ㉠~㉤까지의 재가급여 전부 또는 일부를 통합하여 제공하는 서비스(통합재가서비스)를 제공할 수 있다
※ 통합재가서비스를 제공하는 장기요양기관은 보건복지부령으로 정하는 인력, 시설, 운영 등의 기준을 준수하여야 한다
※ 장기요양급여의 제공 기준 · 절차 · 방법 · 범위, 그 밖에 필요한 사항은 보건복지부령으로 정한다.

♣ 가족 · 특례요양비 및 요양병원간병비

① 가족요양비〈법 제24조〉
　㉠ 지급사유 : 수급자가 가족 등으로부터 방문요양에 상당한 장기요양급여를 받은 때 대통령령으로 정하는 기준에 따라 해당 수급자에게 가족요양비를 지급할 수 있음
　㉡ 지급기준
　　• 도서 · 벽지 등 장기요양기관이 현저히 부족한 지역으로서 보건복지부장관이 정하여 고시하는 지역에 거주하는 자
　　• 천재지변이나 그 밖에 이와 유사한 사유로 인하여 장기요양기관이 제공하는 장기요양급여를 이용하기가 어렵다고 보건복지부장관이 인정하는 자
　　• 신체 · 정신 또는 성격 등 대통령령으로 정하는 사유로 인하여 가족 등으로부터 장기요양을 받아야 하는 자
② 특례요양비〈법 제25조〉… 수급자가 장기요양기관이 아닌 노인요양시설 등의 기관 또는 시설에서 재가급여 또는 시설급여에 상당한 장기요양급여를 받은 경우 대통령령으로 정하는 기준에 따라 해당 장기요양급여비용의 일부를 해당 수급자에게 지급
③ 요양병원간병비〈법 제26조〉… 요양병원에 입원한 때 대통령령으로 정하는 기준에 따라 장기요양에 사용되는 비용의 일부를 요양병원간병비로 지급
※ ①②③의 지급절차와 그 밖에 필요한 사항은 보건복지부령으로 정한다.

♣ 장기요양급여의 제공〈법 제27조〉

① 수령시기
　㉠ 장기요양인정서와 개인별장기요양이용계획서가 도달한 날부터 장기요양급여 수령
　㉡ 돌볼 가족이 없는 경우 등 대통령령으로 정하는 사유가 있는 경우 신청서를 제출한 날부터 장기요양인정서가 도달되는 날까지의 기간 중에도 장기요양급여 수령가능
② 수령조건
　㉠ 장기요양기관에 장기요양인정서와 개인별장기요양이용계획서를 제시
　㉡ 장기요양기관은 공단에 전화나 인터넷 등을 통하여 그 자격 등을 확인하면 수령 가능
　※ 장기요양기관은 수급자가 제시한 장기요양인정서와 개인별장기요양이용계획서를 바탕으로 장기요양급여 제공계획서를 작성하고 수급자의 동의를 받아 그 내용을 공단에 통보하여야 한다.
※ 장기요양급여 인정 범위와 절차, 제4항에 따른 장기요양급여 제공 계획서 작성 절차에 관한 구체적인 사항 등은 대통령령으로 정한다.

♣ 급여외행위의 제공 금지〈법 제28조의2〉

① 금지 … 장기요양급여를 제공받거나 제공할 경우

② 대상 … 수급자, 장기요양기관

② 금지 사항
 ㉠ 수급자의 가족만을 위한 행위
 ㉡ 수급자 또는 그 가족의 생업을 지원하는 행위
 ㉢ 그 밖에 수급자의 일상생활에 지장이 없는 행위

※ 급여 외 행위의 범위 등에 관한 구체적인 사항은 보건복지부령으로 정한다.

♣ 장기요양급여의 제한〈법 제29조〉

① 급여의 제한
 ㉠ 제한 대상 : 장기요양급여를 받고 있는 자
 ㉡ 제한 사유
  • 정당한 사유 없이 조사나 자료의 제출 거절
  • 정당한 사유 없이 보고 및 검사 따른 요구나 답변을 거절한 경우
 ㉢ 제한 범위 : 장기요양급여의 전부 또는 일부

② 급여의 중단 및 횟수 제한
 ㉠ 중단 대상 : 장기요양급여를 받고 있거나 받을 수 있는 자
 ㉡ 중단 사유 : 장기요양기관이 거짓이나 그 밖의 부정한 방법으로 장기요양급여비용을 받는 데에 가담한 경우
 ㉢ 중단 범위 : 장기요양급여를 중단하거나 1년의 범위에서 장기요양급여의 횟수 또는 제공 기간을 제한

※ 장기요양급여의 중단 및 제한 기준과 그 밖에 필요한 사항은 보건복지부령으로 정한다.

※ 장기요양급여의 제한 등에 관한 준용〈법 제30조〉
「국민건강보험법」 제53조제1항제4호, 같은 조 제2항부터 제6항까지, 제54조 및 제109조제10항은 이 법에 따른 보험료 체납자 등에 대한 장기요양급여의 제한 및 장기요양급여의 정지에 관하여 준용한다. 이 경우 "가입자"는 "장기요양보험 가입자"로, "보험급여"는 "장기요양급여"로 본다.

♣ 장기요양기관의 지정〈법 제31조〉

① 지정
 ㉠ 신청 : 재가급여나 시설급여를 제공하는 장기요양기관을 운영하려는 자
 ㉡ 조건 : 장기요양에 필요한 시설 및 인력을 갖출 것
 ㉢ 지정권자 : 소재지 관할 특별자치시장 · 특별자치도지사 · 시장 · 군수 · 구청장
 ※ 장기요양기관으로 지정을 받을 수 있는 시설은 노인복지시설 중 대통령령으로 정하는 시설로 한다.

② 지정권자 검토사항
 ㉠ 장기요양기관을 운영하려는 자의 장기요양급여 제공 이력
 ㉡ 장기요양기관을 운영하려는 자 및 그 기관에 종사하려는 자가 이 법, 「사회복지사업법」 또는 「노인복지법」 등 장기요양기관의 운영과 관련된 법에 따라 받은 행정처분의 내용

ⓒ 장기요양기관의 운영 계획

ⓔ 해당 지역의 노인인구 수, 치매 등 노인성질환 환자 수 및 장기요양급여 수요 등 지역 특성

ⓜ 그 밖에 특별자치시장·특별자치도지사·시장·군수·구청장이 장기요양기관으로 지정하는 데 필요하다고 인정하여 정하는 사항

※ 재가급여를 제공하는 장기요양기관 중 의료기관이 아닌 자가 설치·운영하는 장기요양기관이 방문간호를 제공하는 경우에는 방문간호의 관리책임자로서 간호사를 둔다.

※ 장기요양기관의 지정절차와 그 밖에 필요한 사항은 보건복지부령으로 정한다.

※ **장기요양기관의 결격사유**〈법 제32조의2〉
　ⓐ 미성년자, 피성년 후견인 또는 피한정후견인
　ⓑ 정신질환자
　ⓒ 마약류에 중독된 사람
　ⓓ 파산선고를 받고 복권되지 아니한 사람
　ⓔ 금고 이상의 실형을 선고받고 그 집행이 종료(집행이 종료된 것으로 보는 경우를 포함한다)되거나 집행이 면제된 날부터 5년이 경과되지 아니한 사람
　ⓕ 금고 이상의 형의 집행유예를 선고받고 그 유예기간 중에 있는 사람
　ⓖ 대표자가 ⓐ부터 ⓕ까지의 규정 중 어느 하나에 해당하는 법인

♣ 장기요양기관 지정의 유효기간 및 갱신

① 유효기간〈법 제32조의3〉 … 장기요양기관 지정의 유효기간은 지정을 받은 날부터 6년

② 장기요양기관 지정의 갱신〈제32조의4〉
　ⓐ 갱신 : 유효기간이 끝난 후에도 계속하여 그 지정을 유지하려는 경우
　ⓑ 신청기관 : 소재지를 관할하는 특별자치시장·특별자치도지사·시장·군수·구청장
　ⓒ 신청기간 : 유효기간이 끝나기 90일 전까지
　ⓓ 갱신심사 : 갱신 심사에 필요하다고 판단되는 경우에는 장기요양기관에 추가자료의 제출을 요구 및 현장검사 가능
　※ 지정 갱신이 지정 유효기간 내에 완료되지 못한 경우에는 심사 결정이 이루어질 때까지 지정이 유효한 것으로 본다.

※ 그 밖에 지역별 장기요양급여의 수요 등 지정 갱신의 기준, 절차 및 방법 등에 필요한 사항은 보건복지부령으로 정한다.

♣ 장기요양요원의 보호〈법 제35조의4〉

① 장기요양기관이 장기요양요원이 고충의 해소를 요청할 때 보호해야 하는 경우
　ⓐ 수급자 및 그 가족이 장기요양요원에게 폭언·폭행·상해 또는 성희롱·성폭력 행위를 하는 경우
　ⓑ 수급자 및 그 가족이 장기요양요원에게 급여외행위의 제공을 요구하는 경우

② 장기요양기관의 장이 장기요양요원에 대한 금지 행위
　ⓐ 장기요양요원에게 급여외행위의 제공을 요구하는 행위
　ⓑ 수급자가 부담하여야 할 본인부담금의 전부 또는 일부를 부담하도록 요구하는 행위

③ 장기요양기관의 장은 보건복지부령으로 정하는 바에 따라 장기요양 수급자와 그 가족에게 장기요양요원의 업무 범위, 직무상 권리와 의무 등 권익보호를 위한 사항을 안내할 수 있다.

④ 장기요양요원은 장기요양기관의 장이 적절한 조치를 하지 아니한 경우에는 장기요양기관을 지정한 특별자치시장·특별자치도지사·시장·군수·구청장에게 그 시정을 신청할 수 있다.

⑤ 신청을 받은 특별자치시장·특별자치도지사·시장·군수·구청장은 장기요양요원의 고충에 대한 사실확인을 위한 조사를 실시한 후 필요하다고 인정되는 경우에는 장기요양기관의 장에게 적절한 조치를 하도록 통보하여야 한다. 이 경우 적절한 조치를 하도록 통보받은 장기요양기관의 장은 특별한 사유가 없으면 이에 따라야 한다.

※ 시정신청의 절차, 사실확인 조사 및 통보 등에 필요한 사항은 대통령령으로 정한다.

♣ 장기요양기관의 폐업 등의 신고〈법 제36조〉

① 신고
  ㉠ 신고대상 : 폐업하거나 휴업하고자 하는 경우
  ㉡ 신고자 : 장기요양기관의 장
  ㉢ 신고기간 : 폐업이나 휴업 예정일 전 30일까지
  ㉣ 신고기관 : 특별자치시장·특별자치도지사·시장·군수·구청장
  ※ 신고를 받은 특별자치시장·특별자치도지사·시장·군수·구청장은 지체 없이 신고 명세를 공단에 통보하여야 한다.

② 미신고시
  ㉠ **통보기관** : 특별자치시장·특별자치도지사·시장·군수·구청장이 공단에 통보
  ㉡ **통보기간** : 장기요양기관의 장이 유효기간이 끝나기 30일 전까지 지정 갱신 신청을 하지 아니하는 경우

③ 장기요양기관의 장이 장기요양기관 폐업·휴업시 조치사항
  ㉠ 해당 장기요양기관을 이용하는 수급자가 다른 장기요양기관을 선택하여 이용할 수 있도록 계획을 수립하고 이행하는 조치
  ㉡ 해당 장기요양기관에서 수급자가 본인부담금으로 부담한 비용 중 정산하여야 할 비용이 있는 경우 이를 정산하는 조치
  ㉢ 그 밖에 수급자의 권익 보호를 위하여 필요하다고 인정되는 조치로서 보건복지부령으로 정하는 조치

♣ 장기요양기관 지정의 취소〈법 제37조〉

① 취소기관 : 특별자치시장·특별자치도지사·시장·군수·구청장

② 업무정지 및 지정취소
  ㉠ 장기요양기관 지정의 취소 또는 업무정지 대상
  • 거짓이나 그 밖의 부정한 방법으로 지정을 받은 경우
  • 급여외 행위를 제공한 경우. 다만, 장기요양기관의 장이 그 위반행위를 방지하기 위하여 해당 업무에 관하여 상당한 주의와 감독을 게을리 하지 아니한 경우는 제외한다.
  • 장기요양기관 지정기준에 적합하지 아니한 경우
  • 장기요양기관 결격사유에 해당하게 된 경우. 다만, 대표자가 장기요양기관 결격사유에 해당하게 된 법인의 경우 3개월 이내에 그 대표자를 변경하는 때에는 그러하지 아니하다.
  • 장기요양급여를 거부한 경우
  • 본인부담금을 면제하거나 감경하는 행위를 한 경우

- 수급자를 소개, 알선 또는 유인하는 행위 및 이를 조장하는 행위를 한 경우
- 장기요양요원의 보호조치 중 어느 하나를 위반한 경우
- 폐업 또는 휴업 신고를 하지 아니하고 1년 이상 장기요양급여를 제공하지 아니한 경우
- 시정명령을 이행하지 아니하거나 회계부정 행위가 있는 경우
- 정당한 사유 없이 장기요양급여의 관리 · 평가를 거부 · 방해 또는 기피하는 경우
- 거짓이나 그 밖의 부정한 방법으로 재가 및 시설 급여비용을 청구한 경우
- 보고 및 검사 자료제출 명령에 따르지 아니하거나 거짓으로 자료제출을 한 경우나 질문 또는 검사를 거부 · 방해 또는 기피하거나 거짓으로 답변한 경우
- 장기요양기관의 종사자 등이 다음의 어느 하나에 해당하는 행위를 한 경우. 다만, 장기요양기관의 장이 그 행위를 방지하기 위하여 해당 업무에 관하여 상당한 주의와 감독을 게을리하지 아니한 경우는 제외한다.
  - 수급자의 신체에 폭행을 가하거나 상해를 입히는 행위
  - 수급자에게 성적 수치심을 주는 성폭행, 성희롱 등의 행위
  - 자신의 보호 · 감독을 받는 수급자를 유기하거나 의식주를 포함한 기본적 보호 및 치료를 소홀히 하는 방임행위
  - 수급자를 위하여 증여 또는 급여된 금품을 그 목적 외의 용도에 사용하는 행위
  - 폭언, 협박, 위협 등으로 수급자의 정신건강에 해를 끼치는 정서적 학대행위
- 업무정지기간 중에 장기요양급여를 제공한 경우
- 사업자등록이나 고유번호가 말소된 경우
ⓛ 장기요양기관 지정의 취소 대상
- 거짓이나 그 밖의 부정한 방법으로 지정을 받은 경우
- 장기요양기관 결격사유에 해당하게 된 경우. 다만, 대표자가 장기요양기관 결격사유에 해당하게 된 법인의 경우 3개월 이내에 그 대표자를 변경하는 때에는 그러하지 아니하다.
- 폐업 또는 휴업 신고를 하지 아니하고 1년 이상 장기요양급여를 제공하지 아니한 경우
- 업무정지기간 중에 장기요양급여를 제공한 경우
- 사업자등록이나 고유번호가 말소된 경우
※ 특별자치시장 · 특별자치도지사 · 시장 · 군수 · 구청장은 지정을 취소하거나 업무정지명령을 한 경우에는 지체 없이 그 내용을 공단에 통보하고, 보건복지부령으로 정하는 바에 따라 보건복지부장관에게 통보한다. 이 경우 시장 · 군수 · 구청장은 관할 특별시장 · 광역시장 또는 도지사를 거쳐 보건복지부장관에게 통보하여야 한다.
③ 수급자의 권익을 보호하기 위한 조치
  ㉠ 조치권자 : 특별자치시장 · 특별자치도지사 · 시장 · 군수 · 구청장
  ㉡ 조치사항 : 보건복지부령으로 정하는 바에 따라
    - 행정처분의 내용을 우편 또는 정보통신망 이용 등의 방법으로 수급자 또는 그 보호자에게 통보하는 조치
    - 해당 장기요양기관을 이용하는 수급자가 다른 장기요양기관을 선택하여 이용할 수 있도록 하는 조치
④ 장기요양기관으로 지정받을 수 없는 경우
  ㉠ 지정취소를 받은 후 3년이 지나지 아니한 자(법인인 경우 그 대표자를 포함)
  ㉡ 업무정지명령을 받고 업무정지기간이 지나지 아니한 자(법인인 경우 그 대표자를 포함)

※ 행정처분의 기준은 보건복지부령으로 정한다.

♣ 과징금의 부과〈법 제37조의2〉

① 과징금 2억 원 이하 부과
　　㉠ 부과권자 : 특별자치시장 · 특별자치도지사 · 시장 · 군수 · 구청장
　　㉡ 부과 사유 : 장기요양기관을 이용하는 수급자에게 심한 불편을 줄 우려가 있는 등 보건복지부장관이 정하는 특별한 사유가 있다고 인정되는 경우에

② 과징금 청구한 금액의 5배 이하 금액을 부과
　　㉠ 부과 사유 : 거짓이나 그 밖ㄱ　　정한 방법으로 재가 및 시설 급여비용을 청구한 경우

　　※ 과징금을 부과하는 위반행위의 종류 및 위반의 정도 등에 따른 과징금의 금액과 과징금의 부과절차 등에 필요한 사항은 대통령령으로 정한다.

③ 과징금 미납
　　㉠ 징수권자 : 특별자치시장 · 특별자치도지사 · 시장 · 군수 · 구청장
　　㉡ 징수 : 지방세 체납처분의 예에 따라 징수

♣ 위반사실 등의 공표〈법 제37조의3〉

① 공표권자 … 보건복지부장관 또는 특별자치시장 · 특별자치도지사 · 시장 · 군수 · 구청장

② 거짓으로 재가 · 시설 급여비용 청구 … 장기요양기관이 거짓으로 재가 · 시설 급여비용을 청구하였다는 이유로 정지 · 취소 및 과징금 부과 처분이 확정된 다음의 경우
　　㉠ 거짓으로 청구한 금액이 1천만 원 이상인 경우
　　㉡ 거짓으로 청구한 금액이 장기요양급여비용 총액의 100분의 10 이상인 경우

③ 거짓 자료제출 · 질문 또는 검사 방해 · 거짓답변 … 거짓 자료제출 · 질문 또는 검사 방해 · 거짓답변을 하였다는 이유로 정지 · 취소 및 과징금 부과 처분이 확정된 다음의 경우
　　㉠ 자료제출 명령에 따르지 아니하거나 거짓으로 자료제출을 한 경우
　　㉡ 질문 또는 검사를 거부 · 방해 또는 기피
　　㉢ 거짓으로 답변

④ 공표내용
　　㉠ 위반사실
　　㉡ 처분내용
　　㉢ 장기요양기관의 명칭 · 주소
　　㉣ 장기요양기관의 장의 성명
　　㉤ 그 밖에 다른 장기요양기관과의 구별에 필요한 사항으로서 대통령령으로 정하는 사항

　　※ 다만, 장기요양기관의 폐업 등으로 공표의 실효성이 없는 경우 또는 장기요양기관이 위반사실 등의 공표 전에 자료를 제출하거나 질문 또는 검사에 응하는 경우에는 공표하지 않는다.

⑤ 공표심의위원회 설치 · 운영
　　㉠ 설치 · 운영권자
　　　• 보건복지부장관
　　　• 특별자치시장 · 특별자치도지사 · 시장 · 군수 · 구청장

ⓒ 설치·운영 : 공표 여부 등을 심의하기 위하여 공표심의위원회를 설치·운영할 수 있음

※ 공표 여부의 결정 방법, 공표 방법·절차 및 제3항에 따른 공표심의위원회의 구성·운영 등에 필요한 사항은 대통령령으로 정한다.

♣ 행정제재처분 효과의 승계〈법 제37조의4〉

① 승계효과 및 승계 대상
   ⓐ 승계효과 : 처분을 한 날부터 3년간 승계대상자에게 승계
   ⓑ 승계대상자
     • 장기요양기관을 양도한 경우 양수인
     • 법인이 합병된 경우 합병으로 신설되거나 합병 후 존속하는 법인
     • 장기요양기관 폐업 후 같은 장소에서 장기요양기관을 운영하는 자 중 종전에 행정제재처분을 받은 자(법인인 경우 그 대표자를 포함)나 그 배우자 또는 직계혈족

② 행정제재처분의 절차가 진행 중일 때 다음의 자에게 승계
   ⓐ 장기요양기관을 양도한 경우 양수인
   ⓑ 법인이 합병된 경우 합병으로 신설되거나 합병 후 존속하는 법인
   ⓒ 장기요양기관 폐업 후 3년 이내에 같은 장소에서 장기요양기관을 운영하는 자 중 종전에 위반행위를 한 자(법인인 경우 그 대표자를 포함)나 그 배우자 또는 직계혈족
   ※ 양수, 합병 또는 운영 시에 행정제재처분 또는 위반사실을 알지 못하였음을 증명하는 경우에는 승계되지 않는다.

※ 행정제재처분을 받았거나 그 절차가 진행 중인 자는 보건복지부령으로 정하는 바에 따라 지체 없이 그 사실을 양수인 등에게 알려야 한다.

♣ 장기요양급여 제공의 제한〈법 제37조의5〉

① 급여 제공제한
   ⓐ 처분권자 : 특별자치시장·특별자치도지사·시장·군수·구청장
   ⓑ 처분사유 : 장기요양기관의 종사자가 거짓이나 그 밖의 부정한 방법으로 재가급여비용 또는 시설급여비용을 청구하는 행위에 가담한 경우
   ⓒ 처분 : 해당 종사자가 장기요양급여를 제공하는 것을 1년의 범위에서 제한하는 처분

② 공단통보 … 특별자치시장·특별자치도지사·시장·군수·구청장은 제한 처분을 한 경우 지체 없이 그 내용을 공단에 통보

※ 장기요양급여 제공 제한 처분의 기준·방법, 통보의 방법·절차, 그 밖에 필요한 사항은 보건복지부령으로 정한다.

♣ 재가 및 시설 급여비용의 청구 및 지급 등〈법 제38조〉

① 장기요양급여비용 청구
   ⓐ 청구권자 : 장기요양기관
   ⓑ 청구기관 : 공단
   ⓒ 청구 : 수급자에게 재가급여 또는 시설급여를 제공한 경우

② 심사 및 지급 … 공단
　　㉠ 심사 : 청구를 받은 경우 이를 심사하여 그 내용을 장기요양기관에 통보
　　㉡ 지급 : 장기요양에 사용된 비용 중 공단부담금(재가 및 시설 급여비용 중 본인부담금을 공제한 금액)을 해당 장기요양기관에 지급

③ 감액조정 및 공제
　　㉠ 장기요양기관의 장기요양급여평가 결과에 따라 장기요양급여비용을 가산 또는 감액조정하여 지급할 수 있음
　　㉡ 장기요양급여비용을 심사한 결과 수급자가 이미 낸 본인부담금이 통보한 본인부담금보다 더 많으면 두 금액 간의 차액을 장기요양기관에 지급할 금액에서 공제하여 수급자에게 지급함

④ 보험료와 상계 … 공단은 수급자에게 지급하여야 하는 금액을 그 수급자가 납부하여야 하는 장기요양보험료 및 그 밖에 이 법에 따른 징수금(장기요양보험료등)과 상계(相計)할 수 있음

⑤ 지급의 보류
　　㉠ 공단은 장기요양기관이 정당한 사유 없이 자료제출 명령에 따르지 아니하거나 질문 또는 검사를 거부·방해 또는 기피하는 경우 이에 응할 때까지 해당 장기요양기관에 지급하여야 할 장기요양급여비용의 지급을 보류할 수 있음
　　㉡ 공단은 장기요양급여비용의 지급을 보류하기 전에 해당 장기요양기관에 의견 제출의 기회를 주어야 함

※ 재가 및 시설 급여비용의 심사기준, 장기요양급여비용의 가감지급의 기준, 청구절차, 지급방법 및 지급 보류의 절차·방법 등에 관한 사항은 보건복지부령으로 정한다. 재가 및 시설 급여비용의 심사기준, 장기요양급여비용의 가감지급의 기준, 청구절차, 지급방법 및 지급 보류의 절차·방법 등에 관한 사항은 보건복지부령으로 정한다.

♣ 본인부담금〈법 제40조〉

① 비용 부담 … 수급자 일부 부담
　　㉠ 장기요양급여의 종류에 따른 장기요양급여(특별현금급여는 제외한다. 이하 이 조에서 같다)를 받는 자는 대통령령으로 정하는 바에 따라 비용의 일부를 본인이 부담한다.
　　㉡ 이 경우 장기요양급여를 받는 수급자의 장기요양등급, 이용하는 장기요양급여의 종류 및 수준 등에 따라 본인부담의 수준을 달리 정할 수 있다.

② 수급자 본인부담금 … 본인부담금을 부담하지 아니한다.
　　㉠ ①에도 불구하고 「의료급여법」에 따른 수급자는 본인부담금을 부담하지 아니한다.

③ 장기요양급여에 대한 비용 … 수급자 본인이 전부 부담
　　㉠ 이 법의 규정에 따른 급여의 범위 및 대상에 포함되지 아니하는 장기요양급여
　　㉡ 수급자가 장기요양인정서에 기재된 장기요양급여의 종류 및 내용과 다르게 선택하여 장기요양급여를 받은 경우 그 차액
　　㉢ 장기요양급여의 월 한도액을 초과하는 장기요양급여

④ 본인부담금 차등하여 감경
　　㉠ 감경비율 : 본인부담금의 100분의 60의 범위
　　㉡ 감경대상
　　　• 수급권자
　　　• 소득·재산 등이 보건복지부장관이 정하여 고시하는 일정 금액 이하인 자
　　　※ 다만, 도서·벽지·농어촌 등의 지역에 거주하는 자에 대하여 따로 금액을 정할 수 있음

• 천재지변 등 보건복지부령으로 정하는 사유로 인하여 생계가 곤란한 자

※ 본인부담금의 산정방법, 감경절차 및 감경방법 등에 관하여 필요한 사항은 보건복지부령으로 정한다.

♣ 부당이득의 징수〈법 제43조〉

① 징수대상
  ㉠ 징수권자 : 공단
  ㉡ 징수대상 : 장기요양급여, 장기요양급여비용을 받은 자 또는 의사소견서·방문간호지시서 발급비용
  ㉢ 징수사유
  • 등급판정 결과 같은 조 제4항 각 호의 어느 하나에 해당하는 것으로 확인된 경우
  • 월 한도액 범위를 초과하여 장기요양급여를 받은 경우
  • 장기요양급여의 제한 등을 받을 자가 장기요양급여를 받은 경우
  • 거짓이나 그 밖의 부정한 방법으로 재가 및 시설 급여비용을 청구하여 이를 지급받은 경우
  • 거짓이나 그 밖의 부정한 방법으로 의사소견서등 발급비용을 청구하여 이를 지급받은 경우
  • 그 밖에 이 법상의 원인 없이 공단으로부터 장기요양급여를 받거나 장기요양급여비용을 지급받은 경우

② 징수금 납부
  ㉠ 거짓 보고 또는 증명에 의하거나 거짓 진단에 따라 장기요양급여가 제공된 때 거짓의 행위에 관여한 자에 대하여 장기요양급여를 받은 자와 연대하여 징수금을 납부하게 할 수 있음
  ㉡ 거짓이나 그 밖의 부정한 방법으로 장기요양급여를 받은 자와 같은 세대에 속한 자에 대하여 거짓이나 그 밖의 부정한 방법으로 장기요양급여를 받은 자와 연대하여 징수금을 납부하게 할 수 있음

③ 상계
  ㉠ 장기요양기관이나 의료기관이 수급자 또는 신청인으로부터 거짓이나 그 밖의 부정한 방법 으로 장기요양급여비용 또는 의사소견서등 발급비용을 받은 때 해당 장기요양기관 또는 의료기관으로부터 이를 징수하여 수급자 또는 신청인에게 지체 없이 지급하여야 함
  ㉡ 공단은 수급자 또는 신청인에게 지급하여야 하는 금액을 그 수급자 또는 신청인이 납부하여야 하는 장기요양보험료등과 상계할 수 있다.

♣ 장기요양위원회

① 장기요양위원회의 설치 및 기능〈법 제45조〉
  ㉠ 소속 : 보건복지부장관
  ㉡ 심의사항
  • 장기요양보험료율
  • 가족요양비, 특례요양비 및 요양병원간병비의 지급기준
  • 재가 및 시설 급여비용
  • 그 밖에 대통령령으로 정하는 주요 사항
② 장기요양위원회의 구성〈법 제46조〉
  ㉠ 위원 : 위원장 1인, 부위원장 1인을 포함한 16인 이상 22인 이하의 위원으로 구성
  ㉡ 위원 임명 또는 위촉 : 보건복지부장관

ⓒ 위원장이 아닌 위원은 다음의 자 중 임명 또는 위촉 : 각각 동수로 구성
- 근로자단체, 사용자단체, 시민단체(비영리민간단체), 노인단체, 농어업인단체 또는 자영자단체를 대표하는 자
- 장기요양기관 또는 의료계를 대표하는 자
- 대통령령으로 정하는 관계 중앙행정기관의 고위공무원단 소속 공무원, 장기요양에 관한 학계 또는 연구계를 대표하는 자, 공단 이사장이 추천하는 자
ⓓ 위원장 및 부위원장
- 위원장 : 보건복지부차관
- 부위원장 : 위원 중에서 위원장이 지명
ⓔ 위원의 임기 : 3년
※ 다만, 공무원인 위원의 임기는 재임기간으로 한다.
③ 장기요양위원회의 운영〈법 제47조〉
ⓐ 의결 : 장기요양위원회 회의는 구성원 과반수의 출석으로 개의하고 출석위원 과반수의 찬성으로 의결
ⓑ 실무위원회 : 장기요양위원회의 효율적 운영을 위하여 분야별로 실무위원회를 둘 수 있음

※ 장기요양위원회의 구성·운영, 그 밖에 필요한 사항은 대통령령으로 정한다.

♣ 장기요양요원지원센터의 설치〈법 제47조의2〉

① 설치
ⓐ 설치목적 : 장기요양요원의 권리 보호
ⓑ 설치·운영 기관 : 국가와 지방자치단체
② 장기요양요원지원센터의 업무
ⓐ 장기요양요원의 권리 침해에 관한 상담 및 지원
ⓑ 장기요양요원의 역량강화를 위한 교육지원
ⓒ 장기요양요원에 대한 건강검진 등 건강관리를 위한 사업
ⓓ 그 밖에 장기요양요원의 업무 등에 필요하여 대통령령으로 정하는 사항

※ 장기요양요원지원센터의 설치·운영 등에 필요한 사항은 보건복지부령으로 정하는 바에 따라 해당 지방자치단체의 조례로 정한다.

♣ 관리운영기관〈법 제48조〉

① 공단의 관장 업무 및 설치
ⓐ 공단의 관장 업무
- 장기요양보험가입자 및 그 피부양자와 의료급여수급권자의 자격관리
- 장기요양보험료의 부과·징수
- 신청인에 대한 조사
- 등급판정위원회의 운영 및 장기요양등급 판정
- 장기요양인정서의 작성 및 개인별장기요양이용계획서의 제공
- 장기요양급여의 관리 및 평가
- 수급자 및 그 가족에 대한 정보제공·안내·상담 등 장기요양급여 관련 이용지원에 관한 사항
- 재가 및 시설 급여비용의 심사 및 지급과 특별현금급여의 지급

- 장기요양급여 제공내용 확인
- 장기요양사업에 관한 조사·연구, 국제협력 및 홍보
- 노인성질환예방사업
- 이 법에 따른 부당이득금의 부과·징수 등
- 장기요양급여의 제공기준을 개발하고 장기요양급여비용의 적정성을 검토하기 위한 장기요양기관의 설치 및 운영
- 그 밖에 장기요양사업과 관련하여 보건복지부장관이 위탁한 업무
  © 장기요양기관 설치시 고려할 점
- 노인인구 및 지역특성 등을 고려한 지역 간 불균형 해소
- 설치 목적에 필요한 최소한의 범위에서 이를 설치·운영

② 공단의 정관 및 장기요양사업과 관련 포함·기재 사항
  ㉠ 정관 기재사항〈국민건강보험법 제17조〉
- 목적
- 명칭
- 사무소의 소재지
- 임직원에 관한 사항
- 이사회의 운영
- 재정운영위원회에 관한 사항
- 보험료 및 보험급여에 관한 사항
- 예산 및 결산에 관한 사항
- 자산 및 회계에 관한 사항
- 업무와 그 집행
- 정관의 변경에 관한 사항
- 공고에 관한 사항
  © 장기요양사업 관련하여 포함·기재 사항〈법 제48조 제4항〉
- 장기요양보험료
- 장기요양급여
- 장기요양사업에 관한 예산 및 결산
- 그 밖에 대통령령으로 정하는 사항

♣ 등급판정위원회

① 등급판정위원회의 설치〈법 제52조〉
  ㉠ 목적 : 장기요양인정 및 장기요양등급 판정 등을 심의하기 위하여 공단에 둠
  © 설치 : 특별자치시·특별자치도·시·군·구 단위로 설치
  ※ 다만, 인구 수 등을 고려하여 하나의 특별자치시·특별자치도·시·군·구에 2 이상의 등급판정위원회를 설치하거나 2 이상의 특별자치시·특별자치도·시·군·구를 통합하여 하나의 등급판정위원회를 설치할 수 있다.
  © 위원구성 : 등급판정위원회는 위원장 1인을 포함하여 15인의 위원으로 구성
  ㉣ 위원 : 공단 이사장이 다음의 자 중에서 위촉
- 의료인
- 사회복지사
- 특별자치시·특별자치도·시·군·구 소속 공무원

- 그 밖에 법학 또는 장기요양에 관한 학식과 경험이 풍부한 자

※ 특별자치시장·특별자치도지사·시장·군수·구청장이 추천한 위원은 7인, 의사 또는 한의사가 1인 이상 각각 포함되어야 한다.

　ⓜ 임기
- 위원 : 3년, 한 차례만 연임 가능
- 공무원인 위원의 임기 : 재임기간

② 등급판정위원회의 운영〈법 제53조〉

　㉠ 위원장 : 위원 중에서 특별자치시장·특별자치도지사·시장·군수·구청장이 위촉

※ 2 이상의 특별자치시·특별자치도·시·군·구를 통합하여 하나의 등급판정위원회를 설치하는 때 해당 특별자치시장·특별자치도지사·시장·군수·구청장이 공동으로 위촉한다.

　㉡ 회의 : 구성원 과반수의 출석으로 개의하고 출석위원 과반수의 찬성으로 의결

※ 등급판정위원회의 구성·운영, 그 밖에 필요한 사항은 대통령령으로 정한다.

♣ 심사청구 및 재심사청구

① 심사청구〈법 제55조〉

　㉠ 청구기관 : 공단

　㉡ 청구사유 : 장기요양인정·장기요양등급·장기요양급여·부당이득·장기요양급여비용 또는 장기요양보험료 등에 관한 공단의 처분에 이의가 있는 자

　㉢ 청구
- 청구기간 : 처분이 있음을 안 날부터 90일 이내에 문서로 하여야 함
- 처분이 있은 날부터 180일을 경과하면 이의를 제기하지 못함

※ 다만, 정당한 사유로 그 기간에 심사청구를 할 수 없었음을 증명하면 그 기간이 지난 후에도 심사청구를 할 수 있다.

　㉣ 심사위원회
- 설치기관 : 공단
- 목적 : 심사청구 사항을 심사하기 위함
- 위원 : 위원장 1명을 포함한 50명 이내의 위원으로 구성

※ 심사위원회의 구성·운영 및 그 밖에 필요한 사항은 대통령령으로 정한다.

② 재심사청구〈법 제56조〉

　㉠ 심사청구 불복자
- 재심청구 : 결정통지를 받은 날부터 90일 이내
- 청구기관 : 재심사위원회

　㉡ 재심사위원회
- 소속 : 보건복지부장관 소속
- 위원 : 위원장 1인을 포함한 20인 이내의 위원으로 구성
- 위원구성 : 관계 공무원, 법학, 그 밖에 장기요양사업 분야의 학식과 경험이 풍부한 자 중에서 보건복지부장관이 임명 또는 위촉

※ 공무원이 아닌 위원이 전체 위원의 과반수가 되도록 하여야 한다.

※ 재심사위원회의 구성·운영, 그 밖에 필요한 사항은 대통령령으로 정한다

♣ 자료의 제출

① 자료의 제출〈법 제60조〉
  ㉠ 요구기관 : 공단
  ㉡ 목적
    • 장기요양급여 제공내용 확인
    • 장기요양급여의 관리 · 평가 및 장기요양보험료 산정 등 장기요양사업 수행에 필요하다고 인정할 때
  ㉢ 다음에 해당하는 자에게 자료의 제출을 요구
    • 장기요양보험가입자 또는 그 피부양자 및 의료급여수급권자
    • 수급자, 장기요양기관 및 의료기관

② 보고 및 검사〈법 제61조〉
  ㉠ 보고 및 검사기관
    • 보건복지부장관
    • 특별시장 · 광역시장 · 도지사 또는 특별자치시장 · 특별자치도지사 · 시장 · 군수 · 구청장
  ㉡ 보수 · 소득 등 보건복지부령으로 정하는 사항 : 다음의 어느 하나에 해당하는 자에게 보수 · 소득이나 그 밖에 보건복지부령으로 정하는 사항의 보고 또는 자료의 제출을 명하거나 소속 공무원으로 하여금 관계인에게 질문을 하게 하거나 관계 서류를 검사하게 할 수 있음
    • 장기요양보험가입자
    • 피부양자
    • 의료급여수급권자
  ㉢ 장기요양급여의 제공 명세, 재무 · 회계에 관한 사항 : 다음의 어느 하나에 해당하는 자에게 장기요양급여의 제공 명세, 재무 · 회계에 관한 사항 등 장기요양급여에 관련된 자료의 제출을 명하거나 소속 공무원으로 하여금 관계인에게 질문을 하게 하거나 관계 서류를 검사하게 할 수 있음
    • 장기요양기관 및 의료기관
    • 장기요양급여를 받은 자
  ㉣ 행정응원을 요청 : 보고 또는 자료제출 명령이나 질문 또는 검사 업무를 효율적으로 수행하기 위하여 필요한 경우에는 공단에 행정응원(行政應援)을 요청할 수 있음

> ※ 청문〈법 제63조〉
>   ㉠ 청문기관 : 특별자치시장 · 특별자치도지사 · 시장 · 군수 · 구청장
>   ㉡ 처분 또는 공표를 할 수 있는 경우
>   • 장기요양기관 지정취소 또는 업무정지명령
>   • 위반사실 등의 공표
>   • 장기요양급여 제공의 제한 처분

♣ 벌칙 및 과태료

① 벌칙〈법 제67조〉
  ㉠ 3년 이하의 징역 또는 3천만 원 이하의 벌금
    • 거짓이나 그 밖의 부정한 방법으로 장기요양급여비용을 청구한 자
    • 폐쇄회로 텔레비전의 설치 목적과 다른 목적으로 폐쇄회로 텔레비전을 임의로 조작하거나 다른 곳을 비추는 행위를 한 자

- 녹음기능을 사용하거나 보건복지부령으로 정하는 저장장치 이외의 장치 또는 기기에 영상정보를 저장한 자
  - ⓛ 2년 이하의 징역 또는 2천만 원 이하의 벌금
    - 지정받지 아니하고 장기요양기관을 운영하거나 거짓이나 그 밖의 부정한 방법으로 지정받은 자
    - 안전성 확보에 필요한 조치를 하지 아니하여 영상정보를 분실·도난·유출·변조 또는 훼손당한 자
    - 본인부담금을 면제 또는 감경하는 행위를 한 자
    - 수급자를 소개, 알선 또는 유인하는 행위를 하거나 이를 조장한 자
    - 업무수행 중 알게 된 비밀을 누설한 자
  - ⓒ 1년 이하의 징역 또는 1천만 원 이하의 벌금
    - 정당한 사유 없이 장기요양급여의 제공을 거부한 자
    - 거짓이나 그 밖의 부정한 방법으로 장기요양급여를 받거나 다른 사람으로 하여금 장기요양급여를 받게 한 자
    - 정당한 사유 없이 권익보호조치를 하지 아니한 사람
    - 수급자가 부담한 비용을 정산하지 아니한 자
  - ⓔ 1천만 원 이하의 벌금
    - 자료제출 명령에 따르지 아니하거나 거짓으로 자료제출을 한 장기요양기관 또는 의료기관
    - 질문 또는 검사를 거부·방해 또는 기피하거나 거짓으로 답변한 장기요양기관 또는 의료기관
- ② 과태료〈법 제69조〉
  - ㉠ 500만 원 이하의 과태료
    - 변경지정을 받지 아니하거나 변경신고를 하지 아니한 자 또는 거짓이나 그 밖의 부정한 방법으로 변경지정을 받거나 변경신고를 한 자
    - 장기요양기관에 관한 정보를 게시하지 아니하거나 거짓으로 게시한 자
    - 수급자에게 장기요양급여비용에 대한 명세서를 교부하지 아니하거나 거짓으로 교부한 자
    - 장기요양급여 제공 자료를 기록·관리하지 아니하거나 거짓으로 작성한 사람
    - 다음의 어느 하나를 위반한 자
    - −장기요양요원에게 제28조의2제1항 각 호에 따른 급여외행위의 제공을 요구하는 행위
    - −수급자가 부담하여야 할 본인부담금의 전부 또는 일부를 부담하도록 요구하는 행위
    - 장기요양요원의 보호에 따른 적절한 조치를 하지 아니한 자
    - 폐업·휴업 신고 또는 자료이관을 하지 아니하거나 거짓이나 그 밖의 부정한 방법으로 신고한 자
    - 행정제재처분을 받았거나 그 절차가 진행 중인 사실을 양수인등에게 지체 없이 알리지 아니한 자
    - 거짓이나 그 밖의 부정한 방법으로 수급자에게 장기요양급여비용을 부담하게 한 자
    - 보고 또는 자료제출 요구·명령에 따르지 아니하거나 거짓으로 보고 또는 자료제출을 한 자나 질문 또는 검사를 거부·방해 또는 기피하거나 거짓으로 답변한 자
    - 거짓이나 그 밖의 부정한 방법으로 장기요양급여비용 청구에 가담한 사람
    - 노인장기요양보험 또는 이와 유사한 용어를 사용한 자
  - ⓛ 300만 원 이하의 과태료
    - 폐쇄회로 텔레비전을 설치하지 아니하거나 설치·관리의무를 위반한 자
    - 영상정보 열람 요청에 응하지 아니한 자
  - ⓒ 부과·징수권자 : 특별자치시장·특별자치도지사·시장·군수·구청장

※ 수험생들의 기억에 의하여 필기시험 후기를 복원하여 기출문제를 재구성한 것으로 실제문제와 차이가 있을 수 있습니다.

1 다음 중 장기요양요원지원센터의 업무로 옳지 않은 것은?

① 장기요양요원의 권리 침해에 관한 상담 및 지원
② 장기요양요원의 역량강화를 위한 교육지원
③ 장기요양요원의 다양성을 위한 문화사업
④ 장기요양요원에 대한 건강검진 등 건강관리를 위한 사업

> **TIP** 장기요양요원지원센터의 업무〈「노인장기요양보험법」 제47조의2 제2항〉
> ㉠ 장기요양요원의 권리 침해에 관한 상담 및 지원
> ㉡ 장기요양요원의 역량강화를 위한 교육지원
> ㉢ 장기요양요원에 대한 건강검진 등 건강관리를 위한 사업
> ㉣ 그 밖에 장기요양요원의 업무 등에 필요하여 대통령령으로 정하는 사항

2 다음 중 장기요양사업의 실태조사에 대한 내용으로 옳은 것은?

① 장기요양사업의 실태를 파악하기 위하여 5년마다 조사를 정기적으로 실시한다.
② 실태를 파악하기 위하여 조사를 정기적으로 실시하고 결과는 공표하지 않아도 된다.
③ 장기요양요원의 처우 및 규모에 관한 사항에 대하여는 조사하지 않는다.
④ 실태조사의 방법과 내용 등에 필요한 사항은 보건복지부령으로 정한다.

> **TIP** 실태조사〈「노인장기요양보험법」 제6조의2〉
> ㉠ 보건복지부장관은 장기요양사업의 실태를 파악하기 위하여 3년마다 다음의 사항에 관한 조사를 정기적으로 실시하고 그 결과를 공표하여야 한다.
> • 장기요양인정에 관한 사항
> • 장기요양등급판정위원회(등급판정위원회)의 판정에 따라 장기요양급여를 받을 사람(수급자)의 규모, 그 급여의 수준 및 만족도에 관한 사항
> • 장기요양기관에 관한 사항
> • 장기요양요원의 근로조건, 처우 및 규모에 관한 사항
> • 그 밖에 장기요양사업에 관한 사항으로서 보건복지부령으로 정하는 사항
> ㉡ 실태조사의 방법과 내용 등에 필요한 사항은 보건복지부령으로 정한다.

3 다음은 장기요양인정 신청 등에 대한 대리에 대한 설명이다. 다음 빈칸을 들어갈 ㉠~㉣의 내용으로 옳게 설명한 것은 몇 개인가?

제22조(장기요양인정 신청 등에 대한 대리) ① 장기요양급여를 받고자 하는 자 또는 (㉠)가 신체적·정신적인 사유로 이 법에 따른 장기요양인정의 신청, 장기요양인정의 갱신신청 또는 장기요양등급의 변경신청 등을 직접 수행할 수 없을 때 본인의 가족이나 친족, 그 밖의 (㉡)은 이를 대리할 수 있다.

② 다음의 어느 하나에 해당하는 사람은 관할 지역 안에 거주하는 사람 중 장기요양급여를 받고자 하는 사람 또는 수급자가 장기요양인정신청 등을 직접 수행할 수 없을 때 본인 또는 가족의 동의를 받아 그 신청을 대리할 수 있다.

1. 「사회보장급여의 이용·제공 및 수급권자 발굴에 관한 법률」에 따른 (㉢)

2. (㉣)(장기요양급여를 받고자 하는 사람 또는 수급자가 치매환자인 경우로 한정한다.)

㉠ 수급자   ㉡ 이해관계인
㉢ 사회복지전담공무원   ㉣ 「노인복지법」에 따른 치매안심센터의 장

① 1개   ② 2개
③ 3개   ④ 4개

TIP 장기요양인정 신청 등에 대한 대리〈「노인장기요양보험법」 제22조 제1항, 제2항〉
㉠ 장기요양급여를 받고자 하는 자 또는 수급자가 신체적·정신적인 사유로 이 법에 따른 장기요양인정의 신청, 장기요양인정의 갱신신청 또는 장기요양등급의 변경신청 등을 직접 수행할 수 없을 때 본인의 가족이나 친족, 그 밖의 이해관계인은 이를 대리할 수 있다.
㉡ 다음의 어느 하나에 해당하는 사람은 관할 지역 안에 거주하는 사람 중 장기요양급여를 받고자 하는 사람 또는 수급자가 장기요양인정신청 등을 직접 수행할 수 없을 때 본인 또는 가족의 동의를 받아 그 신청을 대리할 수 있다.
• 「사회보장급여의 이용·제공 및 수급권자 발굴에 관한 법률」에 따른 사회복지전담공무원
• 「치매관리법」에 따른 치매안심센터의 장(장기요양급여를 받고자 하는 사람 또는 수급자가 치매환자인 경우로 한정한다)

Answer   1.③   2.④   5.③

4 다음은 폐쇄회로 텔레비전의 설치에 대한 설명을 나열한 것으로 옳은 것으로만 묶인 것은?

> ㉠ 장기요양기관을 운영하는 자는 장기요양기관을 설치·운영하는 자가 수급자, 그 보호자 및 장기요양기관 종사자 전원의 동의를 받아 「개인정보 보호법」 및 관련 법령에 따른 네트워크 카메라를 설치한 경우 폐쇄회로 텔레비전을 설치하지 않아도 된다.
>
> ㉡ 폐쇄회로 텔레비전을 설치·관리하는 자는 수급자 및 장기요양기관 종사자 등 정보주체의 권리가 침해되지 아니하도록 수급자 및 장기요양기관 종사자 등 정보주체의 사생활 침해를 최소화하는 방법으로 영상정보를 처리할 것을 준수하여야 한다.
>
> ㉢ 장기요양기관을 운영하는 자는 폐쇄회로 텔레비전에 기록된 영상정보를 30일 이상 보관하여야 한다.
>
> ㉣ 국가 또는 지방자치단체는 폐쇄회로 텔레비전 설치비의 전부 또는 일부를 지원할 수 있다.
>
> ㉤ 폐쇄회로 텔레비전의 설치·관리 기준 및 동의 또는 신고의 방법·절차·요건, 영상정보의 보관기준 및 보관기간 등에 필요한 사항은 대통령령으로 정한다.

① ㉠㉡㉣   ② ㉠㉡㉤

③ ㉡㉢㉣   ④ ㉡㉣㉤

TIP ㉢ 장기요양기관을 운영하는 자는 폐쇄회로 텔레비전에 기록된 영상정보를 60일 이상 보관하여야 한다〈「노인장기요양보험법」 제33조의2 제3항〉.

㉤ 폐쇄회로 텔레비전의 설치·관리 기준 및 동의 또는 신고의 방법·절차·요건, 영상정보의 보관기준 및 보관기간 등에 필요한 사항은 보건복지부령으로 정한다〈「노인장기요양보험법」 제33조의2 제5항〉.

㉠ 「노인장기요양보험법」 제33조의2 제1항 제3호

㉡ 「노인장기요양보험법」 제33조의2 제2항 제3호

㉣ 「노인장기요양보험법」 제33조의2 제4항

5 다음 중 위반사실 등의 공표 대상이 아닌 경우는?

① 장기요양기관이 거짓으로 재가·시설 급여비용을 청구한 금액이 장기요양급여비용 총액의 100분의 10 이상인 경우

② 자료제출 명령에 따르지 아니하거나 거짓으로 자료를 제출하여 처분이 확정된 경우

③ 장기요양기관이 거짓으로 재가·시설 급여비용을 거짓으로 청구한 금액이 3천만 원 이상인 경우

④ 질문 또는 검사를 거부·방해 또는 기피하거나 거짓으로 답변하여 처분이 확정된 경우

> **TIP** ③ 장기요양기관이 거짓으로 재가·시설 급여비용을 청구한 금액이 1천만 원 이상인 경우에 위반 사실 등의 공표 대상이 된다〈「노인장기요양보험법」 제37조의3 제1항 제1호〉.
> ① 「노인장기요양보험법」 제37조의3 제1항 제2호
> ②④ 「노인장기요양보험법」 제37조의3 제2항

6 다음 중 장기요양기관 지정의 취소 등의 행정제재처분 효과의 승계 대상으로 옳지 않은 것은?

① 장기요양기관을 양도한 경우 양수인

② 법인이 합병된 경우 합병으로 신설되거나 합병 후 존속하는 법인

③ 장기요양기관 폐업 후 같은 장소에서 장기요양기관을 운영하는 자 중 종전에 행정제재처분을 받은 자의 직계혈족

④ 장기요양기관 폐업 후 같은 장소에서 장기요양기관을 운영하는 자 중 종전에 행정제재처분을 받은 자(법인인 경우 그 대표자를 포함하지 않는다)의 배우자

> **TIP** 행정제재처분 효과의 승계〈「노인장기요양보험법」 제37조의4 제1항〉 … 장기요양기관 지정의 취소 등의 행위를 이유로 한 행정제재처분의 효과는 그 처분을 한 날부터 3년간 다음의 어느 하나에 해당하는 자에게 승계된다.
> ㉠ 장기요양기관을 양도한 경우 양수인
> ㉡ 법인이 합병된 경우 합병으로 신설되거나 합병 후 존속하는 법인
> ㉢ 장기요양기관 폐업 후 같은 장소에서 장기요양기관을 운영하는 자 중 종전에 행정제재처분을 받은 자(법인인 경우 그 대표자를 포함한다)나 그 배우자 또는 직계혈족

Answer 4.① 5.③ 6.④

7 폐쇄회로 텔레비전을 설치 · 관리하는 자가 영상정보를 열람하게 할 수 있는 경우로 옳지 않은 것은?

① 수급자가 자신의 생명 · 신체 · 재산상의 이익을 위하여 본인과 관련된 사항을 확인할 목적으로 열람 시기 · 절차 및 방법 등 보건복지부령으로 정하는 바에 따라 요청하는 경우

② 수급자의 보호자가 수급자의 안전을 확인할 목적으로 열람 시기 · 절차 및 방법 등 보건복지부령으로 정하는 바에 따라 요청하는 경우

③ 범죄의 수사와 공소의 제기 및 유지, 법원의 재판업무 수행을 위하여 필요한 경우

④ 영상정보를 열람한 수급자의 보호자가 이를 제3자에게 공유할 목적으로 요청하는 경우

> **TIP** 영상정보의 열람금지 등〈「노인장기요양보험법」제33조의3 제1항〉 … 폐쇄회로 텔레비전을 설치 · 관리하는 자는 다음의 어느 하나에 해당하는 경우를 제외하고는 영상정보를 열람하게 하여서는 아니 된다.
> ㉠ 수급자가 자신의 생명 · 신체 · 재산상의 이익을 위하여 본인과 관련된 사항을 확인할 목적으로 열람 시기 · 절차 및 방법 등 보건복지부령으로 정하는 바에 따라 요청하는 경우
> ㉡ 수급자의 보호자가 수급자의 안전을 확인할 목적으로 열람 시기 · 절차 및 방법 등 보건복지부령으로 정하는 바에 따라 요청하는 경우
> ㉢ 「개인정보 보호법」에 따른 공공기관이 「노인복지법」에서 정하는 노인의 안전업무 수행을 위하여 요청하는 경우
> ㉣ 범죄의 수사와 공소의 제기 및 유지, 법원의 재판업무 수행을 위하여 필요한 경우
> ㉤ 그 밖에 노인 관련 안전업무를 수행하는 기관으로서 보건복지부령으로 정하는 자가 업무의 수행을 위하여 열람시기 · 절차 및 방법 등 보건복지부령으로 정하는 바에 따라 요청하는 경우

8 다음 중 장기요양위원회에 대한 내용으로 옳지 않은 것은?

① 장기요양위원회는 위원장 1인, 부위원장 1인을 포함한 15인 이상 20인 이하의 위원으로 구성한다.

② 위원장은 보건복지부차관이 되고, 부위원장은 위원 중에서 위원장이 지명한다.

③ 장기요양위원회 회의는 구성원 과반수의 출석으로 개의하고 출석위원 과반수의 찬성으로 의결한다.

④ 장기요양위원회의 효율적 운영을 위하여 분야별로 실무위원회를 둘 수 있다.

> **TIP** ① 장기요양위원회는 위원장 1인, 부위원장 1인을 포함한 16인 이상 22인 이하의 위원으로 구성한다 〈「노인장기요양보험법」제46조 제1항〉.
> ② 「노인장기요양보험법」제46조 제3항
> ③ 「노인장기요양보험법」제47조 제1항
> ④ 「노인장기요양보험법」제47조 제2항

9 다음 중 등급판정 등에 대한 내용으로 옳지 않은 것은?

① 공단은 장기요양인정 신청의 조사가 완료된 때 조사결과서, 신청서, 의사소견서, 그 밖에 심의에 필요한 자료를 등급판정위원회에 제출하여야 한다.

② 등급판정위원회는 신청인이 장기요양인정의 신청자격요건을 충족하고 3개월 이상 동안 혼자서 일상생활을 수행하기 어렵다고 인정하는 경우 심신상태 및 장기요양이 필요한 정도 등 대통령령으로 정하는 등급판정기준에 따라 수급자로 판정한다.

③ 등급판정위원회는 심의·판정을 하는 때 신청인과 그 가족, 의사소견서를 발급한 의사 등 관계인의 의견을 들을 수 있다.

④ 등급판정위원회는 제출된 조사 결과를 토대로 다시 수급자 등급을 조정하고 수급자 여부를 판정할 수 있다.

> **TIP** ② 등급판정위원회는 신청인이 장기요양인정의 신청자격요건을 충족하고 6개월 이상 동안 혼자서 일상생활을 수행하기 어렵다고 인정하는 경우 심신상태 및 장기요양이 필요한 정도 등 대통령령으로 정하는 등급판정기준에 따라 수급자로 판정한다〈「노인장기요양보험법」 제15조 제2항〉.
> ① 「노인장기요양보험법」 제15조 제1항
> ③ 「노인장기요양보험법」 제15조 제3항
> ④ 「노인장기요양보험법」 제15조 제5항

Answer 7.④ 8.① 9.②

10 다음 빈 칸에 들어갈 숫자를 모두 더한 값은?

㉠ 장기요양인정 · 장기요양등급 · 장기요양급여 · 부당이득 · 장기요양급여비용 또는 장기요양보험료 등에 관한 공단의 처분에 이의가 있는 자는 공단에 심사청구를 할 수 있으며, 심사청구는 그 처분이 있음을 안 날부터 (   )일 이내에 문서로 하여야 하며, 처분이 있은 날부터 (   )일을 경과하면 이를 제기하지 못한다.

㉡ 거짓이나 그 밖의 부정한 방법으로 장기요양급여비용을 청구한 자는 (   )년 이하의 징역 또는 (   )천만원 이하의 벌금에 처한다.

---

① 270

② 276

③ 280

④ 286

TIP ㉠ 심사청구는 그 처분이 있음을 안 날부터 90일 이내에 문서(「전자정부법」에 따른 전자문서를 포함한다)로 하여야 하며, 처분이 있은 날부터 180일을 경과하면 이를 제기하지 못한다. 다만, 정당한 사유로 그 기간에 심사청구를 할 수 없었음을 증명하면 그 기간이 지난 후에도 심사청구를 할 수 있다〈「노인장기요양보험법」 제55조 제2항〉.

㉡ 거짓이나 그 밖의 부정한 방법으로 장기요양급여비용을 청구한 자는 3년 이하의 징역 또는 3천만원 이하의 벌금에 처한다〈「노인장기요양보험법」 제67조 제1항 제1호〉.

※ 수험생들의 기억에 의하여 필기시험 후기를 복원하여 기출문제를 재구성한 것으로 실제문제와 차이가 있을 수 있습니다.

1 다음 중 행정제재처분 효과의 승계에 대한 설명으로 옳지 않은 것은?

① 장기요양기관 지정의 취소 등의 행정제재처분을 받은 장기요양기관을 양도한 경우 양수인에게 승계되지 않는다.

② 장기요양기관 지정의 취소 등의 행정제재처분의 효과는 그 처분을 한 날부터 3년간 해당하는 자에게 승계된다.

③ 장기요양기관 지정의 취소 등의 행정제재처분을 받은 법인이 합병된 경우 합병으로 신설되거나 합병 후 존속하는 법인에게 승계된다.

④ 행정제재처분을 받았거나 그 절차가 진행 중인 자는 보건복지부령으로 정하는 바에 따라 지체 없이 그 사실을 양수인등에게 알려야 한다.

> **TIP** ① 장기요양기관 지정의 취소 등의 행정제재처분을 받은 장기요양기관을 양도한 경우 양수인에게 승계된다〈「노인장기요양보험법」 제37조의4 제1항 제1호〉.
> ② 「노인장기요양보험법」 제37조의4 제1항
> ③ 「노인장기요양보험법」 제37조의4 제1항 제2호
> ④ 「노인장기요양보험법」 제37조의4 제4항

Answer 10.② / 1.①

2 다음 중 장기요양기관 지정의 결격사유 해당하지 않는 사람은?

① 파산선고를 받고 복권되지 아니한 사람
② 전문의가 장기요양기관 설립·운영 업무에 종사하는 것이 적합하다고 인정하는 정신질환자
③ 미성년자, 피성년후견인 또는 피한정후견인
④ 금고 이상의 실형을 선고받고 그 집행이 종료되거나 집행이 면제된 날부터 5년이 경과되지 아니한 사람

> **TIP** 장기요양기관 지정의 결격사유〈「노인장기요양보험법」제32조의2〉
> ㉠ 미성년자, 피성년후견인 또는 피한정후견인
> ㉡ 정신질환자. 다만, 전문의가 장기요양기관 설립·운영 업무에 종사하는 것이 적합하다고 인정하는 사람은 그러하지 아니하다.
> ㉢ 마약류에 중독된 사람
> ㉣ 파산선고를 받고 복권되지 아니한 사람
> ㉤ 금고 이상의 실형을 선고받고 그 집행이 종료(집행이 종료된 것으로 보는 경우를 포함한다)되거나 집행이 면제된 날부터 5년이 경과되지 아니한 사람
> ㉥ 금고 이상의 형의 집행유예를 선고받고 그 유예기간 중에 있는 사람
> ㉦ 대표자가 ㉠~㉥까지의 규정 중 어느 하나에 해당하는 법인

3 다음 중 장기요양사업의 실태조사에 포함되어야 할 사항으로 옳지 않은 것은?

① 장기요양요원의 이직 사유에 관한 사항
② 장기요양요원의 처우 및 규모에 관한 사항
③ 장기요양인정에 관한 사항
④ 장기요양기관에 관한 사항

> **TIP** 장기요양사업의 실태조사〈「노인장기요양보험법」 제6조의2 제1항〉 … 보건복지부장관은 장기요양사업의 실태를 파악하기 위하여 3년마다 다음의 사항에 관한 조사를 정기적으로 실시하고 그 결과를 공표하여야 한다.
> ㉠ 장기요양인정에 관한 사항
> ㉡ 장기요양등급판정위원회의 판정에 따라 장기요양급여를 받을 사람의 규모, 그 급여의 수준 및 만족도에 관한 사항
> ㉢ 장기요양기관에 관한 사항
> ㉣ 장기요양요원의 근로조건, 처우 및 규모에 관한 사항
> ㉤ 그 밖에 장기요양사업에 관한 사항으로서 보건복지부령으로 정하는 사항

4 다음 중 성격이 다른 유형의 장기요양급여는 무엇인가?

① 장기요양요원이 수급자의 가정 등을 방문하여 신체활동 및 가사활동 등을 지원하는 장기요양급여

② 장기요양요원이 목욕설비를 갖춘 장비를 이용하여 수급자의 가정 등을 방문하여 목욕을 제공하는 장기요양급여

③ 장기요양기관에 장기간 입소한 수급자에게 신체활동 지원 및 심신기능의 유지·향상을 위한 교·훈련 등을 제공하는 장기요양급여

④ 수급자를 하루 중 일정한 시간 동안 장기요양기관에 보호하여 신체활동 지원 및 심신기능의 유지·향상을 위한 교육·훈련 등을 제공하는 장기요양급여

> **TIP** ①②④ 재가급여에 해당한다〈「노인장기요양보험법」제23조 제1항 제1호〉.
> ③ 시설급여에 해당한다〈「노인장기요양보험법」제23조 제1항 제2호〉.

5 다음 중 등급판정위원회에 대한 내용으로 옳지 않은 것은?

① 장기요양인정 및 장기요양등급 판정 등을 심의하기 위하여 공단에 장기요양등급판정위원회를 둔다.

② 인구 수 등을 고려하여 하나의 특별자치시·특별자치도·시·군·구에 1 이상의 등급판정위원회를 설치하거나 1 이상의 특별자치시·특별자치도·시·군·구를 통합하여 하나의 등급판정위원회를 설치할 수 있다.

③ 등급판정위원회는 위원장 1인을 포함하여 15인의 위원으로 구성한다.

④ 등급판정위원회 회의는 구성원 과반수의 출석으로 개의하고 출석위원 과반수의 찬성으로 의결한다.

> **TIP** ② 인구 수 등을 고려하여 하나의 특별자치시·특별자치도·시·군·구에 2 이상의 등급판정위원회를 설치하거나 2 이상의 특별자치시·특별자치도·시·군·구를 통합하여 하나의 등급판정위원회를 설치할 수 있다〈「노인장기요양보험법」제52조 제2항〉.
> ① 「노인장기요양보험법」제52조 제1항
> ③ 「노인장기요양보험법」제52조 제3항
> ④ 「노인장기요양보험법」제53조 제2항

Answer 2.② 3.① 4.③ 5.②

6 다음 중 500만 원 이하의 과태료 부과대상이 아는 자는?

① 장기요양기관의 시설·인력에 관한 변경을 위반하여 변경지정을 받지 아니하거나 변경신고를 하지 아니한 자 또는 거짓이나 그 밖의 부정한 방법으로 변경지정을 받거나 변경신고를 한 자

② 안전성 확보에 필요한 조치를 하지 아니하여 영상정보를 분실·도난·유출·변조 또는 훼손당한 자

③ 장기요양기관 정보의 안내 등을 위반하여 장기요양기관에 관한 정보를 게시하지 아니하거나 거짓으로 게시한 자

④ 거짓이나 그 밖의 부정한 방법으로 수급자에게 장기요양급여비용을 부담하게 한 자

> **TIP** ② 2년 이하의 징역 또는 2천만원 이하의 벌금에 처한다〈「노인장기요양보험법」 제67조 제2항 제2호〉.
> ① 「노인장기요양보험법」 제69조 제1항 제2호
> ③ 「노인장기요양보험법」 제69조 제1항 제2의2호
> ④ 「노인장기요양보험법」 제69조 제1항 제6호

7 다음 중 폐쇄회로 텔레비전의 설치 등에 대한 내용으로 옳지 않은 것은?

① 장기요양기관을 운영하는 자는 폐쇄회로 텔레비전에 기록된 영상정보를 50일 이상 보관하여야 한다.

② 폐쇄회로 텔레비전의 설치·관리 기준 및 동의 또는 신고의 방법·절차·요건, 영상정보의 보관기준 및 보관기간 등에 필요한 사항은 보건복지부령으로 정한다.

③ 폐쇄회로 텔레비전을 설치·관리하는 자는 수급자 및 장기요양기관 종사자 등 정보주체의 권리가 침해되지 아니하도록 노인학대 방지 등 수급자의 안전과 장기요양기관의 보안을 위하여 최소한의 영상정보만을 적법하고 정당하게 수집하고, 목적 외의 용도로 활용하지 아니하도록 할 것을 준수하여야 한다.

④ 장기요양기관을 운영하는 자는 노인학대 방지 등 수급자의 안전과 장기요양기관의 보안을 위하여 「개인정보 보호법」 및 관련 법령에 따른 폐쇄회로 텔레비전을 설치·관리하여야 한다.

> **TIP** ① 장기요양기관을 운영하는 자는 폐쇄회로 텔레비전에 기록된 영상정보를 60일 이상 보관하여야 한다〈「노인장기요양보험법」 제33조의2 제3항〉.
> ② 「노인장기요양보험법」 제33조의2 제5항
> ③ 「노인장기요양보험법」 제33조의2 제2항 제1호
> ④ 「노인장기요양보험법」 제33조의2 제1항

8 특별자치시장·특별자치도지사·시장·군수·구청장이 장기요양기관을 지정을 하려는 경우 검토하여야 할 사항을 옳지 않은 것은?

① 장기요양기관의 운영 계획
② 해당 지역의 노인인구 수, 치매 등 노인성질환 환자 수
③ 장기요양기관의 규모와 면적
④ 장기요양에 필요한 시설 및 인력

> **TIP** 장기요양기관의 지정〈「노인장기요양보험법」제31조 제3항〉… 특별자치시장·특별자치도지사·시장·군수·구청장이 지정을 하려는 경우에는 다음의 사항을 검토하여 장기요양기관을 지정하여야 한다. 이 경우 특별자치시장·특별자치도지사·시장·군수·구청장은 공단에 관련 자료의 제출을 요청하거나 그 의견을 들을 수 있다.
> ㉠ 장기요양기관을 운영하려는 자의 장기요양급여 제공 이력
> ㉡ 장기요양기관을 운영하려는 자 및 그 기관에 종사하려는 자가 이 법, 「사회복지사업법」 또는 「노인복지법」 등 장기요양기관의 운영과 관련된 법에 따라 받은 행정처분의 내용
> ㉢ 장기요양기관의 운영 계획
> ㉣ 해당 지역의 노인인구 수, 치매 등 노인성질환 환자 수 및 장기요양급여 수요 등 지역 특성
> ㉤ 그 밖에 특별자치시장·특별자치도지사·시장·군수·구청장이 장기요양기관으로 지정하는 데 필요하다고 인정하여 정하는 사항
> ※ 재가급여 또는 시설급여를 제공하는 장기요양기관을 운영하려는 자는 보건복지부령으로 정하는 장기요양에 필요한 시설 및 인력을 갖추어 소재지를 관할 구역으로 하는 특별자치시장·특별자치도지사·시장·군수·구청장으로부터 지정을 받아야 한다〈「노인장기요양보험법」제31조 제1항〉.

9 다음 중 보건복지부장관 또는 특별자치시장·특별자치도지사·시장·군수·구청장은 장기요양기관이 거짓으로 재가·시설 급여비용을 청구한 금액이 장기요양급여비용 총액의 100분의 10 이상에 해당하여 처분이 확정된 경우 공표하여야 할 사항으로 옳은 것으로만 묶인 것은?

> ⊙ 장기요양기관의 대표·직원이름
> ⓒ 장기요양기관의 주소
> ⓒ 위반사실
> ⓔ 처분내용

① ⊙ⓒⓒ
② ⊙ⓒⓔ
③ ⓒⓒⓔ
④ ⊙ⓒⓒⓔ

TIP 위반사실 등의 공표〈「노인장기요양보험법」 제37조의3 제1항〉 … 보건복지부장관 또는 특별자치시장·특별자치도지사·시장·군수·구청장은 장기요양기관이 거짓으로 재가·시설 급여비용을 청구하였다는 이유로 처분이 확정된 경우로서 다음의 어느 하나에 해당하는 경우에는 위반사실, 처분내용, 장기요양기관의 명칭·주소, 장기요양기관의 장의 성명, 그 밖에 다른 장기요양기관과의 구별에 필요한 사항으로서 대통령령으로 정하는 사항을 공표하여야 한다. 다만, 장기요양기관의 폐업 등으로 공표의 실효성이 없는 경우에는 그러하지 아니하다.
⊙ 거짓으로 청구한 금액이 1천만 원 이상인 경우
ⓒ 거짓으로 청구한 금액이 장기요양급여비용 총액의 100분의 10 이상인 경우

10 다음 중 재심사위원회에 대한 설명으로 옳지 않은 것은?

① 재심사위원회는 보건복지부장관 소속으로 둔다.
② 위원장 1인을 포함한 20인 이내의 위원으로 구성한다.
③ 재심사위원회의 위원은 관계 공무원, 법학, 그 밖에 장기요양사업 분야의 학식과 경험이 풍부한 자 중에서 보건복지부장관이 임명 또는 위촉한다.
④ 재심사위원회의 위원은 공무원인 위원이 전체 위원의 과반수가 되도록 하여야 한다.

TIP ③④ 재심사위원회의 위원은 관계 공무원, 법학, 그 밖에 장기요양사업 분야의 학식과 경험이 풍부한 자 중에서 보건복지부장관이 임명 또는 위촉한다. 이 경우 공무원이 아닌 위원이 전체 위원의 과반수가 되도록 하여야 한다〈「노인장기요양보험법」 제56조 제3항〉.
①② 「노인장기요양보험법」 제56조 제2항

Answer 9.③ 10.④

M·E·M·O

M·E·M·O